TODO O PODER AOS GERENTES

Bill Schaninger, Bryan Hancock e Emily Field

TODO O PODER AOS GERENTES

Por que o futuro do trabalho
está nas mãos da média liderança

TRADUÇÃO
André Fontenelle

Copyright © 2023 McKinsey & Company, Inc. United States
Publicado mediante acordo com Harvard Business Review Press.
Reprodução ou distribuição não autorizadas desta obra constituem violação de copyright.

A Portfolio-Penguin é uma divisão da Editora Schwarcz S.A.

PORTFOLIO and the pictorial representation of the javelin thrower are trademarks of
Penguin Group (USA) Inc. and are used under license. PENGUIN is a trademark of Penguin
Books Limited and is used under license.

*Grafia atualizada segundo o Acordo Ortográfico da Língua Portuguesa de 1990,
que entrou em vigor no Brasil em 2009.*

TÍTULO ORIGINAL Power to the Middle — Why Managers Hold the Keys to the Future
of Work
CAPA Helena Hennemann/ Foresti Design
PREPARAÇÃO Milena Varallo
ÍNDICE REMISSIVO Gabriella Russano
REVISÃO Angela das Neves e Clara Diament

Dados Internacionais de Catalogação na Publicação (CIP)
(Câmara Brasileira do Livro, SP, Brasil)

Schaninger, Bill
Todo o poder aos gerentes : Por que o futuro do trabalho está nas
mãos da média liderança / Bill Schaninger, Bryan Hancock e Emily
Field ; tradução André Fontenelle. — 1ª ed. — São Paulo : Portfolio-
-Penguin, 2024.

Título original: Power to the Middle : Why Managers Hold the Keys
to the Future of Work
ISBN 978-65-5424-029-1

1. Administração de empresas 2. Gerentes 3. Sucesso em negócios
I. Hancock, Bryan. II. Field, Emily. III. Título.

24-193596   CDD-658.43

Índice para catálogo sistemático:
1. Gerentes : Administração de empresas 658.43

Cibele Maria Dias — Bibliotecária — CRB-8/9427

Todos os direitos desta edição reservados à
EDITORA SCHWARCZ S.A.
Rua Bandeira Paulista, 702, cj. 32
04532-002 — São Paulo — SP
Telefone: (11) 3707-3500
www.portfolio-penguin.com.br
atendimentoaoleitor@portfoliopenguin.com.br

Este livro é dedicado aos gerentes intermediários de todo o mundo, a quem se pede para fazer mais com menos; que sentem o eterno dilema por terem de deixar o emprego que amam em busca de crescimento; e que lutam diariamente para serem líderes notáveis de suas equipes. Somos gratos por nos inspirarem a renovar nosso foco na média liderança.

SUMÁRIO

*Introdução: Outro jeito de enxergar os gestores
no novo mundo do trabalho* 9

I. Como desperdiçar nossos maiores talentos

1. Por que os gerentes andam tão frustrados 25
   O desprezo por uma função primordial

2. Como chegamos até aqui: uma análise 45
   O boom tecnológico, o crash financeiro e a covid

II. Como colocar a média liderança no centro

3. Em defesa da média liderança 69
   Como fazer do meio do caminho o destino final

4. O Grande Reagrupamento 85
   De eliminadores a reinventores de empregos

5. Como ganhar a guerra pelos talentos no século xxi   107
   Das transações às interações

6. A fusão do desempenho com o propósito   131
   De avaliador pontual a coach permanente

7. No coração da solução de problemas   153
   De burocrata a detetive de dados

8. Como assumir a liderança na gestão de talentos   173
   De guardiões a desafiadores do status quo

9. Como conectar o trabalho às pessoas   193
   De gestor do trabalho a líder inspiracional

Conclusão: O sucesso do gerente passa pelos líderes seniores.
Como aprender a compartilhar o poder   213

Agradecimentos   229
Notas   233
Índice remissivo   243

INTRODUÇÃO
Outro jeito de enxergar os gestores no novo mundo do trabalho

DURANTE DOIS ANOS E MEIO, Van, CEO de uma empresa de tecnologia em rápido crescimento, teve a sensação de tropeçar de crise em crise. Primeiro, a pandemia mundial provocou uma grave ruptura nas operações de sua empresa. A passagem abrupta ao trabalho remoto foi, em especial, mal executada, e custou milhões em negócios perdidos.

Na primeira fase da pandemia, em 2020, Van teve a sensação de que simplesmente havia perdido o controle sobre seus subordinados dispersos por toda parte. Assim que pôde, mandou que voltassem ao presencial por pelo menos três dias da semana. Durante uma reunião com a média liderança da empresa para anunciar a mudança, a gerente Tina comentou que três colegas de sua equipe tinham passado a morar a várias horas de distância da cidade e teriam que levar muito tempo no transporte. "Vão começar a procurar um emprego onde possam fazer trabalho remoto em tempo integral", afirmou ela, e vários outros chefes de área concordaram. Van disse entender a preocupação deles, mas insistiu que era importante os funcionários se encontrarem regularmente no escritório.

Alguns meses depois, exatamente como Tina havia previsto, Van viu-se diante de uma onda de pedidos de demissão. Alguns de seus melhores engenheiros foram para outras empresas e, para a tristeza de Van, até para o seu maior concorrente.

Ele reagiu dando grandes aumentos de salário aos engenheiros. Mesmo assim, a porta giratória não parou de girar. (Van teria engolido o orgulho e pedido conselhos a Tina nessa hora, mas como ela também havia se sentido desvalorizada, tinha sido uma das que aceitaram a proposta de outra empresa.)

Veio, então, o golpe seguinte: em 2022, a bolsa sofreu uma queda, e ao mesmo tempo a demanda pelos serviços de sua empresa despencou. Agora, a empresa de Van estava em enormes dificuldades financeiras, e ele sentiu que não tinha opção a não ser reduzir pessoal. Um e-mail foi enviado a 10% dos funcionários, informando-lhes que tinham perdido seus empregos. Van sentiu-se péssimo ao ver tanta gente talentosa ir embora, mas, em um momento tão sem igual, que opção ele teria?

Apesar de tudo, ele não tinha como não acompanhar os acontecimentos no maior concorrente, presidido por Claire, ex-colega dele em Stanford. A empresa de Claire, até onde ele sabia, não tivera que demitir *nenhum* funcionário.

Van simplesmente não conseguia entender. As empresas eram parecidas, ofereciam serviços parecidos e tinham mais ou menos o mesmo tamanho. O que a empresa de Claire fazia para escapar relativamente ilesa de uma crise econômica?

A resposta: ao contrário da maioria, Claire tinha investido na média liderança.

Um ano antes da pandemia, Claire se deu conta de que seus gestores de nível intermediário estavam seriamente destreinados e subdesenvolvidos e que isso estava afetando o desempenho do pessoal e, em última instância, o balanço da empresa. Por isso, ela colocou a maioria dos novos projetos em pausa e dedicou uma grande parte de seu tempo, dinheiro e energia a contratar, promover e treinar gestores. Em sua equipe de líderes, alguns questionaram essa iniciativa, temendo que freasse o lançamento de novos serviços da empresa, em um setor competitivo e de ponta.

INTRODUÇÃO

Mas Claire aguentou firme, e sua decisão revelou-se sensata quando a pandemia abalou o mundo. Evidentemente, ela não tinha como saber que aquela crise específica ia ocorrer, mas havia montado uma infraestrutura de gerentes que agora dispunham das ferramentas para lidar com o inesperado, em suas infinitas formas.

Dito e feito. Eles trabalharam com os especialistas em tecnologia para montar rapidamente uma operação de trabalho remoto confiável e altamente colaborativa. Quando um funcionário não podia trabalhar por causa da covid, os gestores bolavam maneiras criativas de reatribuir o serviço. E, acima de tudo, certificaram-se de demonstrar carinho e compaixão pelas pessoas que trabalhavam com eles — tanto como subordinados quanto como seres humanos diante de um período inacreditavelmente estressante.

Assim como Van, no começo Claire queria pedir aos funcionários que retornassem ao escritório, pelo menos alguns dias da semana. Ela também realizou uma reunião sobre o assunto com a média liderança. Porém, em vez de impor uma mudança de política de cima para baixo, ela abriu para a palavra dos gerentes intermediários, perguntando o que eles achavam.

"Acho que os membros da minha equipe vão concordar em vir alguns dias da semana, desde que haja bons motivos para eles estarem no escritório. Posso trabalhar nisso", disse Ivan.

"Puxa, não consigo ver isso pegando muito bem com a maior parte da minha equipe", disse James. "Quase todos dizem que ficaram mais produtivos trabalhando remotamente. Conseguimos um bom ritmo de trabalho, e eu ia achar péssimo estragar isso."

"Posso dizer a vocês de cara: três dos meus engenheiros sairiam por esta porta se tivessem que começar a vir", disse Rosa, sempre a mais direta do grupo.

Cada gestor tinha uma resposta diferente para o dilema do trabalho remoto. E foi aí que Claire se deu conta de que precisava confiar em cada um de seus gerentes para decidir quando os funcionários precisavam estar no escritório e quando podiam trabalhar de casa, reconhecendo que isso iria variar de uma área para outra.

TODO O PODER AOS GERENTES

Todas essas atitudes fizeram com que os funcionários da empresa de Claire sentissem lealdade em relação a seus gestores — e ficassem na empresa. Em consequência disso, os pedidos de demissão não foram uma questão tão importante quando aconteceu a "Grande Renúncia".* Um boca a boca positivo e comentários favoráveis em sites de avaliação de empresas como o Glassdoor garantiram a chegada de candidaturas.

Então veio a crise econômica. No começo, Claire ficou com medo de ter que demitir alguns funcionários. Porém, com a ajuda dos gerentes, ela conseguiu realocar alguns que estavam nas áreas mais atingidas para setores onde a demanda ainda era alta. Sim, a empresa levou um baque financeiro, mas não foi nem de longe tão intenso quanto o sofrido por Van.

Quando Van abriu sua empresa, ele não tinha gerência intermediária. À medida que o negócio cresceu, ele se deu conta de que, se não contratasse gerentes, a empresa mergulharia no caos. Mas a maioria de seus gerentes veio da linha de frente, sem treinamento em gestão de pessoas. Por isso, quando a covid entrou em cena, eles estavam mal preparados para os problemas que ela criou, que exigiam rapidez no gatilho.

Daí, quando veio a crise, Van tinha tantos incêndios para apagar que não teve tempo de realocar os funcionários de forma inteligente, e seus gerentes não estavam treinados para realizar essa tarefa. Por isso, Van simplesmente começou a fazer cortes, de baixo para cima, para reduzir despesas. Só então ele se deu conta de que gerentes intermediários mais treinados teriam representado uma enorme vantagem.

Os gerentes de Claire, ao contrário, tinham essa vantagem graças ao investimento que ela tinha feito na média liderança muitos anos antes.

---

* Chamada de "The Great Resignation", a "Grande Renúncia" foi um movimento de demissões voluntárias inicialmente notado nos Estados Unidos. No pós-pandemia, milhões de americanos decidiram pedir demissão em busca de trabalhos com mais propósito, equilíbrio entre vida pessoal e profissional e possibilidade de home office. O movimento também foi visto no Brasil, segundo dados do Caged, em setores de alta qualificação. (N. E.)

INTRODUÇÃO

Gerentes mal aproveitados

Uma oportunidade para cortar custos.

É desse jeito que muitas empresas enxergaram seus gerentes intermediários ao longo dos últimos trinta anos. E agora elas estão pagando o preço.

É por isso que nós três, consultores de gestão da McKinsey, decidimos escrever este livro. E enxergamos, sim, uma ironia nisso. É que ao longo de várias décadas as empresas de consultoria — focadas na eficiência e no valor do cliente para o acionista — muitas vezes incentivaram essa percepção de que os gerentes intermediários seriam uma fonte de custo alto e baixo valor.

Um de nós três, Bill, passou a primeira parte da carreira focado em reduzir custos e obter eficiência para os clientes. Cortar os gerentes intermediários era uma das formas de medir e aumentar o valor para o acionista. Porém, à medida que Bill continuava a trabalhar com empresas globais, via inúmeros exemplos do mundo real de gerentes intermediários com um impacto relevante e positivo em suas organizações e começou a pensar: quantos outros tipos de valor — nem sempre tão fáceis de medir — estavam sendo perdidos por causa dessas medidas de corte de custos meramente matemáticas?

No caso de Bryan, o momento de epifania veio quando ele ficou sabendo de uma pesquisa segundo a qual 40% dos trabalhadores afirmaram que ninguém da própria empresa lhes perguntou, durante a pandemia, como estavam se sentindo.[1] Essa tarefa caberia, claramente, aos gerentes intermediários, e o fato de que não estava sendo executada era um sinal do quão profundamente essa posição tinha sido esvaziada.

No trabalho com os clientes, e na pesquisa sobre o futuro do trabalho nos próximos anos, Bill, Bryan e Emily constataram inúmeras vezes que o nível de gerência que mais sofreu é agora absolutamente vital para uma empresa atingir o sucesso. E os líderes mais graduados ainda não se deram conta disso.

Assim como Van, o CEO da empresa de tecnologia, eles reagem a todas as crises na última hora, sem perceber que essas transformações repentinas nunca vão parar de acontecer. A fim de responder a elas de forma rápida e inteligente, precisamos de uma massa maior de gestores trabalhando com os profissionais da ponta.

No momento em que a definição e o significado de "trabalho" passam por um verdadeiro terremoto, as estruturas organizacionais que conhecemos não servem mais. Na nossa visão, as empresas precisam dar uma guinada, não de cima para baixo, mas a partir do meio, para prosperarem.

Escrevemos este livro para furar os teimosos estereótipos negativos em torno da média liderança. Queremos incentivar as organizações a adotar uma nova mentalidade e um novo modelo que coloquem os gerentes intermediários no centro das mudanças no ambiente de trabalho.

Atualmente o próprio termo "gerente intermediário" carrega um peso negativo, com a conotação de um conceito burocrático do século xx, pertencente a uma hierarquia organizacional limitada. Quem, hoje em dia, ainda se identifica como esse gerente, mesmo sendo um? Já passou da hora de mudarmos a maneira como vemos essa posição tão subestimada, que conecta os líderes de equipes/trabalhadores da linha de frente com o alto escalão.

Postulamos que os gerentes intermediários — que se encontram em uma posição única, próxima dos trabalhadores operacionais, mas não próxima *demais* — estarão na vanguarda, guiando suas organizações ao longo de um período iminente de rápidas e complexas transformações. Representam um elo essencial entre a linha de frente e os líderes seniores que moldam e orientam a estratégia.

No entanto, para atender às demandas do novo mundo do trabalho, os gerentes precisam ter a liberdade de abandonar seus papéis de carimbadores, burocratas e fiscais do cumprimento de regras, reinventando-se como coaches, conectores, navegadores e gestores de talentos. Será um grande salto para quem hoje passa a maior parte do tempo fazendo apresentações em PowerPoint e defendendo o status quo.

Muitos gerentes poderiam brilhar em suas funções, mas seus próprios chefes lhes negam a oportunidade de fazer a diferença. Uma pesquisa recente da McKinsey mostrou que os gerentes intermediários passam quase três quartos do tempo, em média, em tarefas outras além da gestão de suas equipes.[2]

INTRODUÇÃO

A maioria diz que a gestão de talentos não é considerada prioridade em suas organizações. 48% dizem que não têm tempo, e mais de um terço afirma que não dispõe dos recursos apropriados para gerir de verdade seus subordinados. Uma parcela substancial afirma que a burocracia organizacional (39%) e as demandas insustentáveis do trabalho (30%) atrapalham a realização de seu verdadeiro potencial como líderes.

É evidente que muita gente na alta liderança não tem dado o devido valor a seus gerentes, exigindo que deem contribuições pessoais no trabalho (na média, 28% do tempo deles), além de suas demais atribuições. Isso dilui fortemente a capacidade de implementar mudanças duradouras.

Para piorar, muitos líderes seniores ficaram condicionados a acreditar que, quando seus gerentes intermediários são verdadeiramente bons como gestores de pessoal, precisam ser promovidos e deixar suas funções. Neste livro, argumentamos que os executivos mais inteligentes farão tudo que puderem para reter seus melhores gerentes premiando-os.

É isso mesmo. Não promova esses funcionários para novas funções. Em vez disso, encontre maneiras de fazer esses gerentes serem promovidos dentro de suas funções atuais. Muitos líderes seniores ainda não compreenderam que bons gestores — aqueles com autênticas habilidades para lidar com pessoal — são difíceis de substituir. Uma função tão crucial não deveria ter uma rotatividade alta. Quando possível, os líderes seniores precisam pagar mais a esses gerentes, enchendo-os de bônus. Mas essa está longe de ser a única recompensa disponível. Conceda-lhes maior flexibilidade, atribua-lhes as tarefas mais cobiçadas, amplie sua influência ou área de atuação — o que quer que seja mais importante para eles, desde que continuem realizando o importante trabalho que fazem. Quando os gerentes deixam de lado seus papéis de administradores e burocratas e despontam como verdadeiros líderes de pessoas, seus postos adquirem um valor inestimável, e eles se tornam invulneráveis à substituição.

No futuro, nossa esperança é que cada vez mais líderes seniores empoderem seus gerentes, para que eles enxerguem além daquilo que levou ao sucesso no passado e consigam reimaginar seus papéis. Com base em nossa profunda experiência como consultores na McKinsey, vamos contar histórias de gerentes que conseguiram fazer exatamente isso. Entre elas estão:

- O gerente do setor de bens de consumo que se recusou a aceitar uma promoção para a direção da empresa porque amava a função que cumpria — e que veio a ajudar a transformar a mentalidade da empresa, levando-a a reconhecer e premiar a média liderança.
- A gerente de supermercado e o gerente de seguradora que recapacitaram e realocaram funcionários cujas vagas estavam prestes a ser substituídas pela automação.
- A gerente de uma empresa de games que dissuadiu os chefes de implantar uma política unilateral de retorno ao presencial, depois da pandemia, ajudando assim a evitar um grave conflito.
- O gerente de uma perfuradora de petróleo que enfrentava um conflito trabalhista e que nunca teria se dado conta do surpreendente motivo se não fosse por uma esclarecedora pesquisa junto aos funcionários.
- A gerente de agência de publicidade que levou a sério seu papel de coach e conseguiu melhorar o desempenho de uma funcionária abaixo da média, "promovida" para o setor dela por outro gerente, que não queria lidar com o problema.

Evidentemente, não analisamos apenas o lado bom da média liderança; também vimos histórias negativas. Vamos contar algumas delas.

- A gerente de uma empresa do setor educacional que aceitou uma promoção para o nível executivo porque é assim que o sistema funciona quando você é boa naquilo que faz — mas que odiou a nova função e em pouco tempo pediu demissão.
- O gerente de recrutamento que perdeu para a concorrência a chance de contratar uma importante engenheira de software porque não conseguia entender que ela valorizava mais do que apenas um salário alto.

INTRODUÇÃO

- A empresa de tecnologia com uma camada imutável de gerentes "fossilizados" que se recusavam a aderir ao entusiasmo dos funcionários da linha de frente e dos líderes seniores por um sensor novo e inovador, com aplicações animadoras.
- A gerente de um instituto de pesquisa que encontrou o candidato perfeito para uma vaga dificílima de preencher — e que acabou sendo informada pelo RH que não podia contratá-lo.

Através dessas histórias, e de muitas outras, esperamos ilustrar como os gerentes intermediários, mais do que qualquer outra função, podem provocar ou impedir o sucesso de uma empresa.

Por que nós?

Por que nós três estamos escrevendo um livro sobre média liderança? Porque nos convencemos, diante de nossas experiências na McKinsey, de que os gerentes intermediários detêm a chave para tornar o trabalho mais relevante, gratificante, interessante e produtivo para todos — inclusive para os próprios gerentes.

As empresas nos procuram quando se veem diante de problemas espinhosos, que não foram capazes de resolver por conta própria. Às vezes estão com dificuldade para fazer a união de duas culturas, depois de uma fusão. Ou vêm encarando uma forte queda na demanda de um produto tradicional. Ou estão enfrentando um conflito trabalhista sério.

As razões são tão variadas quanto as organizações que buscam nossa ajuda. Mesmo assim, todas as vezes, constatamos que, qualquer que seja o problema, uma transformação autêntica da empresa só pode ocorrer com a participação atuante dos gerentes intermediários.

Com frequência, observamos os efeitos de um círculo vicioso: sem treinamento, confiança e empoderamento, os gerentes ficam subutilizados. Ao mesmo tempo, a alta liderança confunde sua própria falta de investimento nesses gerentes como um sinal de que eles são secundários ou até irrelevantes para o sucesso. Porém, nada poderia estar mais distante da verdade.

Também testemunhamos aquele "momento eureca" em que os executivos finalmente se dão conta de que seus gerentes intermediários eram o elo perdido para atingir suas metas. E nós três conhecemos as histórias de como eles transformaram essa descoberta em atitudes concretas, gerando resultados tangíveis para a empresa.

Alguns exemplos: Bill ajudou uma empresa de entretenimento a empoderar seus gerentes, que moldaram e refinaram suas políticas de trabalho híbrido; Bryan ajudou uma empresa de biotecnologia em rápido crescimento a formar um nível de gestores que não existia antes; Emily ajudou uma financeira a se tornar mais focada na execução e movida por desempenho ao fortalecer a capacitação de seus gerentes. A cada nova transformação em que os gestores ocuparam o papel principal, percebíamos o surgimento de um novo paradigma — que pedia um livro à parte.

Esperamos que este trabalho sirva como um grito de alerta para os altos executivos que não deram a seus gerentes o tempo, as ferramentas e o treinamento de que eles tanto necessitavam. Também temos a esperança de que sirva como apoio e guia para as dezenas de milhões de gerentes que trabalham incansavelmente para auxiliar suas equipes, às vezes em situações bastante complicadas.

Um mapa deste livro

Na Parte 1, "Como desperdiçar nossos maiores talentos", descrevemos a situação atual do nível intermediário de gerência na maioria das organizações, em que os gerentes contam o quanto o trabalho deles se tornou ineficaz e exaustivo, principalmente devido às expectativas irreais dos líderes seniores, cujas prioridades eram outras. E explicamos como chegamos a esse ponto: porque os executivos continuam seguindo impensadamente práticas obsoletas e equivocadas, que não cabem mais em um mundo do trabalho de ideias avançadas e em constante transformação.

Na Parte 2, "Como colocar os gerentes no centro", discutimos como o papel dos gerentes pode evoluir para reagir melhor aos desafios do

INTRODUÇÃO

mundo do trabalho no século XXI. Em primeiro lugar, recomendamos redefinir e reagrupar a função dos gerentes, de modo que ela se torne a mais importante e desejada da organização. Em seguida, mostramos como, a partir desse recém-criado posto de observação, os gerentes podem assumir o comando para:

- REAGRUPAR OS CARGOS, EM VEZ DE ELIMINÁ-LOS. À medida que a automação continua a transformar o local de trabalho, os líderes seniores vão recorrer aos especialistas da casa — os gerentes intermediários — para comandar realinhamentos. Eles são os únicos que possuem tanto o conhecimento detalhado quanto a perspectiva ampla para desmontar as funções atuais e reorganizá-las em novos cargos, que só seres humanos podem exercer. E são os únicos capazes de garantir que as novas e sofisticadas interfaces entre funcionários e máquinas de fato atuem de forma natural.
- ATUAR NO RECRUTAMENTO E NA RETENÇÃO DE FUNCIONÁRIOS. O equilíbrio de poder no mercado de trabalho mudou, e em muitos empregos — sobretudo nas profissões mais técnicas — são os trabalhadores que detêm as rédeas. As pessoas vão gravitar em direção aos empregadores que oferecem não apenas salários e benefícios competitivos, mas também uma experiência de trabalho compatível com seus valores, propósitos e objetivos de carreira de longo prazo. O gerente intermediário é aquele que está mais bem posicionado para expor a proposição de valor da função aos candidatos à vaga, e posteriormente a fazer o acompanhamento diário daqueles que forem contratados.
- FAZER UM COACHING PERMANENTE E DESENVOLVER OS FUNCIONÁRIOS. Vamos mostrar como os gerentes intermediários podem adotar uma visão da gestão de desempenho mais holística e voltada a propósitos, guiada pelo ritmo de trabalho, e não pelo calendário. E vamos mostrar como eles podem associar objetivos individuais e objetivos corporativos — levando em conta a humanidade — de forma a aumentar ainda mais o desempenho.
- USAR A ANÁLISE DE DADOS PARA RESOLVER PROBLEMAS DE FORMA SENSÍVEL. No trabalho de recrutamento e retenção de funcioná-

rios, e de melhora do desempenho, os gerentes podem ser treinados para recorrer à análise de dados, e não apenas à intuição, para a tomada de decisões. Usando os dados com bom senso, e descobrindo os vieses e pontos cegos que podem estar à espreita, eles serão capazes de aprimorar tanto o próprio trabalho quanto o de seus funcionários.

- TRABALHAR DE FORMA PRODUTIVA COM O RH PARA ENCONTRAR OS MAIORES TALENTOS E MELHORAR O DESEMPENHO. Os gerentes podem ajudar o RH a passar da simples observância das regras ao questionamento delas. Como a posição em que se encontram permite aos gerentes enxergar quando as coisas deixam de funcionar, eles são uma barreira fundamental contra as regras ineficientes, obsoletas ou contraproducentes. E, no que diz respeito ao desempenho, são inúmeros os gerentes que abdicaram dessa função em favor da área de recursos humanos, cuja atribuição não é oferecer o tipo de coaching contínuo necessário para o desenvolvimento individual dos funcionários.

- LUTAR PARA CONECTAR O TRABALHO ÀS PESSOAS, E NÃO AS PESSOAS AO TRABALHO. À medida que o mundo do trabalho se afasta cada vez mais de um modelo presencial e hierarquizado, os gestores serão cruciais no alinhamento dos objetivos individuais com os corporativos — e na elaboração de soluções que demonstrem empatia e ao mesmo tempo promovam as metas da empresa.

No final do livro, resumimos nossas ideias e oferecemos um manual de instruções que ajudará os líderes seniores a abandonar a mentalidade de "comando e controle" que mina os gerentes há tanto tempo. Os líderes com ideias avançadas compartilharão o poder com seus gerentes, proporcionando o coaching e o treinamento que lhes permitirão prosperar.

Uma observação sobre os casos apresentados aqui: levamos muito a sério a confidencialidade de nossos clientes. Ao mesmo tempo, nossa intenção é fazer você mergulhar no que é ser um gerente intermediário numa época tão decisiva como a nossa. A melhor forma de fazer isso foi juntar histórias que representam, de forma realista, a soma de nossas experiências com os clientes, sem deixar de proteger o anonimato deles.

INTRODUÇÃO

Acreditamos que você se identificará com as pessoas e com as situações dessas histórias, seja você o líder de sua empresa, com gerentes intermediários diretamente subordinados, ou o próprio gerente, ou se estiver trabalhando para um gerente e passando por muitas das dificuldades ilustradas aqui. Temos a esperança de que o retrato que fizemos desses êxitos e fracassos inspire você a enxergar o valor — e o potencial — da média liderança de uma perspectiva totalmente diferente.

I
Como desperdiçar nossos maiores talentos

1
Por que os gerentes andam tão frustrados

O desprezo por uma função primordial

RENEE FICOU COM UMA CICATRIZ de seu antigo emprego como gerente.[1]

Não estamos falando de uma cicatriz psicológica, embora ela também tenha algumas. É uma cicatriz de verdade, que ela vê na própria mão toda vez que digita no computador ou se senta para almoçar.

Essa cicatriz é uma lembrança perene de um dia de dezembro, que Renee sabia que seria ruim desde a hora em que entrou no carro para ir até a loja de roupas e acessórios onde era gerente. Ela só não fazia ideia de quão ruim seria.

Renee tentou iniciar o dia com uma atitude positiva, porque é isso que os bons gerentes fazem. E Renee nasceu para ser gerente. É apaixonada por tudo aquilo que envolve trabalho de equipe. Aos doze anos, voluntariou-se para ajudar a montar o primeiro centro de reciclagem da pequena cidade do sudoeste americano onde ela vivia. No ensino médio, fez parte de uma equipe de vôlei nova e com média de altura relativamente baixa, mas guerreira o bastante para conseguir chegar até a final do campeonato estadual.

Na época em que trabalhava em meio expediente em uma loja de roupas bastante convencional, durante a faculdade, Renee se apaixonou pelo varejo. Gostava de trabalhar com os colegas para ajudar a melhorar a experiência do cliente. Trabalhou em várias lojas à moda antiga antes de acabar na tal loja de roupas e acessórios, que era uma startup. Estando encarregada de sua própria loja, ela era mais um exemplo de gerente do setor varejista.

Os fundadores da startup eram bem-intencionados, mas a empresa cresceu com tanta rapidez que eles não tinham tempo para focar — ou não achavam que precisavam investir — em seus gerentes. Em consequência disso, eles acabavam executando tarefas que não eram o melhor aproveitamento do tempo deles. Também havia a expectativa de que esses gerentes estivessem disponíveis 24 horas por dia, mesmo quando estavam de férias.

Os líderes seniores da startup deram uma olhada em suas planilhas de Excel e decidiram que a loja de Renee deveria gerar 3 milhões de dólares de faturamento, mas não a ajudavam a elaborar uma campanha de marketing nem discutiam com ela uma estratégia para recrutar os melhores vendedores. Deixavam-na se virar sozinha.

Mesmo diante desses obstáculos, Renee fez o melhor possível para cuidar de sua equipe. Mas sua própria gerente, Jane, na sede regional, não fazia o mesmo por ela. Jane não entrava em contato com muita frequência; era até simpática, mas sua atenção estava voltada para a alta liderança. Em geral, Jane transmitia as ordens vindas de cima, e o que se esperava era que Renee as cumprisse.

Quando a direção decidiu abrir uma loja temporária de férias em outro bairro da cidade, Jane disse a Renee que ela teria que supervisionar aquela iniciativa, deslocando vários de seus funcionários para essa loja durante grande parte de dezembro. Isso aconteceu durante a pandemia, quando havia uma séria escassez de mão de obra. Quando Renee disse que não teria tempo para dar à loja temporária a atenção que ela merecia, e que isso deixaria sua própria loja com falta de pessoal no período de maior movimento, Jane desprezou suas preocupações. "Sei que você consegue fazer isso dar certo", disse ela.

Naquele dia de dezembro, somente Renee e uma de suas chefes de equipe estavam na loja para lidar com uma longa fila de clientes de Natal, formada antes mesmo da abertura das portas. Alguns outros funcionários iam chegar mais tarde, mas o resto estava na loja temporária.

Por sorte, Renee tinha uma excelente relação com sua chefe de equipe, Larissa, e ambas tentaram levar na cara e na coragem, à medida que o dia ia piorando e os clientes iam ficando cada vez mais irritados e impacientes enquanto esperavam para ser atendidos e pagar pelas compras. Alguns clientes se disseram chocados e incrédulos quando a loja ficou sem embalagens para presente.

Para piorar as coisas, a loja tinha uma máquina gravadora de monogramas, e em alguns momentos os funcionários, inclusive Renee, tinham que abandonar seus postos para atender pedidos de gravação dos clientes — até mesmo uma mulher que queria colocar as iniciais em quinze cintos e bolsas. A cliente foi compreensiva quando Renee sugeriu que ela fosse tomar um café e voltasse algumas horas depois, mas aquele pedido, junto com todo o resto, fez Renee se sentir incomodada e pressionada ao colocar mais uma bolsa embaixo da máquina.

E foi aí que aconteceu: em um momento de distração, as várias agulhas superafiadas da máquina atingiram a mão de Renee, marcando-a até hoje. Ela tentou não dar um grito muito alto, achou rapidamente um curativo para envolver a ferida e seguiu em frente com as gravações.

Renee preferiu não ligar para Jane para falar da situação na loja naquele dia porque sabia que seria inútil. Jane teria dito simplesmente para ela "se virar". Apesar de tudo, Renee conseguiu liberar os funcionários para encomendarem o almoço. Também entrou em contato com os funcionários na loja temporária, que informaram estar entediados, porque quase nenhum cliente aparecera o dia inteiro. Renee simplesmente não tinha tido tempo para cuidar da campanha de marketing que informaria o público da existência da loja.

Por fim, depois de doze horas sem intervalo, Renee mandou seus funcionários exaustos para casa, agradecendo-lhes de coração, e terminou as gravações de iniciais que faltavam. Foi até o estacionamento e viu que o carro estava emparedado por outros dois, o que a impedia de sair. Ela entrou, bateu a porta, sentou-se ao volante e começou a chorar convulsivamente até o carro da frente sair. Então foi para casa e entornou duas enormes taças de vinho.

Ao longo dos dias seguintes, os comentários on-line dos clientes da loja foram arrasadores.

Na reunião seguinte pelo Zoom, Jane citou os comentários e as vendas fracas da loja temporária. Quando Renee explicou o que tinha acontecido, Jane assentiu com a cabeça e disse que compreendia. Mesmo assim, Renee não se sentiu ouvida de verdade, e não se sentiu apoiada. Continuou achando que, de certa forma, Jane estava dizendo que tudo tinha sido culpa dela. Não muito tempo depois dessa reunião, Renee decidiu pedir demissão.

Quando o papel mais importante é ignorado

O que Renee vivenciou, como gerente intermediária, é um microcosmo do que muitos na mesma posição, em todo tipo de setor, encaram todos os dias: falta de tempo, falta de recursos, falta de valorização e falta de autonomia para realizar um dos papéis mais importantes — não, *o* papel mais importante — de uma organização: gerir talentos.

Definimos "gerentes intermediários" como as pessoas que estão a pelo menos um da linha de frente e pelo menos um patamar abaixo da liderança sênior. A partir dessa posição fundamental, a função do gerente intermediário é extrair o melhor de seu pessoal, extraindo, assim, o melhor de sua organização. A melhor forma de fazer isso é atuar como orientador, intermediador, coach.

Porém, na maioria dos casos, os líderes seniores, por não se darem conta disso, estão empregando seus gerentes intermediários de uma maneira errada. Estão utilizando-os como uma espécie de faz-tudo que realizam as tarefas que ninguém mais está disposto, capacitado ou disponível para executar. Em consequência disso, os gerentes vêm sofrendo com uma série de fardos e estresses que os sobrecarregam além do limite, como mostra a figura a seguir. E têm sido erroneamente responsabilizados pelos maus resultados decorrentes dessa dinâmica.

Pense em como o dia de Renee teria sido muito melhor se ela tivesse recebido mais coaching e tivesse tido mais tempo e autoridade para se programar com antecedência. Ela teria podido planejar cuidadosamente o marketing e o recrutamento para a loja temporária; contratado mais gente para a loja principal no período de festas; e pensado em

COMO DESPERDIÇAR NOSSOS MAIORES TALENTOS

Figura 1.1. Os obstáculos que impedem uma gestão melhor de pessoal

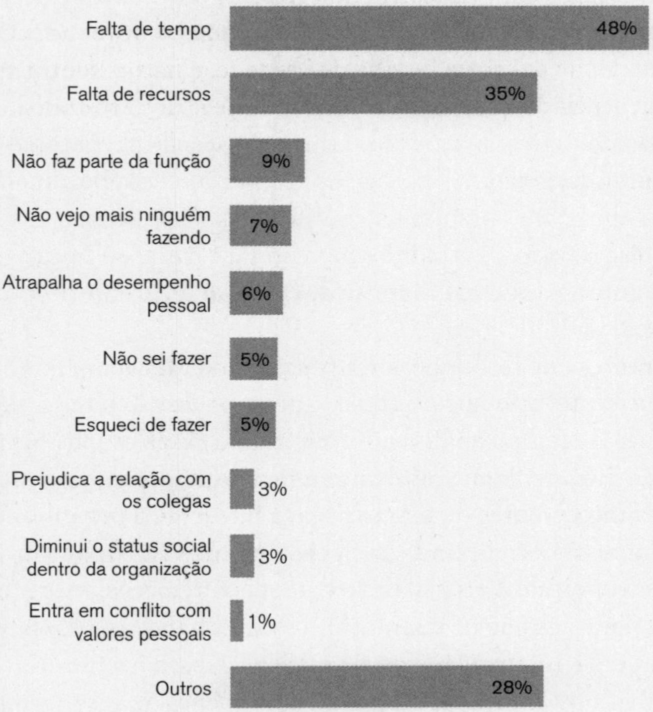

Obstáculo	%
Falta de tempo	48%
Falta de recursos	35%
Não faz parte da função	9%
Não vejo mais ninguém fazendo	7%
Atrapalha o desempenho pessoal	6%
Não sei fazer	5%
Esqueci de fazer	5%
Prejudica a relação com os colegas	3%
Diminui o status social dentro da organização	3%
Entra em conflito com valores pessoais	1%
Outros	28%

* A questão foi apresentada apenas a gerentes intermediários que passavam menos de 25% do tempo cuidando da gestão de pessoas e talentos.

FONTE: Pesquisa "Power to the Middle", McKinsey, maio 2022.

como agilizar a gravação de monogramas e outros pedidos especiais nos horários de pico. Do jeito que aconteceu, ela foi obrigada a ir tropeçando de crise em crise.

Uma pesquisa feita pela McKinsey com setecentos gerentes intermediários mostrou a gravidade do problema em uma série de setores da economia.[2] Quase metade dos gerentes nos Estados Unidos, e 42% no mundo inteiro, disseram discordar ou não ter certeza se as organizações onde trabalham permitem que sejam gestores de pessoas bem-sucedidos.

De modo geral, os gerentes disseram passar mais tempo executando tarefas de contribuição pessoal do que qualquer outro tipo de trabalho. Constatamos isso com vários clientes nossos. Os executivos promovem alguém a um cargo de gestão, mas esperam que essa pessoa também continue fazendo um pouco da função anterior. Ou esperam que o gerente desempenhe papéis de linha de frente para compensar a escassez de pessoal.

No caso de Renee, sua gerente esperava que ela arregaçasse as mangas para gravar iniciais nas bolsas. Com certeza seus subordinados valorizaram a ajuda, mas era um uso muito ineficaz do tempo dela. Forçar os gerentes a fazerem trabalho operacional tornou-se muito mais comum durante a pandemia, a ponto de começar a parecer procedimento operacional padrão.

Os gerentes que responderam à pesquisa da McKinsey também afirmaram passar uma média de 20% do próprio tempo, ou um dia inteiro da semana, fazendo trabalho administrativo (Figura 1.2). E provavelmente não é coincidência que também sintam que o maior obstáculo ao êxito como gerentes de pessoas seja a burocracia organizacional.[3]

São inúmeras as empresas que perderam de vista que os talentos de gestão — a energia, a criatividade e o foco autênticos — precisam ser liberados para a gestão de talentos. Em outras palavras, os melhores gerentes atraem e retêm as melhores pessoas. Nossa profunda convicção é que indivíduos de alto desempenho em funções de gerência intermediária bem estruturadas são a arma secreta na "guerra pelos talentos", expressão criada pela McKinsey há quase 25 anos. Hoje em dia, diante da tempestade perfeita da automação, do trabalho híbrido, de uma virada econômica iminente, da escassez de mão de obra qualificada e de profundas transformações nas atitudes, o triunfo ou o fracasso de uma organização depende em grande parte de seus gerentes.

Neste momento, porém, muitos gerentes simplesmente não estão equipados para encarar esse desafio. É que o vento contra é forte demais. Nas conversas com gerentes intermediários como Renee, surgiram alguns temas em comum:

- Muitos sentem que têm a responsabilidade de proteger suas equipes de executivos equivocados e líderes tóxicos da hierarquia mais alta. Uma história comum: líderes seniores que não entendem os

Figura 1.2. Como é gasto o tempo dos gerentes intermediários

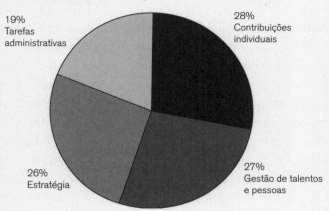

FONTE: Pesquisa "Power to the Middle", McKinsey, maio 2022.

detalhes de uma tarefa ou estratégia e que continuam pedindo o impossível.
- Os gerentes intermediários compreendem a importância do treinamento — tanto para os subordinados quanto para si próprios —, mas muitas vezes sentem dificuldade em conseguir adesão e verba dos executivos seniores, que estão focados nos resultados de curto prazo.
- Uma palavra que os gerentes intermediários usaram muito: "confiança". Para eles, o ideal seria que seus chefes acreditassem neles para fazer as coisas e realizar mudanças do jeito deles, pois é assim que se conquista a confiança da equipe. Mas, na maioria das vezes, não sentem que essa confiança vem de cima.
- Alguns prefeririam continuar no cargo, mas não veem escolha a não ser procurar outro emprego, já que o sistema de recompensas — remuneração, ações, bônus e oportunidades de promoção — não existe, caso queiram crescer dentro da organização.
- Há uma enorme pressão psicológica associada ao cargo — que afeta tanto a vida profissional quanto a pessoal.

Gavin, gerente de uma farmácia, disse que se sente mais como babá do que como gerente. Tem que lidar o tempo todo com questões como a programação de férias da equipe ou achar substitutos para farmacêuticos que pediram licença médica. Ou tem que cuidar das complicadas questões administrativas e de compliance relacionadas às receitas médicas. O celular não para, mesmo à noite, no fim de semana e durante as férias. Ele mal tem tempo de pensar em coisas como o desenvolvimento dos chefes de equipe e dos farmacêuticos, ou como melhorar as margens de lucro, por estar quase sempre correndo para apagar um incêndio.

Na hora em que chega em casa, depois de um longo dia de trabalho, Gavin se sente esgotado, e mal tem energia para os dois filhos pequenos. Antes, ele era um sujeito tranquilão, mas agora não mais. Se as coisas não mudarem, ele não se vê muito tempo mais no emprego. Já sabe de farmácias recém-criadas que oferecem um ambiente de trabalho melhor, além de stock options, e está pensando em se candidatar.

"Não quero esse tipo de negatividade na minha vida", diz Gavin. "Por que não posso dar um tempo? É essa a minha sensação atual."

Pressão de cima e de baixo

Um estudo da Universidade Columbia com cerca de 22 mil trabalhadores em tempo integral mostrou que os gerentes intermediários e supervisores vivenciam níveis de ansiedade e depressão maiores que os dos executivos e dos trabalhadores da linha de frente.[4] Isso surpreendeu os pesquisadores, que supunham que quanto menores o status e o poder do funcionário, maior o impacto sobre a saúde mental.

Os pesquisadores citaram a pressão da constante alternância entre papéis conflitantes como uma das maiores razões desse resultado inesperado. Esses gerentes recebem salários maiores e (supostamente) têm mais status e autonomia que os subordinados. Mas o salário menor e a posição hierárquica inferior na comparação com os executivos fazem deles um saco de pancada dos dois lados. Frequentemente eles são forçados a dar ordens com base em decisões que não tomaram, e acabam levando a culpa quando as coisas não ocorrem como planejado. Resumindo, na verdade eles têm *menos* poder e controle do que aqueles a quem se reportam, e isso faz com que fiquem em desvantagem social, segundo o estudo.

Um artigo intitulado "Por que ser gerente intermediário é tão exaustivo", publicado pela *Harvard Business Review*, explica:

Em muitos casos, as normas e expectativas associadas ao posto de líder (isto é, a assertividade) são incompatíveis com as normas e expectativas de ser um subordinado (isto é, a obediência). Isso se torna problemático quando se é chamado a desempenhar ambos os papéis no trabalho, porque o ser humano é notoriamente ineficiente quando se trata de alternar entre papéis.[5]

Essa alternância de tarefas vertical e constante acaba cobrando um preço emocional e cognitivo, segundo o artigo, podendo até levar a problemas de saúde, como doenças cardíacas e hipertensão.

Quando os gerentes intermediários têm superiores que lhes dão respaldo, recursos e realismo, e que confiam neles para a realização das tarefas sem microgerenciamento, a probabilidade de que sofram de problemas de saúde e desempenho profissional diminui muito — e aumenta a chance de que ajudem suas organizações a triunfarem.

Neste livro, vamos explicar qual é o verdadeiro objetivo de um gerente intermediário, e o que os melhores de fato fazem. Vamos mostrar como as tendências da gestão nas últimas décadas levaram a uma forte desconexão entre a percepção e o verdadeiro valor dos gerentes intermediários. Vamos argumentar que, em vez de promover os melhores gerentes intermediários *tirando-os* de sua função, é possível promovê-los *mantendo-os* nela.

Esta é a hora certa para focar nos gerentes, porque a natureza do trabalho vem mudando numa velocidade impressionante, exigindo das pessoas um novo conjunto de habilidades. A comunicação no trabalho, embora seja mais fácil do que nunca graças ao avanço das tecnologias, também se tornou mais abundante, complexa e confusa do que nunca. A automação está alterando as tarefas que podem ser feitas pelo homem e pela máquina, tornando alguns empregos humanos obsoletos. E a ascensão do trabalho remoto, acelerada pela pandemia, levou a um esgarçamento dos laços que unem colegas de trabalho.

Os gerentes intermediários vão desempenhar um papel vital no trato de todas essas transformações, e de muitas outras. Atuarão como filtros e intérpretes entre a alta direção e a linha de frente. Terão que repensar e reagrupar atribuições, transferindo um grande número de trabalhadores para novas funções. E serão cruciais na recuperação da conexão humana, que a tecnologia e a pandemia abalaram.

Em nosso trabalho de consultoria em organizações, vemos o tempo inteiro como os gerentes intermediários estão deixando de ser vistos como fundamentais na hora de aumentar a produtividade, reforçar a retenção, motivar o pessoal e criar um senso comum de propósito. É por isso que acreditamos que a reputação, o sistema de recompensas e as funções desses gerentes precisam de uma forte transformação.

O ideal é que mais líderes seniores se conscientizem de que, se os gerentes intermediários parecem desnecessários ou subutilizados, provavelmente é porque não estão recebendo as ferramentas, o treinamento e a autonomia para executar suas funções de forma apropriada.

O gerente como bode expiatório

Durante anos, os gerentes intermediários foram ridicularizados, negligenciados e eliminados. É comum que sejam motivo de chacota nos filmes e séries de TV, por realizar reuniões inúteis, enviar e-mails desnecessários e preparar relatórios sem sentido. Quando um funcionário tem uma ideia brilhante, é comum jogarem a culpa no gerente intermediário quando ela vai parar no purgatório da burocracia.

Na verdade, sempre que alguma coisa dá errado em uma empresa, é fácil culpar a média liderança, seja como entidade concreta ou ideia abstrata. E claro, como consultores de gestão, sabemos que existem gerentes intermediários ineficientes e até incompetentes. Caso você conheça algum que se encaixe no estereótipo negativo, pode ser que ele nem devesse estar ocupando esse cargo, para começo de conversa, mas pode ser também que ele nunca tenha recebido o treinamento e o coaching de que precisava para dar certo.

Com o treinamento e a prática certos, os gerentes intermediários ficam numa posição ideal para avaliar o desempenho dos subordinados e dar um feedback que seja contínuo, em vez daquela avaliação anual pró-forma que só existe para criar um rastro por escrito. Depois que os grilhões da burocracia são retirados de suas atribuições, são eles que podem compreender de verdade como extrair o melhor de seus funcionários. Quando lhes é dado o poder de desafiar as formas ultrapassadas de trabalhar, eles têm a capacidade de transformar verdadeiramente o ambiente de trabalho.

Trata-se de um forte contraste em relação à visão que começou a prevalecer nos anos 1980: a de que os patamares de média liderança são o lugar ideal para cortar custos. Muitas vezes, as empresas colocavam em primeiro plano a geração de valor para os acionistas, com o apoio de consultorias, inclusive a McKinsey. E qual é a melhor forma de turbinar o valor da ação de uma empresa? Cortando a folha de pagamento — de longe a maior despesa, para a maioria dos empregadores.

Os especialistas costumavam recomendar passar a faca no meio como forma de arrancar as maiores economias com o menor dano à empresa, mantendo assim os acionistas felizes. E em muitos casos essa estratégia funcionava porque alguns desses postos *eram* de fato redundantes.

Como muitas vezes é o caso nas estratégias de gestão, porém, o pêndulo virou demais para o lado do valor para os acionistas. Isso ficou evidente no trabalho dos autores com os clientes, em que o nível intermediário, demasiadamente frágil, estava sobrecarregado e exausto. Bill constatou isso em primeira mão, tendo participado de projetos com clientes basicamente focados em transformações de empresas ou cortes de custos, e onde as demissões eram uma maneira quantificável de obter economias. As leis básicas do capitalismo exigem que os custos não superem as receitas por um período prolongado. Bill viu, ao mesmo tempo, que as empresas que eliminavam gerentes intermediários demais de seus quadros corriam o risco de provocar impactos negativos sobre a organização como um todo: sobre o desempenho, a produtividade e o êxito no longo prazo.

Quando o corte de custos se torna necessário, os gerentes é que têm a capacidade de ajudar as empresas a realizá-lo de forma sustentável. Com muita frequência vimos uma porta giratória de demissões indiscriminadas depois de uma crise, seguida por recontratações quando ocorre a retomada. Se os líderes seniores pedissem aos gerentes que realocassem os funcionários, em vez de deixá-los ir embora, evitariam muitas rupturas e perdas de produtividade. Isso é difícil de obter, porém, quando os próprios gerentes também estão com a cabeça a prêmio.

Cortar gerentes intermediários — e depois ignorar e negligenciar os que ficaram — tem um efeito terrível sobre a rotatividade. Quando as empresas não são capazes de mudar a forma de recompensar e promover seus melhores gerentes intermediários, vão acabar por perdê-los, e, em um efeito cascata, também vão perder os que trabalhavam para esses gerentes. Graças a sites como o Glassdoor, que revelam como é trabalhar para uma empresa, perderão candidatos para empresas com notas altas em qualidade de gestão.

POR QUE AS PESSOAS SAEM — E POR QUE ELAS FICAM

O ditado é verdade: as pessoas não pedem demissão de uma empresa, pedem demissão de um chefe. Isso se aplica de ponta a ponta, do chão da fábrica à alta liderança. Cerca de metade de todos os trabalhadores já pediu demissão de um emprego por causa de um gerente ruim, segundo uma pesquisa do Gallup.[6] E segundo uma pesquisa recente da McKinsey, 52% das pessoas que já pediram demissão disseram não se sentir valorizadas por seus gestores (54% dessas disseram não se sentir valorizadas pela empresa, e 51% disseram não ter uma sensação de pertencimento).[7]

O contrário também acontece, claro: gente que fica e é fiel a seus gerentes. A "qualidade do gerente" é extremamente importante para candidatos a empregos de todas as idades, em especial millennials, segundo o Gallup.

Larry é o tipo de gerente que faz as pessoas ficarem. Os executivos de sua antiga empresa descobriram isso do pior jeito possível.

Larry conta que os líderes seniores de seu empregador anterior, uma empresa de transportes, enxergavam tudo em termos de planilhas. "Dei a eles o nome de gerentes de Excel", diz. "Para eles, tudo são dados. As pessoas não passam de um subproduto." Mesmo tendo vindo originalmente da linha de frente, "eles se desconectam e começam a viver dentro de uma bolha".

Ele viu isso acontecer, com consequências desastrosas, em seu setor, com mais de cem técnicos. A empresa oferecia um serviço de assistência técnica 24 horas, mas era difícil convencer os técnicos a fazerem um ou dois plantões noturnos. Por isso, a empresa começou a oferecer um bônus de cinquenta dólares por hora como incentivo pelas horas extras.

Um dia, Larry foi chamado para uma reunião na sede da empresa. Havia alguns executivos novos, que queriam reduzir custos, e eles sabiam o jeito certo de fazer isso: acabando com o incentivo pecuniário dos plantões. "Eles bolaram essa ideia brilhante com base em planilhas do Excel e cálculos de perdas e lucros, e no papel os números pareciam certos", relembra Larry. A apresentação de PowerPoint feita a Larry e aos demais gerentes era uma obra-prima.

Larry ouviu o arrazoado dos executivos e não ficou convencido. "Eu tinha um apelido na empresa, Rebelde. E odiava esse nome, porque eu jogo em equipe. 'Rebelde' é quem trabalha por conta própria. Mas para mim a equipe é tudo."

Larry correu os olhos pela sala e viu que a maioria de seus colegas de média liderança estava concordando, como um bando de vaquinhas de presépio. Ele sabia que precisava falar.

"Então eu disse a eles: 'Foi uma excelente apresentação. Esses números do Excel parecem ótimos. Mas como vocês vão dar essa notícia às equipes de vocês? Ou esperam que a gente vá lá e diga a eles que vão perder centenas de dólares por plantão por fazerem o sacrifício de chegar às três da manhã?'."

A direção não ficou seduzida com a argumentação de Larry, e o incentivo remuneratório foi devidamente cortado. Em consequência, o número de técnicos que concordaram em fazer plantões noturnos despencou. Pouco tempo depois, saíram novas planilhas de Excel, mostrando uma forte queda nas chamadas noturnas.

Algumas semanas depois, Larry e os demais gerentes foram convocados para outra reunião na sede. Um executivo disse: "Nosso número de ligações caiu muito, e precisamos fazer algo a respeito. Temos conversado aqui, e achamos que é preciso voltar com o incentivo de cinquenta dólares por hora". Era como se aquela brilhante ideia fosse deles.

O Rebelde poderia ter dito muita coisa nessa hora, mas mordeu a língua. Tudo que respondeu foi: "É uma ótima ideia".

Antes de Larry pedir demissão, frustrado, a rotatividade de seu setor era a menor da empresa. Depois que ele saiu, porém, muitas das pessoas que respondiam a ele também se demitiram. Eles podiam fazer isso, já que havia demanda para suas competências.

Larry cansou de sua antiga empresa quando a alta liderança usou a pandemia como desculpa para cortar o treinamento dos técnicos — uma causa que Larry defendia. A decisão não fazia sentido, no entender dele, porque o setor de transporte estava prosperando por causa da covid e as vendas só aumentavam. A impressão dele era que os executivos estavam focados em atingir metas de corte de custos de curto prazo, às custas de um investimento de longo prazo no pessoal.

UMA MUDANÇA NO EQUILÍBRIO DO PODER

Vimos executivos, em uma série de setores, olharem para os números com miopia, reduzindo o quadro de pessoal e cortando a verba de treinamento para obter lucros de curto prazo. Planilhas de Excel sobre os trimestres vindouros sempre parecem ótimas, porque a folha salarial representa um peso. Porém, como a antiga empresa de Larry descobriu, perder seus melhores gerentes, juntamente com os funcionários que eram fiéis a ele, acaba cobrando um preço ainda maior depois. Essa realidade está transformando nossa força de trabalho e a forma como os líderes percebem o próprio poder.

Parte do problema é de geração, diz Larry. Certamente há exceções, mas muita gente na geração X e entre os baby boomers acha que compartilhar poder gera o caos. Os millennials e a geração Z tendem a não pensar desse jeito, segundo ele. Eles esperam ter mais autonomia e flexibilidade, e quando trabalham para uma empresa que não lhes propicia isso, mudam para outra que o faça, desde que suas competências sejam demandadas.

Um estudo recente da McKinsey conclui que a flexibilidade é a razão número um para os trabalhadores da geração Z planejarem permanecer em seus atuais empregos. Esse fator ficou à frente de um salário adequado. Para os millennials (25 a 34 anos), foi a segunda razão mais importante, logo atrás da remuneração.[8]

"Não dá para segurar essas pessoas se você não compartilhar seu poder com elas", afirma Larry. Cada vez mais trabalhadores, e sobretudo os mais jovens, também querem trabalhar em um lugar que seja empolgante e gratificante, observa.

Ele enxerga seu papel como gerente intermediário como "garantir que as pessoas disponham de todas as ferramentas necessárias para cumprir suas tarefas, e garantir que, ao fazê-lo, tenham uma ótima experiência. Não é só *conseguir* fazer, mas adorar fazer".

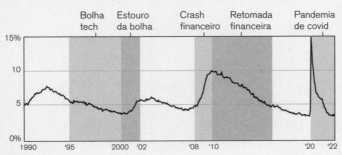

Figura 1.3. Taxa de desemprego da força de trabalho, 1990-2022

IDADE: Dezesseis anos ou mais.
FONTE: Pesquisa da População Atual do Bureau of Labor Statistics.

Hoje em dia, ele afirma, "eu preciso vender uma visão, um valor, um propósito".

Pesquisa após pesquisa, os funcionários nos disseram ansiar por um senso de propósito e por conexões relevantes na vida profissional. Também disseram que querem se sentir valorizados por seus gestores. Isso vinha começando a aparecer antes da pandemia, mas depois dela acelerou-se à velocidade da luz.

Como parte da chamada "Grande Renúncia", desencadeada pela pandemia, um grande número de pessoas resolveu abandonar o mercado de trabalho, por sentir que o emprego não lhes trazia sentido e propósito. A participação na força de trabalho caiu a 62,1% em julho de 2022, na comparação com os 67,6%, maior valor em mais de seis décadas, em fevereiro de 2000 (Figura 1.3).[9]

Mesmo assim, muitas empresas ainda pressupõem que a única forma de atrair e reter pessoal é aumentar o salário e os incentivos. Claro, são coisas que ajudam, mas para muitos trabalhadores também é importante ter experiências relevantes na profissão (em uma pesquisa de 2022 da McKinsey, concluímos que a perspectiva de realizar um trabalho relevante era a segunda razão mais importante para se ter aceitado um trabalho recente).[10] E os gerentes intermediários, como Larry, são os que estão em melhores condições de oferecer isso.

Ao valorizar e recompensar seus gerentes, os empregadores podem transformar o Grande Atrito naquilo que a McKinsey batizou de Grande Atração, ao mesmo tempo retendo os melhores profissionais e instigando outros a se juntarem a eles.[11]

Merecedores de recompensas e reconhecimento

Aquilo que os gerentes intermediários realizam é, na verdade, muito mais complexo do que o que tanto os executivos quanto os trabalhadores da linha de frente fazem: gerem ao mesmo tempo acima e abaixo e atuam como "tradutores" em ambos os sentidos. Que qualidades e habilidades a função exige? Inteligência emocional, resiliência, adaptabilidade, competências técnicas, pensamento crítico, talento comunicacional, abertura à mudança, visão panorâmica e gestão tanto do pessoal de tempo integral quanto dos terceirizados e temporários. Tudo que fazem afeta profundamente o trabalho, a força de trabalho e o ambiente de trabalho.

Isso ficou evidente de forma cristalina com a pandemia, para aqueles que permaneceram na força de trabalho. No começo, alguns líderes seniores acharam que seriam capazes de tomar todas as decisões importantes em relação à gestão da situação, mas estavam enganados. Acabaram se dando conta de que necessitavam dos gerentes intermediários mais do que nunca. Só o pessoal da média liderança era capaz de conectar as grandes metas do topo com os detalhes da base, e de forma rápida.

Mesmo assim, muitos gerentes intermediários com que conversamos sentiram que receberam pouco reconhecimento por seus feitos. Alguns tiveram a impressão de que não tinham escolha a não ser buscar uma nova trajetória profissional, caso quisessem receber maior remuneração, bônus e ações.

Vamos pegar o caso de Cora, que até recentemente era gerente intermediária em uma empresa farmacêutica com receita de centenas de milhões de dólares. Ela assumiu uma área na qual a atividade sofrera uma queda de 10%, mas conseguiu triplicar a receita em um prazo curto.

Ela trabalhava oitenta horas por semana, o que causou um sério prejuízo à sua vida familiar. Viajava tanto (antes da pandemia) que cumpriu os requisitos para receber o raríssimo cartão American Express Centurion. Um dia podia estar na Suíça, no dia seguinte, em Singapura.

Considerando o quanto estava contribuindo para a empresa e todo o esforço que estava fazendo, Cora sentia estar recebendo pouquíssimo reconhecimento, em termos tanto de valorização quanto de remuneração. Uma pesquisa recente da McKinsey mostra que ela não é a única. Profissionais do setor de ciências da vida afirmaram que as principais razões para planejarem mudar de emprego eram 1) falta de desenvolvimento de carreira e potencial de progressão (47%), 2) remuneração total insuficiente (43%) e 3) líderes desatentos e pouco inspiradores (31%).[12]

Cora acredita que aquilo que os melhores gerentes fazem não é comparável à contribuição que eles dão. "Quanto mais você se afasta desses cargos de gerência intermediária, menos relevante se torna."

Ela floresceu em seu cargo. Adorava estar próxima da ação todos os dias, fazendo uma diferença palpável na vida de seus subordinados. Mas se sentia frustrada, porque "o único jeito de conseguir um bônus decente é sendo promovida à direção". Ao ver que é assim que o sistema funciona, ela decidiu aceitar uma vaga de vice-presidente de uma startup do setor médico, que oferecia um bom pacote de ações.

Cora e Gavin têm muita coisa em comum com vários dos entrevistados em nossa pesquisa, que também disseram não se sentir suficientemente recompensados e valorizados pelo trabalho como gerentes.

Emprego novo, perspectivas novas

Com certeza Renee, a sobrecarregada gerente da loja de roupas, não se sentia valorizada por Jane, sua chefe. E também se pode alegar que o desempenho de Renee estava abaixo do ideal e que ela não merecia elogios. Jane poderia alegar que a loja de Renee recebia avaliações negativas on-line e que a loja temporária que lhe coube gerir teve maus resultados.

Porém, do ponto de vista de Renee, ela não tinha como ter um bom desempenho, porque os líderes acima dela não enxergaram seu potencial e não a priorizaram, atribuindo-lhe ao mesmo tempo um leque de tarefas amplo demais, extenuante e impossível de realizar. E foi por isso que ela pediu demissão.

É perceptível que o setor varejista costuma cobrar um alto preço de seus gerentes. Segundo a pesquisa da McKinsey, as principais razões para os gerentes do varejo pedirem demissão são a falta de flexibilidade no local de trabalho (37%); a falta de desenvolvimento de carreira e potencial de progressão (32%); e problemas de saúde e bem-estar (27%).[13]

Atualmente, Renee trabalha como gerente de merchandising em uma empresa do setor de beleza, e a diferença entre o emprego anterior e o novo é como a entre a noite e o dia. A nova chefe de Renee, Anita, conversa diariamente com ela pelo Slack, pelo Zoom e, muitas vezes, pessoalmente.

"Estar de fato presente fisicamente significa muito mais que um telefonema", diz Renee. "Valida você muito mais que alguém no telefone, olhando um pedaço de papel e falando de métricas."

Em vez de dar ordens a Renee, Anita colabora com ela. Faz questão de perguntar como ela se sente, tanto no nível pessoal quanto no profissional, e de saber se há algum problema que ela possa ajudar Renee a resolver. Certifica-se de que Renee tem tempo e recursos para recrutar novos funcionários e para orientar e formar seus subordinados diretos.

No novo emprego, Renee também teve que trabalhar em uma unidade temporária. Dessa vez, porém, foi completamente diferente. Não que não tenha havido dificuldades. Porém, quando questões logísticas ameaçaram atrasar o envio de produtos, por exemplo, Anita trabalhou em conjunto com Renee para bolar uma solução.

A unidade temporária ficava em um destino turístico sazonal, onde era muito difícil contratar. Anita confiou em Renee para pensar em novas maneiras de recrutar candidatos, como usar o Instagram ou entrar em um grupo de Facebook da comunidade da região. Renee também teve autonomia para entrevistar e avaliar candidatos menos tradicionais, como uma funcionária da manutenção de um hotel, que se revelou uma excelente vendedora.

À diferença da empresa anterior, Renee teve condições de dedicar tempo e recursos ao treinamento do pessoal de sua unidade temporária com antecedência. Assim, eles se familiarizaram com os produtos. Ela também pôde se certificar de que a loja teria uma sinalização atraente e uma campanha de marketing adequada.

A empresa do setor de beleza é competente em colocar o funcionário — inclusive os gerentes — em primeiro plano, o que, segundo Renee, "é um sopro de ar fresco, porque nos traz confiança e a sensação de que temos apoio, não apenas no trabalho, mas na vida pessoal". Ela também consegue sentir isso nas pessoas que trabalham para ela.

Renee conta que não chorou uma única vez trabalhando para essa empresa. E aquela cicatriz do emprego anterior vai sumindo um pouco mais a cada dia.

CONCLUSÕES

COMO REPENSAR O PAPEL DA MÉDIA LIDERANÇA

O desafio: Os gerentes intermediários se sentem frustrados e exaustos por passar grande parte do tempo fazendo atividades que não lhes oferecem o máximo valor.

Em vez de terem liberdade para treinar e desenvolver seus subordinados, eles contam que ficam presos a um trabalho burocrático e de contribuição individual.

Como as organizações podem enfrentar desafio: Os líderes seniores podem assumir o compromisso de confiar em seus gerentes e lhes dar mais poder. Esforçando-se para aliviar seus gerentes das tarefas administrativas e operacionais que hoje são designadas a seus gerentes, os líderes seniores deixam o caminho livre para os gerentes focarem na gestão de pessoas.

2
Como chegamos até aqui: uma análise

O boom tecnológico, o crash financeiro e a covid

COMO FOI, exatamente, que viemos parar no ponto em que os gerentes intermediários se tornaram tão mal aproveitados, mal compreendidos e negligenciados? Uma combinação de forças econômicas e sociais nos trouxe até aqui. Uma compreensão mais clara dessas forças pode nos levar a uma forma de gerir pessoas mais voltada para o futuro.

Livros inteiros já foram escritos sobre a história da gestão. Só temos espaço aqui para uma versão resumida. O que queremos ressaltar é que, nos últimos 25 anos, três grandes eventos levaram a uma profunda incompreensão dos objetivos de um gerente: o boom tecnológico dos anos 1990 e começo dos anos 2000, a crise financeira de 2008 e a pandemia de 2020.

Depois de cada uma dessas convulsões, muitos líderes seniores não se aperceberam da necessidade de reimaginar o papel dos gerentes intermediários. Em vez disso, os executivos deixaram seus gerentes chafurdando em práticas ultrapassadas. Ou então os gerentes intermediários evoluíram de forma tardia e aleatória. Ou, ainda, camadas inteiras de gerentes foram eliminadas em nome da eficiência e da economia de custos.

Nem sempre foi assim. Remontando à Revolução Industrial, as organizações recorriam a gerentes de nível intermediário para fazer a comunicação para cima e para baixo, atribuindo tarefas e medindo a produtividade. Dos anos 1950 em diante, empresas de todos os tamanhos e graus de complexidade continuaram operando como hierarquias relativamente rígidas, e os níveis de pessoal entre a linha de frente e a direção executiva eram fundamentais para a execução.

Era comum que as pessoas começassem na base de uma dessas grandes empresas e lentamente subissem até a média liderança. Como era comum permanecerem na mesma empresa por longos períodos, senão por toda a carreira, valia a pena para as empresas investir amplamente em treinamento e recompensas para eles.

William Whyte descreveu a ascensão do "Homem Organizacional" em seu livro de mesmo nome, argumentando que esse modelo contribuiu para promover o conformismo, fazendo o funcionário sacrificar sua individualidade em nome dos propósitos mais abrangentes da organização.[1] Mas o modelo hierárquico também tinha vantagens concretas. Os gerentes intermediários proporcionavam estabilidade, expertise e conhecimento da organização. Pesquisas mostram um crescimento da produtividade entre 1900 e 1980, em compasso com o aumento da participação total dos cargos de média liderança nas organizações norte-americanas.[2]

Dos anos 1950 até os anos 1980, o gerente intermediário era um elemento fundamental entre os escalões superiores e inferiores da hierarquia, comenta Jeff Cava, que iniciou a carreira nos anos 1970 e foi executivo de recursos humanos em empresas como a Nike e a Starwood. Sem a tecnologia que surgiu nas décadas seguintes no mundo do trabalho, só os gerentes intermediários dispunham de certos elementos de conhecimento vitais. E, como sabemos, conhecimento é poder.

"Management by walking around era um termo que usávamos muito nos anos 1970 e 1980",* conta Cava. "Não sou particularmente simpático e agradável como indivíduo, mas ainda assim acho que poder ter

---

* MBWA, ou *management by walking around*, pode ser traduzido livremente para "gerenciamento andando por aí" e consiste em um estilo de gestão que circula próximo aos funcionários no ambiente de trabalho. (N. E.)

uma conversa profunda com os superiores e os subordinados, ao longo da carreira, foi provavelmente uma das melhores formas como aprendi e realizei coisas."

Os gerentes intermediários não retinham as informações. Eles também sabiam como filtrá-las e disseminá-las. E por esse motivo eram altamente valorizados.

A perda de status

Tudo começou a mudar nos anos 1990. A ascensão de novas tecnologias revolucionárias começou a roubar o papel de comunicador dos gerentes intermediários. Um diretor não precisava mais instruir um gerente intermediário a enviar um memorando a dezessete pessoas separadamente. Em vez disso, ele mesmo podia passar por cima do gerente intermediário e enviar um e-mail único a todas as dezessete pessoas, de uma vez só. As empresas não precisavam mais de gerentes intermediários para medir a produtividade ou preparar o orçamento; um programa de computador podia resolver isso.

Um artigo da revista *McKinsey Quarterly* de 1992 saudava uma nova era da gestão, comentando que "a abordagem organizacional burocrática básica, que dominou as indústrias desde os anos 1910, está em descompasso com as necessidades atuais".[3] As organizações dos anos 1990, afirmava o autor, precisavam ser mais coletivas que hierárquicas, com estruturas mais provavelmente planas, flexíveis e autogerenciáveis.

Os avanços nas tecnologias de automação e comunicação reduziram os custos de transação entre as empresas e as suas áreas. Esses avanços permitiram a exportação de muitas vagas e a centralização de muitas funções. As empresas podiam continuar crescendo, porque cortavam custos empregando trabalhadores em lugares como a China, a Índia e o México. Com isso, restavam menos funcionários a gerir na sede física. Com mais computadores realizando mais tarefas, a necessidade de contratar gente qualificada em tecnologia tornou-se urgente, e a demanda passou a superar de longe a oferta.

A ideia de que os gerentes intermediários eram desnecessários e até um estorvo à eficiência e à criatividade começou a se espalhar. Em certos lugares, passaram a ser vistos como pouco mais que um obstáculo à transmissão de ideias e de energia entre a linha de frente e a liderança sênior.

No livro *Reengenharia: Revolucionando a empresa*, de 1995, Michael Hammer e James Champy conclamavam a uma abordagem radicalmente enxuta da gestão das empresas.[4] Para muitos executivos, parecia o melhor dos mundos: eliminando os gerentes intermediários, poderiam ao mesmo tempo aumentar a produtividade *e* cortar custos.

Nesse ambiente, como uma espécie de sinal de alerta, um artigo intitulado "A guerra pelo talento" foi publicado no final dos anos 1990 pela *McKinsey Quarterly* e posteriormente transformado em livro pela Harvard Business School Press.[5] Nele, os autores argumentavam que os líderes seniores precisavam se concentrar na atração dos melhores e mais brilhantes trabalhadores, os mais qualificados e de elite, se quisessem sobreviver e prosperar.

A mensagem era inteligente e oportuna, mas o artigo teve um efeito colateral infeliz. Ao focar na elite dos trabalhadores do conhecimento, parecia dar a entender que os demais funcionários eram inferiores ou até descartáveis. Essa mentalidade tendia a desvalorizar ainda mais a importância da média liderança.

A bolha da internet pode ter estourado no ano 2000, mas as tecnologias que ela gerou impulsionaram ainda mais a tendência a organizações mais achatadas. Os gerentes intermediários que não perderam o emprego foram cada vez menos valorizados pela proatividade e por inspirarem os funcionários operacionais. Em vez disso, alguns gerentes começaram a assumir o papel de "guarda-chuva", enxergando a própria função como de defesa dos subordinados das demandas irreais dos líderes seniores.[6]

A estratégia dos espaços físicos das organizações no final dos anos 1990 e início dos anos 2000 continuava centrada na tradição histórica de reunir os trabalhadores em enormes sedes físicas, geralmente nas principais regiões metropolitanas. Algumas empresas maiores também implantavam centrais em mercados menores, mas importantes, onde os custos trabalhistas e de produção eram mais baixos.

Mesmo com as pontocom lançando tecnologias que permitiam a co-

COMO DESPERDIÇAR NOSSOS MAIORES TALENTOS

municação remota, as empresas continuavam aferradas ao modelo de levar as pessoas para o trabalho, em vez de levar o trabalho para as pessoas. Dessa forma, os funcionários que tinham gerentes intermediários eficientes podiam continuar tirando proveito da "gestão andando por aí".

O crash acelera tudo

Veio, então, a crise financeira global de 2008. Ao contrário do ano 2000, todas as empresas sentiram os efeitos do crash, e muitas entraram em modo de crise. A pergunta passou a ser: agora que estamos sofrendo com a falta de caixa, como é que vamos manter as luzes acesas? Os líderes se deram conta de que precisavam fazer uma reestruturação significativa de suas operações. Em alguns casos, concluíram que a resposta era cortar pessoal.

Mais de 8,8 milhões de empregos foram perdidos nos Estados Unidos durante a crise financeira global, o que representava um em cada cinco trabalhadores.[7] Isso fez com que as organizações acabassem com ainda menos mão de obra no escritório físico. Os empregadores também buscaram a redução do espaço físico das sedes, a fim de preservar seus recursos financeiros já bastante minguados.

Empresas de consultoria em gestão, inclusive a McKinsey, fizeram parte disso, buscando encontrar maneiras de fazer as empresas sobreviverem à Grande Recessão recorrendo a novas tecnologias e formas de trabalhar. Um alvo óbvio para esses cortes era o patamar da média liderança. Os líderes seniores que tomavam as decisões não iriam, afinal de contas, demitir a si próprios. E quem fazia o serviço, na prática, era o pessoal da base. Enquanto isso, os gerentes intermediários estavam recebendo contracheques polpudos sem dar a impressão de agregar muito valor.

A Grande Recessão serviu para "matar o jogo", por assim dizer, em termos de encontrar eficiências no nível gerencial, colhendo os frutos de tendências que começaram nos anos 1990. Embora os gerentes tradicionais tenham sofrido muito, de fato, no início da recessão, as funções gerenciais passaram por um crescimento geral à medida que a economia se recuperava. Porém, na nova "economia do conhecimento", a natureza do trabalho do gerente sofreu constantes modificações.

Àquela altura, as empresas já estavam se expandindo com confiança para o reino virtual, a ponto de conseguirem interagir tanto com os funcionários quanto com os clientes em qualquer lugar do mundo. Tornou-se possível contratar trabalhadores, tanto permanentes como temporários, nos lugares mais remotos. O avanço na tecnologia on-line fez com que as informações sobre os produtos chegassem aos clientes mesmo à distância e que pedidos on-line fossem feitos de maneira segura.

Nesse meio-tempo, começaram a surgir "dores de crescimento" em muitos dos novos e mais apertados locais de trabalho. Muitas empresas abandonaram as salinhas fechadas e as divisórias em favor de escritórios mais abertos. Em algumas empresas onde o pessoal trabalhava tanto de casa quanto no escritório, os funcionários não tinham sequer mesa própria, ocupando a estação de trabalho que estivesse disponível no dia.

Acreditava-se que aproximar as pessoas levaria a um grau maior de colaboração e colegialidade. Na verdade, muitas vezes se deu o contrário. Estudos concluíram que trabalhar em forte proximidade com outros funcionários aumentava, na verdade, as distrações e reduzia a concentração, prejudicando a produtividade.[8] Os gerentes eram cruciais para a adaptação a esse novo modelo de trabalho, e o progresso começou a ficar lento.

Nos anos 2010, o forte crescimento da big tech deu origem a novas questões complexas, entre elas o trabalho remoto, a economia gig e os efeitos da concorrência entre startups. Isso trouxe dimensões novas e mutantes à missão do gerente.

A virada da pandemia

E então veio a pandemia. Assim como a Grande Recessão, a covid também acelerou tendências que já existiam — só que à velocidade da luz. Quase da noite para o dia, as empresas tiveram que converter uma enorme parte de suas operações para o trabalho remoto e repensar como e onde o trabalho poderia ser realizado. Bolar soluções convenientes para empregadores, funcionários e clientes foi um imenso desafio.

Operar em modo de emergência, quando as regras e as ideias preconcebidas estavam em constante transformação, revelou-se um desgaste que cobrou enorme preço da saúde mental dos funcionários, inclusive dos gerentes intermediários. Os empregadores e seus gerentes tinham que lidar com a diluição das fronteiras entre vida profissional e pessoal. Alguns funcionários adoraram a flexibilidade oferecida pelo trabalho remoto. Outros, porém, tiveram a sensação de estar "sempre on" para seus empregadores, levando-os ao burnout. Os trabalhadores também tiveram que lidar com o súbito isolamento dos colegas e amigos e com o desafio de ser pai/mãe e trabalhador/a de crianças que agora estudavam em casa.

Depois da comoção inicial do trabalho remoto, as organizações começaram a fazer o balanço. Ficou claro que dava para fazer mais trabalho remoto do que antes se acreditava ser possível. Mas também ficou claro que um modelo de trabalho exclusivamente remoto, ainda que possível para certos tipos de trabalho, talvez não fosse o ideal em termos de colaboração, fortalecimento da conexão entre os funcionários e solidificação da cultura corporativa. Depois de concluir que o trabalho exclusivamente remoto era em alguns casos, mas nem sempre, positivo para a produtividade e para a saúde mental, as organizações começaram a projetar um modelo de trabalho híbrido pós-pandemia.

Muitos líderes demoraram demais, porém, para se dar conta de que a pandemia trouxera consigo uma nova era do trabalho — uma era em que os gerentes intermediários precisam de tempo, treinamento e incentivo para elaborar soluções únicas, específicas de cada setor, para problemas do ambiente de trabalho que nunca existiram antes.

Um resumo das cinco tendências principais

Identificamos as cinco principais formas pelas quais tendências dos últimos 25 anos minaram o crescimento e o potencial dos gerentes intermediários. Esperamos que reconhecer essas tendências possa ajudar as organizações a se livrarem de crenças equivocadas e obsoletas, rumo a uma transformação da forma como se faz gestão de pessoas.

1. OS GANHOS DE PRODUTIVIDADE LEVARAM A "INVENTAR SERVIÇO" E MAIS BUROCRACIA

Com a invenção de tecnologias como o computador pessoal, a internet e o e-mail, o papel dos gerentes intermediários se tornou menos crucial. Ao perceberem que seus cargos estavam ameaçados, os gerentes começaram a "inventar serviço" para si mesmos, de modo a justificar a própria existência (ou apenas para passar o tempo e aliviar o tédio), levando a um fenômeno conhecido como "gerentite".

Em pouco tempo isso virou fonte de aborrecimento e frustração para os demais funcionários. Será que era realmente preciso fazer outra reunião ou responder a mais um e-mail sobre aquele novo projeto? Não seria mais produtivo simplesmente *trabalhar* naquele novo projeto? Os gerentes intermediários começaram a preencher o próprio tempo desperdiçando o tempo alheio. Era como se a função principal deles fosse incomodar todo mundo.

O estereótipo do gerente intermediário como um burocrata "ticador de casinhas" atingiu a apoteose crítica no filme *Como enlouquecer seu chefe*, de 1999, em que um gerente intermediário com elevada ideia de si próprio fica o tempo todo dando sermões nos subordinados por não entregarem seus relatórios com uma folha de rosto.[9]

Todos nós conhecemos empresas que se veem presas na armadilha de "inventar serviço". São empresas que decidiram criar uma nova estrutura administrativa, com o objetivo de reunir um amplo leque de competências em nome de ofertas direcionadas a clientes específicos. Mas esse esforço cheio de boas intenções se transforma em um inferno administrativo: as reuniões começam a se multiplicar. Fica cada vez mais difícil para qualquer um assumir o comando, porque os modelos de financiamento são opacos e exigem várias rodadas de discussão. Diversos microgrupos se formam dentro dos projetos, e a comunicação entre esses grupos é difícil. Vai aumentando a necessidade de pessoal para gerir a complexidade que surge, e cada vez mais gente cria formulários a serem preenchidos (a versão da empresa para os relatórios).

O jeito de parar essa loucura é a empresa congelar totalmente o crescimento naquela área, remédio amargo demais e que não atinge a raiz do problema — criando apenas mais trabalho. Ao fim e ao cabo, a empresa se dá conta de que toda aquela "gerentite" era reflexo das dores de crescimento da unidade, e ela acaba criando métodos de gestão de pessoas que abrem espaço para uma comunicação mais clara e menos reuniões e formulários.

Os líderes seniores também adquiriram o mau hábito de usar os gerentes intermediários para encobrir práticas empresariais inadequadas. Digamos que um executivo estivesse sofrendo para encontrar bons engenheiros. Ele poderia delegar a tarefa a um gerente intermediário, que passaria pela mesma dificuldade. Esse gerente intermediário levaria, então, a culpa pela incapacidade de cumprir a tarefa, quando o problema real era proveniente de um processo de recrutamento defeituoso (má definição dos critérios da vaga, escolha das fontes de recrutamento erradas etc.) e que teria que ser revisado.

A perda gradual de autonomia, o medo de ser demitido e a mentalidade de "ticar casinhas" levaram muitos gerentes intermediários a servirem de vaquinhas de presépio. Em vez de se sentirem empoderados para questionar seus superiores ou gerar ideias próprias, eles passaram a enxergar o próprio papel como cumpridores de ordens e reforçadores do status quo.

2. A GUERRA POR TALENTOS CRIOU SUPERESTRELAS E "BRILHOS FRACOS"

O contínuo avanço das tecnologias (por exemplo, a velocidade de processamento cada vez maior, o surgimento de mecanismos de busca e do e-commerce) aumentou a demanda por trabalhadores do conhecimento e competências especializadas. Como proposto em "A guerra pelo talento", as empresas foram incentivadas a atrair superestrelas.

O método das superestrelas foi tão bem-aceito que se expandiu muito além do setor de tecnologia. O outro lado da moeda é que a maioria dos trabalhadores não atendia aos requisitos de uma superestrela.

Mais especificamente, as empresas começaram a olhar com cada vez menos condescendência para os gerentes intermediários que não eram estrelas e, como já dissemos, pareciam existir com o único propósito de inventar serviço. Os líderes seniores perguntaram a si mesmos: por que eu tenho que lidar com essa pessoa no meio, que só serve para me atrapalhar? Esses supostos "brilhos fracos" eram pessoas que não podiam ser apenas toleradas, mas que deviam ser eliminadas (ou desaparecer como camadas) para pôr fim a um fluxo incessante de trabalho de baixo valor.

A crise financeira de 2008 deixou os gerentes intermediários ainda mais ameaçados, já que as organizações precisavam cortar custos. E foi no nível da média liderança que os cortes profundos foram feitos. Isso deu lugar ao surgimento de modelos de gestão do tipo "todo mundo joga", em que o gerente intermediário deixou de ser apenas parte da "turma das reuniões", mas também tinha que colocar a mão na massa. Se isso teve a vantagem de manter os gerentes intermediários próximos do chão da fábrica, também limitou a capacidade deles de treinar e desenvolver os demais.

Passados os primeiros efeitos da crise financeira, em alguns casos os gerentes intermediários demitidos voltaram — não como funcionários em tempo integral, mas como terceirizados. Esses terceirizados, porém, não tinham poder para liderar os demais, já que ninguém lhes era diretamente subordinado. Por isso, desempenhavam apenas o antigo papel de "jogador", fazendo com que categorias inteiras de funcionários não recebessem mais orientação sobre como crescer e se aprimorar.

Em pouco tempo, ficou claro que não adianta ter apenas superestrelas, mas também alguém para geri-las, e a suas equipes. Uma estratégia muito usada era promover a própria superestrela ao papel de gerente. Em alguns casos, isso deu certo, mas com muita frequência não deu, porque nem todo contribuidor individual nasceu para ser gestor de pessoas.

COMO DESPERDIÇAR NOSSOS MAIORES TALENTOS

Laurence J. Peter cunhou o "Princípio de Peter" — a ideia de que todo funcionário é promovido até atingir seu nível de incompetência — nos anos 1960. Mas é uma tendência que atingiu o paroxismo nos anos 1990 e 2000. Testemunhamos um caso desses em um escritório de advocacia onde se esperava que todos os sócios desempenhassem um papel de liderança relevante. A empresa montou um combinado de ex-alunos das maiores universidades americanas com recém-formados de faculdades estaduais, e estes últimos davam de dez naqueles em termos de gestão de pessoas.

Havia um motivo para os formandos de Harvard não conseguirem emprego em escritórios de primeira linha: eles tinham tendência a ser brilhantes, mas ao mesmo tempo birutas. Por conta da mentalidade de superestrelas, algumas figuras um tanto bizarras foram promovidas à gestão de pessoas, e aquele escritório adquiriu a fama de ser um péssimo lugar para trabalhar — embora seus advogados cumprissem um expediente 20% menor que a média dos dez maiores escritórios de advocacia. Mesmo passando menos tempo no trabalho, a experiência de estar ali era terrível.

Os líderes do escritório acabaram tendo uma ideia luminosa: para atrair grandes talentos, os sócios precisavam vivenciar uma experiência espetacular; e para os sócios vivenciarem uma experiência espetacular, era preciso que os gerentes intermediários fossem excepcionais.

Alguns dos birutas das universidades de elite podiam ser "desbirutizados", digamos assim, através de capacitação em gestão, para aprender a desenvolver suas equipes. Em alguns casos, porém, o escritório compreendeu que seria melhor que alguns sócios desempenhassem apenas os papéis em que realmente brilhavam, como atrair novos clientes ou elaborar táticas, remunerando-os generosamente apesar disso.

Também vimos o fenômeno das superestrelas ocorrer nos setores farmacêutico e de biotecnologia. Vamos pegar, por exemplo, o caso de alguém que é um excepcional pesquisador, capaz de reconhecer padrões em dados estatísticos, o que leva essa pessoa a ter talento na geração de novas ideias científicas. Com base em sua excelência como contribuidor individual, ele é promovido a um cargo de liderança de pessoal. Porém, muitas vezes, essas pessoas não são líderes natas e acabam ficando frustradas quando os demais integrantes da equipe não têm o mesmo brilho e criatividade delas. Ignoram, desprezam e às vezes até vociferam contra os subordinados, o que leva a distanciamento e burnout generalizados entre as não superestrelas, que poderiam ter dado enormes contribuições, se tivessem sido preparadas e tratadas com respeito.

Felizmente, cada vez mais empresas estão reconhecendo que é melhor que muitos colaboradores individuais continuem fazendo exatamente o que estão fazendo. Outras criaram sistemas de promoção e remuneração para premiar superestrelas. Essas superestrelas obtêm reconhecimento sem ter que assumir funções gerenciais que atrapalhariam seus pontos fortes.

Apesar disso, a ideia de que as superestrelas em funções técnicas *precisam* ser promovidas a cargos de gestão persiste em várias empresas. Não é feita uma avaliação para determinar se aquela pessoa vai se sair bem no novo cargo. Conhecemos o caso de um gênio da tecnologia que foi obrigado a pedir demissão de uma empresa de transportes porque teve de fazer uma escolha: ou você fica onde está, como analista de dados, ganhando o mesmo que ganha, com o mesmo cargo, ou passa para uma carreira gerencial e ganha muito dinheiro. Era um homem que tinha trabalhado durante dez anos cuidando do planejamento de rede e de cronogramas para a empresa. Um projeto de fusão? Era ele que analisava o impacto sobre as receitas, do ponto de vista prático. Tornar uma rede mais eficiente para otimizar custos? Era ele que encontrava o equilíbrio exato entre eficiência operacional e maximização do faturamento. Porém esse homem não tinha vontade de liderar pessoas, e a empresa não queria promovê-lo. Assim, depois de dez anos de excelentes serviços prestados, mas sem progressão de carreira, ele sentiu que não tinha escolha senão pedir demissão.

Ele terminou a carreira em outra empresa, que sabia reconhecer e recompensar colaboradores individuais — lucro para a nova empresa e prejuízo para o ex-patrão, que, de forma automática, associava progressão de carreira a virar gestor.

3. QUANDO O GELO COMEÇA A SE FORMAR
NO NÍVEL INTERMEDIÁRIO

Em algumas organizações onde há pouca pressão de mercado (por exemplo, nas empresas de serviços públicos e agências governamentais, ou em empresas tradicionais, como aquela que descrevemos no exemplo anterior), os gerentes intermediários de carreira se consolidam em uma camada "congelada". À diferença de empresas que precisam ficar de olho no mercado o tempo todo — e que estão sempre em busca de uma vantagem competitiva em termos de talento, custos e eficiência —, essas organizações praticamente não demonstram interesse pelo nível intermediário há muito tempo.

Os líderes seniores nem demitiam esses gerentes nem tentavam desenvolvê-los ou realocá-los como verdadeiros líderes de pessoas. Não que esses gerentes fossem totalmente inúteis: em razão de seu longo tempo na organização, de fato contribuíam com seu conhecimento interno. Porém a maioria simplesmente se eternizava no cargo, com todas as reuniões e procedimentos para "inventar serviço" retardando o metabolismo de suas organizações.

Como acabar com a motivação

O caso de uma empresa de tecnologia da Costa Leste americana mostra como os efeitos desse "congelamento" acabam minando a organização, sem que os líderes seniores sequer se deem conta disso.

Durante muito tempo, essa empresa foi considerada um dinossauro do setor de sensores e semicondutores, onde atuava havia décadas, tendo sido fundada como fabricante de peças de máquinas no início do século xx. De forma lenta, mas constante, décadas de burocracia inoperante foram se consolidando e se engessando no nível intermediário da empresa.

Porém agora ela havia criado um programa ambiental verdadeiramente revolucionário na área de sensores, algo que prometia ser uma autêntica transformação que obrigaria as startups concorrentes a suarem a camisa. Os executivos ficaram genuinamente empolgados com a nova tecnologia. Adoravam falar do potencial para salvar vidas e ajudar a combater as mudanças climáticas. Faziam questão de comentar que, embora a tecnologia fosse inteiramente nova, era coerente com a missão original da empresa de peças de 1920, "ajudando o mundo a funcionar de forma mais segura e eficiente". Tudo isso representava uma história motivacional e autêntica com que os líderes podiam contar.

Quando o presidente da empresa fez um discurso para todo o pessoal sobre essa tecnologia, os trabalhadores operacionais ficaram maravilhados e voltaram para suas mesas sentindo-se verdadeiramente inspirados. Alguns tinham amigos que faziam piadas sobre trabalhar para uma empresa tão sem graça. Agora se sentiam vingados pela decisão de trabalhar naquela empresa, prestes a dar um salto para a vanguarda.

Um grupo de funcionários porém ficou de braços cruzados, assistindo impassível ao discurso do CEO: os gerentes intermediários. Eles não pareciam nem um pouco entusiasmados com a nova tecnologia. Isso ficou patente quando a empresa realizou uma enquete de saúde organizacional. Os gerentes intermediários apresentaram, de longe, as notas mais baixas de todo o pessoal, tanto no que dizia respeito à opinião sobre o projeto quanto sobre a empresa de maneira geral. Eles representavam um poço de ceticismo e resistência às mudanças.

Entrevistas aprofundadas com esses gerentes — alguns dos quais estavam na empresa havia mais de dez anos — revelaram que aquilo já tinha acontecido com eles. Nas primeiras vezes acreditaram. Mas depois não queriam mais fazer papel de bobos.

Como saber se agora ia ser diferente? Eles tinham passado por várias trocas de liderança nas quais os executivos prometiam mudar o mundo, mas quando esses gerentes intermediários abraçavam a causa e dedicavam dias, noites, fins de semana e férias para tornar a nova iniciativa realidade, ou quando tentaram ser criativos e inovadores, as coisas emperravam.

Uma das gerentes, ao perceber que duas áreas que nunca interagiam iam ter que começar a colaborar entre si, organizou uma ida dos dois grupos a um jogo de beisebol. Depois, foi acusada de malversação das verbas da empresa. Outro gerente dedicou-se a uma iniciativa nova e promissora, e ninguém o avisou de que a ideia tinha sido cancelada na surdina meses antes. Um outro foi soterrado por formulários e autorizações que, no entender da empresa, um novo projeto exigia.

Somadas, todas essas experiências foram solapando o moral dos gerentes intermediários, tirando deles toda a motivação. E não se pode culpá-los por se sentirem assim.

Os líderes da empresa de tecnologia tiveram que se esforçar muito para quebrar esse gelo. Tiveram que identificar essa mentalidade oculta que levava os gerentes a resistirem a toda e qualquer novidade. Tiveram que afastar obstáculos reais e imaginários que os gerentes, de forma compreensível, previam. E tiveram que saber comunicar e colaborar com esses gerentes, de maneira constante, para garantir que o projeto fosse adiante.

Um dos gerentes ficou positivamente surpreso ao ver que o projeto dava sinais reais de avançar. Cético no começo, ele passou a acreditar. Oito meses depois, disse à chefe: "Eu achava que tudo ia acabar quatro meses atrás".

Trabalhamos com empresas onde uma "camada de gelo" se forma em ciclos de cinco a oito anos. Em função de um design organizacional inadequado, elas começam a transferir todos os gerentes para o nível intermediário. Isso leva a vice-presidentes que se reportam a vice--presidentes, que se reportam a vice-presidentes, gerando pouquíssimo trabalho relevante.

Às vezes, o maior talento de um gerente "congelado" é saber sobreviver. Usam as engrenagens do nível intermediário para retardar os projetos e desmotivar quem está logo abaixo. São fósseis organizacionais como esses os responsáveis pela má fama dos gerentes intermediários.

A "camada de gelo" pode começar a derreter quando surge a pressão de custos, e os executivos não têm escolha senão cortar pessoal. Adivinhe qual é o tipo de trabalhador mais caro e dispensável: é o gerente intermediário, que se fossilizou na "camada de gelo".

Porém, como observamos no exemplo da empresa de tecnologia antiga, esse gelo às vezes surge por um bom motivo: quando os gerentes intermediários ficam tão calejados pelas experiências anteriores que deixam de acreditar que mudanças reais podem acontecer na organização. Quando os líderes seniores assumem a responsabilidade por isso, já é meio caminho andado para desafiar as ideias preconcebidas que impedem os gerentes intermediários de progredir.

4. A HIPEREXPANSÃO LEVOU A UMA CAMADA TÓXICA DE GERENTES INTERMEDIÁRIOS, E ATÉ A UMA NÃO CAMADA

Nas décadas de 2000 e 2010, assistimos à ascensão das empresas de crescimento acelerado. Elas começaram a partir de bases modestas e usaram suas plataformas ou novas tecnologias para um rápido ganho de escala. Entre essas empresas, havia um pouco de tudo, da Uber e do Facebook ao WeWork, passando pela Netflix, pelos "unicórnios" da tecnologia de recursos humanos e pelas empresas de biotecnologia que viabilizaram outras revoluções.

No começo, algumas dessas organizações "ágeis e achatadas" achavam que não precisavam de gerentes intermediários e que podiam operar com equipes autogeridas. Porém, à medida que foram ganhando escala rapidamente, precisaram fazer a transição da cultura de empresas diminutas, de líderes, para organizações mais amplas, com bilhões de clientes e de receita.

Enquanto algumas organizações se deram conta disso desde o início e investiram precocemente em gestores de pessoas (a Netflix vem à mente), outras conseguiram crescer sem jamais saber o que era um bom gerente. Em consequência disso, os gerentes intermediários não receberam treinamento constante em gestão de pessoas, em detrimento da qualidade da experiência dos funcionários e do desenvolvimento interno de carreiras. Os piores casos foram parar nos tribunais, graças a uma cultura tóxica de "irmandade" no nível intermediário que contaminava a empresa inteira.

COMO DESPERDIÇAR NOSSOS MAIORES TALENTOS

A dependência das "promoções no campo de batalha"

Como a CEO de uma empresa de biotecnologia em rápido crescimento da Costa Oeste americana descobriu há muitos anos, chega uma hora em que simplesmente não é possível agir sem algum tipo de camada intermediária.

Essa startup havia inventado uma droga que curava uma doença fatal e estava prestes a lançar várias outras drogas do gênero. Delia, a CEO, ainda se lembra com carinho do tempo em que ela, os outros dois fundadores e mais dois funcionários dividiam um laboratório minúsculo, trabalhando contra todas as probabilidades para desenvolver uma droga que salvaria vidas. Juntos, eles vivenciaram aquele momento "eureca", em que sabiam ter conseguido algo importante.

Quando os ensaios clínicos apresentaram resultados que superavam até suas previsões mais otimistas, a empresa subitamente entrou em velocidade de cruzeiro, dando início a uma onda de contratações que durou vários anos, enquanto jorrou o capital de risco. Com o caixa abarrotado, a empresa contratou os melhores cientistas, engenheiros, vendedores e especialistas de marketing que pôde encontrar. Ao fim de dez anos, a empresa tinha setecentos funcionários, um valor de mercado de 10 bilhões de dólares e um prédio próprio em um campus de biotecnologia. O que ela não tinha era uma camada de gerentes intermediários experientes.

Cinco anos antes, a empresa mal tinha gerentes, tendo investido tudo o que podia nos trabalhadores da linha de frente. Isso, porém, logo se tornou insustentável, uma vez que brigas internas, falhas de comunicação, problemas sistêmicos e uma série de outras dificuldades apareceram. A estrutura da empresa se tornara complexa demais para sobreviver sem a intermediação dos gerentes. Delia, como qualquer CEO de startup, tinha que cuidar de um milhão de coisas ao mesmo tempo. Por isso, ela reagiu ao problema da forma que lhe trazia a maior economia de tempo: fez uma série de "promoções no campo de batalha", pinçando funcionários operacionais para atuar como gerentes.

Quase nenhum desses recém-criados gerentes porém tinha experiência com gestão de pessoas. Anteriormente, tinham trabalhado como bioquímicos, epidemiologistas, desenvolvedores de software ou especialistas de marketing. Todos eram bem-intencionados, e alguns se saíram melhor que outros, mas nenhum deles chegou a receber treinamento em gestão. Delia começou a ouvir queixas em relação à falta de cooperação e colaboração de algumas áreas e sobre algumas missões importantes que estavam naufragando. Também começou a escutar comentários negativos em relação às avaliações de desempenho. Muitos funcionários sentiam-se marginalizados pelas críticas ao desempenho nas avaliações anuais, o que tinha um impacto na remuneração. Ao mesmo tempo, vários gerentes eram incapazes de entender por que os subordinados não vinham tendo o desempenho esperado.

Uma dessas gerentes, Zoe, foi atirada de uma hora para outra em um cargo de gestão, depois de trabalhar durante dois anos como especialista em marketing digital. Zoe sabia que uma de suas subordinadas, Brianna, estava tendo dificuldade em priorizar projetos, mas aguardou até a avaliação anual de desempenho para levantar o assunto com ela. No início, Zoe teve a impressão de estar tratando do problema de forma diplomática e respeitosa, mas logo ficou claro que Brianna estava se sentindo desvalorizada.

Incomodada com a conversa, Zoe expressou a Delia seu sentimento. Delia sabia que Zoe era bem-intencionada e tinha potencial para se tornar uma gerente excepcional. Se a avaliação não tinha transcorrido bem, pensou Delia, era mais por culpa dela própria do que de Zoe.

Tendo conhecimento de histórias parecidas em outras avaliações, Delia sabia que era hora de dar prioridade total a seus gerentes. Ela precisava investir em treiná-los, para que soubessem como dar coaching e desenvolver os funcionários durante o ano todo, e não apenas nas análises de desempenho anuais. O resultado foi uma melhoria quantificável da produtividade dos funcionários.

5. O TRABALHO REMOTO TIROU GERENTES DE CENA — OU TORNOU INSUSTENTÁVEIS SEUS EMPREGOS

Antes da pandemia, o trabalho remoto ou híbrido — com o apoio de tecnologias que viabilizaram a colaboração e a gestão remota de projetos — já estava em ascensão. A pandemia acelerou enormemente essa nova forma de trabalhar. E levou a uma nova tendência: o colaborador individual remoto e sênior.

Fossem eles sócios de um escritório de advocacia ou investidores seniores em fundos de investimento, esses ex-líderes de equipe descobriram que eram muito mais produtivos — e felizes — quando não precisavam ir até o escritório. E usaram a pandemia como uma desculpa para delegar responsabilidades à equipe. Sem consultar ninguém, decidiram fazer a mágica do sumiço, e a confusão provocada pela pandemia deu a eles a oportunidade.

Vimos isso acontecer em uma empresa de investimentos de Nova York. Nos primeiros anos de carreira, os gerentes fizeram um enorme esforço, executando tarefas como a elaboração de modelos financeiros. Foram promovidos a diretores, depois a sócios, e ganharam milhões por ano. Executavam a parte gerencial de seus cargos com graus variados de êxito, até que veio a pandemia, e então eles simplesmente pararam. Sentados no escritório da mansão, pensaram: "Tenho essa casa linda, com uma vista fantástica, e posso malhar de manhã. Não preciso enfrentar a confusão da cidade. Dá para fazer tudo daqui. Que maravilha! Obrigado, pandemia".

Quando havia necessidade de fechar um negócio ou ocorria uma emergência, os gerentes trabalhavam muito e estavam disponíveis. Mas não sentiam a necessidade de fazer contato com os funcionários remotos com regularidade. Constatou-se que os funcionários dessa e de várias outras firmas penaram, e não foi pouco, com a ausência dos chefes. Os gerentes podem ter pensado que tecnologias como o Slack e o Zoom estavam assumindo bastante bem os antigos papéis. E é fato que a tecnologia simplificou as tarefas tradicionais de gestão, como a comunicação e a gestão de projetos. Com a pandemia, porém, cresceu exponencialmente a necessidade de uma liderança centrada no ser humano, na empatia e na capacidade de inspirar e liderar equipes.

As organizações movidas por propósitos e focadas nas pessoas foram as que prevaleceram e prosperaram na pandemia. Aquelas onde esses elementos estavam ausentes sofreram forte perda de talentos, ajudando a alimentar a "Grande Renúncia". As pesquisas mostraram que "não me sinto valorizado(a) pelo meu gestor" e "não me sinto valorizado(a) pela minha organização" eram as principais razões para os pedidos de demissão dos funcionários.[10]

Em um mundo de equipes altamente descentralizadas onde o trabalho se torna progressivamente remoto e mais decisões são descentralizadas, fica cada vez mais difícil preservar um senso de conexão, cultura organizacional e propósito comum. Cabe aos gerentes intermediários preencher essa função.

Durante a pandemia, alguns gerentes intermediários, é bem verdade, tiveram que resolver problemas repentinos e sem precedentes, tais como a transição de empresas inteiras para o trabalho remoto. Mesmo assim, muitos tiveram a impressão de não receber reconhecimento ou recompensa suficiente por seu esforço. E alguns gerentes tiveram o cuidado de reconhecer e cuidar do grave estresse mental que a pandemia colocou sobre os ombros dos funcionários — às vezes até descuidando da própria saúde mental.

Uma pesquisa de 2022 do Future Forum, uma área da Slack Technology, concluiu que 43% dos gerentes afirmaram ter burnout, mais que em qualquer outro nível.[11] E esse estresse não dá sinais de diminuir. Segundo um artigo da *Bloomberg* sobre essa pesquisa, os gerentes intermediários

estão expostos a uma pressão cada vez maior, vinda de cima, para entregar resultados em meio à incerteza econômica e aos receios sobre a queda da produtividade, ao mesmo tempo que ouvem de seus funcionários que a remuneração não tem acompanhado a inflação. E desde o início da pandemia eles foram encarregados de gerir os problemas relacionados à liderança de equipes remotas e híbridas.[12]

Para onde vamos?

Enxergamos diversas questões importantes para os gerentes intermediários no futuro. Com as rupturas e transformações tornando-se uma constante para a maioria das organizações, eles estarão no centro da identidade organizacional. A capacidade deles de transmitir um senso de propósito permitirá a essas organizações reagir de maneira rápida aos problemas, por mais caótica que seja a situação.

Sim, graças às novas tecnologias existem cada vez menos barreiras à comunicação. Mas a proliferação incessante de informação não leva a uma maior compreensão. Por isso, os melhores gerentes intermediários serão mestres em explicar. Saberão separar os sinais relevantes do resto e ajudarão a resumir ideias, estratégias e missões em uma linguagem simples, que crie uma compreensão em comum entre todas as equipes e dentro de toda a organização.

A democratização da informação tomou conta de tudo, explica Jeff Cava. Hoje em dia, sendo tão fácil a comunicação passar em efeito cascata do topo da pirâmide à base, é essencial que os gerentes intermediários ressuscitem seu antigo papel de tradutores e explicadores. Quando você precisa de muitas horas para explicar aos funcionários operacionais a estratégia de aquisições e vendas de uma empresa, não dá para desperdiçar o tempo do pessoal. Para Cava, "as diferentes partes da organização necessitam de diferentes tipos de informação, e precisam da mesma informação divulgada de maneiras diferentes". E essa é uma tarefa importante.

Os melhores gerentes intermediários têm um misto de excelentes habilidades operacionais e uma empatia autêntica no nível individual. São capazes de promover a segurança psicológica e o empoderamento de cada um, criando um ambiente onde as pessoas se sentem valorizadas.

De certa forma, é possível tirar proveito de um retorno do *management by walking around*, tão bem-sucedido nos anos 1950 — porém de um jeito que concilie a realidade complexa das novas tecnologias e do trabalho híbrido. Será uma tarefa árdua, para a qual é preciso capacitar, valorizar e recompensar os gerentes intermediários, de forma muito mais intensa do que hoje.

CONCLUSÕES

COMO REPENSAR O PAPEL DA MÉDIA LIDERANÇA

O desafio: Os acontecimentos na economia e os avanços da tecnologia ao longo dos últimos 25 anos levaram a cinco tendências que enfraqueceram o papel do gerente: um aumento da burocracia; a idolatria às superestrelas; uma resistência férrea às mudanças na "camada de gelo" da gerência; o caos provocado pelo crescimento acelerado; e as transformações que surgiram em meio à ascensão do trabalho remoto.

Como as organizações podem enfrentar o desafio: Ao reinvestir nos gerentes e reimaginar o papel deles, os executivos podem se contrapor às influências prejudiciais do passado e transformar os gerentes em coaches, conectores e navegadores.

II
Como colocar a média liderança no centro

3
Em defesa da média liderança

*Como fazer do meio do caminho
o destino final*

VOCÊ ACREDITA EM TODAS AS FRASES ABAIXO? E o seu chefe? E o chefe do seu chefe?

- A única forma de alguém progredir de verdade na empresa é sair do cargo atual e ser promovido.
- A importância do cargo de alguém pode ser medida pelo número de funcionários abaixo dessa pessoa no organograma.
- Quanto mais sênior o cargo, mais bem paga e recompensada a pessoa deve ser.
- Colaboradores individuais que se destacam devem ser recompensados(as) com cargos de gestão.
- Se alguém passa muito tempo em um cargo gerencial médio, é porque não é tão bom(boa) assim.

Ainda que você tente rejeitar essas ideias, às vezes é difícil afastá-las por completo. Isso ocorre porque elas estão impregnadas no tecido do mundo corporativo. São velharias que teimam em permanecer, de um tempo em que o local de trabalho nunca se modificava e quando um modelo de gestão hierarquizada existia para garantir a produtividade.

Porém, o jeito de trabalhar vem mudando tão rapidamente que essas premissas ultrapassadas passaram a provocar graves prejuízos. Elas estão forçando as pessoas a assumirem papéis que não são positivos e que elas não apreciam. Somadas, vêm criando um efeito capaz de jogar a empresa em uma espiral destrutiva.

Em especial, a liderança intermediária vem sofrendo com essas premissas equivocadas, por três motivos principais:

1. A liderança sênior sente uma espécie de necessidade de promover os melhores gerentes intermediários a cargos onde eles deixam de fazer aquilo de que gostam: treinar e conectar as pessoas.

2. Os líderes seniores também insistem em promover seus melhores colaboradores individuais, sem levar em conta a adequação a um papel de liderança de pessoas.

3. Os gerentes intermediários que permanecem em seus cargos acabam se vendo presos a tarefas administrativas, minados por líderes que não os empoderam para fazer transformações.

Infelizmente, a palavra "médio" dá a entender que a pessoa naquele posto está a caminho de alguma outra coisa — de preferência, o topo. Esse pensamento é equivocado. Precisamos, em vez disso, enxergar os gerentes intermediários como o *centro* da ação. Sem a capacidade de conectar e integrar as pessoas e as tarefas, a organização pode deixar de funcionar de forma eficiente. É por isso que consideramos que o ideal, para os melhores gerentes intermediários, é que eles continuem exatamente onde estão — gerentes como Marcus, que se recusou a acreditar nas crenças predominantes em relação à gestão.

Quando se diz "não" a uma promoção

Marcus começou em seu primeiro emprego sem fazer a menor ideia do que tinha pela frente. Só sabia que queria "fazer a diferença". Quando era aluno de ciência política em uma universidade do Meio-Oeste dos

Estados Unidos, era conhecido como um defensor de causas perdidas, que de repente ficavam um pouco menos perdidas quando ele as defendia. Quando anunciaram a demolição de um prédio da universidade construído oitenta anos antes — e onde ocorriam algumas de suas aulas preferidas — ele mobilizou as pessoas certas para que o local fosse tombado e salvo da destruição.

Marcus tinha planos grandiosos de transformar a sociedade, e achou que Washington seria o lugar certo para fazer isso. Assim que se formou, ficou animado ao ver um anúncio de uma vaga de coordenador de assuntos institucionais em uma associação comercial. Estavam à procura de alguém "autônomo, dinâmico e com aptidão para trabalhar em equipe, capaz de dar conta de projetos simultâneos" que realizasse um "trabalho de convencimento e políticas públicas em um conjunto variado de questões". Para sua felicidade, conseguiu o emprego.

Ao chegar, ele ocupava o posto mais baixo da hierarquia. Por isso, falava muito pouco nas reuniões. Mas ficava atento a quem seus chefes encontravam, de parlamentares a lobistas, passando por diretores de assuntos governamentais de empresas. Até que um grupo de uma empresa de bens de consumo chamou sua atenção. Eles eram muito animados e apaixonados pelo que faziam, e dava para ver o quanto se respeitavam mutuamente. Acima de tudo, todos naquela equipe pareciam estar se divertindo.

No fim das contas, Marcus acabou mudando para aquilo que acreditava ser o emprego dos sonhos: atuar como assessor de uma comissão da câmara dos deputados. Alguns anos depois, porém, enquanto estudava um projeto de lei sobre defesa do consumidor, ele ficou sabendo que aquela empresa de bens de consumo que tanto admirava no emprego anterior estava à procura de alguém para uma vaga de assuntos governamentais. Sendo um defensor do chão da fábrica, Marcus nunca se imaginara trabalhando para uma grande empresa. Porém, impulsivamente, ele se candidatou. Mesmo tendo ido bem nas entrevistas, foi com surpresa que recebeu a notícia, do gerente de recrutamento, de que a vaga era dele.

Marcus ficou com um pouco de receio de ter que abrir mão de parte de seus valores ao aceitar o emprego. Mas isso não aconteceu. Na verdade, ele se deu conta de que podia provocar mais mudanças no seu posto corporativo que em seu emprego anterior.

Na nova função, Marcus manteve um pé nos assuntos governamentais, ao mesmo tempo que interagia com outros atores-chave dentro da empresa. Dessa forma, seus chefes descobriram que ele possuía um talento sobrenatural para unir pessoas das áreas mais afastadas na realização de metas em comum. Sua capacidade de ouvir e lutar para buscar soluções melhorou a imagem da empresa, tanto interna quanto externamente.

A empresa recorreu aos serviços de Marcus quando os planos de criação de uma nova sucursal na Carolina do Norte enfrentaram oposição de líderes comunitários, temerosos de que isso destruísse o ambiente pacato da cidadezinha. Marcus ouviu essas preocupações e levou-as a seus superiores e sua equipe. A empresa concordou em construir a sede mais afastada do centro da cidade. Além disso, pondo em prática a experiência adquirida em outra sucursal, Marcus criou um programa-piloto em favor de moradores sem diploma universitário em dificuldade de colocação no mercado de trabalho local. Essas iniciativas ajudaram na aprovação unânime do plano da empresa pela câmara de vereadores da cidade.

Ao final de cada dia de trabalho, Marcus quase sempre tinha a sensação de ter agregado valor específico e relevante. Era uma sensação satisfatória. Ele não tardou a ser promovido a gerente, com uma equipe própria, onde se destacou como gestor de pessoas. Sempre demonstrou uma preocupação autêntica com o desenvolvimento dos membros de sua equipe, pensando com carinho em formas de posicioná-los na rota do sucesso. Alice, a chefe de Marcus, ficou empolgada ao ver seu desempenho excepcional, e não hesitava em dar a ele todo o crédito. Cobria-o de elogios diante dos chefes dela, que, por isso, tinham total ciência da presença daquela estrela no seio da empresa.

Então, depois de passar vários anos na empresa, Alice aceitou um convite para ser diretora de um think tank. Durante os preparativos para a despedida, os chefes de Alice informaram a Marcus que era só querer e ele teria a vaga dela de vice-presidente. Inicialmente, Marcus ficou empolgado com a oportunidade. E quem não ficaria? Além do

COMO COLOCAR A MÉDIA LIDERANÇA NO CENTRO

prestígio de uma vice-presidência, ele receberia um aumento significativo de salário, além de um generoso pacote de stock options. Apesar da empolgação inicial, Marcus começou a encarar a perspectiva da
promoção com um mau pressentimento.

A vaga de vice-presidente de Alice era importante, mas não combinava com os pontos fortes de Marcus. Alice era competente em planejamento e estratégia. Sabia como articular junto aos líderes seniores
para que as coisas andassem. Quando Marcus bolava uma ideia genial,
inspirado nas conversas que tinha com os diversos setores, era ela quem
mexia os pauzinhos com os líderes seniores para fazer acontecer. Mas
ela lidava com um grupo de pessoas muito menor e menos diversificado
que Marcus.

Quando Marcus começou a refletir sobre aquilo que Alice *de fato*
fazia o dia inteiro, o nó em seu estômago apertou um pouco mais. Ele
sabia que preferia interagir com os *executores* — os membros de sua
equipe, os pesquisadores, os líderes comunitários da linha de frente —,
e não apenas com a alta liderança. Ele via como o tempo de Alice era
espremido entre intermináveis reuniões de diretoria.

Depois de pensar muito, Marcus fez algo que exigia bastante ho-
nestidade: recusou-se a pleitear a vaga de Alice, e a empresa acabou
contratando um candidato de fora para a vice-presidência. Ele declinou
a promoção porque gostava do que fazia. Para Marcus, era divertido
encontrar um grupo variado de pessoas, individual ou coletivamente.
Ele se deu conta de que aquilo que lhe dava satisfação no trabalho diário era mais importante que um contracheque maior.

Os chefes aceitaram a decisão de Marcus com tristeza. Porém, ao
vê-lo ampliar seu escopo e influência e assumir tarefas cada vez mais
complexas, deram-se conta de que ele tinha tomado a decisão certa.
Compreenderam que o transferir para um posto de vice-presidente teria sido um equívoco, tanto para ele quanto para a empresa.

A atitude de Marcus levou a empresa a analisar com cuidado suas
práticas de promoção e remuneração como um todo. No fim das contas, ele acabou promovido, porém sem ter que subir na hierarquia. Ele
negociou vários elementos-chave de seu novo cargo: teria muito tempo
disponível para liderar a própria equipe, e o vice-presidente de sua área

o ajudaria a cuidar de várias e prolongadas interações com as pessoas acima dele na hierarquia.

Ao longo de nossa carreira, vimos muitos gerentes-estrelas como Marcus. Eles atraem naturalmente a atenção dos líderes seniores, que querem recompensar e reter seus maiores craques. Porém, geralmente essa recompensa vem sob a forma de um novo cargo, onde esses gerentes não conseguem mais colocar em prática as habilidades que os levaram a se destacar inicialmente. É um enorme desperdício de talento ver um gerente que antes chegava ao escritório ansioso para trabalhar afundar-se na cadeira em uma enorme sala para executar tarefas abstratas e administrativas que só o deprimem.

Enquanto isso, os líderes seniores tendem a reter os gerentes intermediários que são bons como burocratas, administradores e na política interna. Eles não são tão ruins a ponto de serem dispensados, mas também não são tão bons a ponto de serem promovidos. Tornam-se parte da "camada de gelo" organizacional, que resiste às mudanças e se aferra aos cargos.

Para nós, é de enlouquecer que tantas empresas tenham tendência a manter em seus cargos gerentes de desempenho medíocre e ao mesmo tempo promover colaboradores individuais e gerentes bem-sucedidos a cargos que eles consideram chatos, desagradáveis e insatisfatórios. Parece óbvio: quando alguém é apaixonado pelo que faz, deixe essa pessoa onde ela está.

Quando se diz "sim" a uma promoção — e bate o arrependimento

Ao contrário de Marcus, outra gerente competentíssima não conseguiu resistir aos atrativos de uma promoção, embora a intuição lhe dissesse para não sair de onde estava. Infelizmente, o caso dela é muito comum.

Kelsey era uma gerente de ótima reputação em um centro de ensino médio e fundamental, onde tutores ajudavam as crianças em matemática, leitura e informática.[1] Ela era responsável pela contratação e treinamento de pessoal, tanto temporário quanto permanente; interagia com

COMO COLOCAR A MÉDIA LIDERANÇA NO CENTRO

pais e alunos; e chegava até a fazer o trabalho de rua, tentando vender os serviços da empresa a quem passava. Ela calcula que chegava a dar 20 mil passos por dia trabalhando, em razão da necessidade constante de movimento.

A ótima localização e as instalações da empresa atendiam alunos tanto das melhores quanto das piores escolas da cidade. Mesmo assim, tudo dava certo. O centro ficava aberto todos os dias da semana, e certa vez Kelsey chegou a trabalhar 23 dias seguidos. Mesmo assim, ela adorava a intensidade do emprego. Ainda se lembra de um dia particularmente sobrecarregado, em que corria de um lado para o outro, suando, e dois lápis prendendo o cabelo despenteado. Por toda parte se ouvia o alarido das crianças estudando com seus tutores. Um dos pais, que no começo encarava com ceticismo a ideia de mandar o filho para o centro, abordou-a e disse: "Esse negócio que vocês fazem aqui é mágico, não é?". Até hoje, ela se emociona só de lembrar.

Então, a empresa foi adquirida por outra maior. Foi aí que começaram os problemas. Ao ver que Kelsey brilhava em uma unidade, um diretor recém-chegado insistiu que ela se candidatasse a uma vaga de gerente regional. O lobby para convencê-la foi perfeito, incluindo até um jantar em um restaurante caro. Como ela poderia dizer não? Afinal de contas, em vez de cuidar de um único centro, ela seria a supervisora de oito. Muito mais chique, certo?

Apesar disso, uma vozinha interior não parava de falar: "Não faça isso". Só que, quando ela falava aos amigos sobre suas dúvidas, eles diziam: "Você não seria louca de recusar. Você vai ganhar aumento, e para o seu currículo vai ser ótimo".

Então, ela aceitou a vaga — e ficou péssima.

Uma parte importante do cargo era conversar com os gerentes dos diversos centros para conferir se eles estavam realizando o serviço de forma adequada. Ela também tinha que verificar se eles estavam cumprindo as metas financeiras mensais, que eram, na prática, irrealizáveis, já que se baseavam em um período anterior de bonança que não tinha como se repetir.

O executivo que promoveu Kelsey usou como argumento para convencê-la a promessa de que ela poderia trabalhar de casa na maior parte do tempo. Só havia um problema — ela *não gostava* de trabalhar de casa. Passou a sentir falta das reuniões, do coaching e do falatório constante que animava seu dia.

Um dia, enquanto Kelsey estava sentada em casa, sozinha, verificando os últimos demonstrativos financeiros, o chefe ligou para ela para perguntar sobre o plano de manutenção de uma das sucursais suburbanas. Foi aí que ela sentiu que não ia aguentar muito mais. Pouco tempo depois, ela pediu demissão e se candidatou a uma bolsa em um programa para professores da rede pública de ensino. Hoje em dia, ela é professora de inglês no ensino médio.

O mais triste, diz Kelsey, é que ela teria trabalhado o resto da vida naquela empresa privada do setor educacional se os diretores soubessem como incentivá-la e recompensá-la como gerente intermediária.

O método da Waffle House

Grande parte do mundo corporativo ainda vive nas trevas em relação a como promover estrelas sem que elas deixem de fazer o que fazem. Por isso, chamamos a atenção para as práticas de carreira de um restaurante famoso, como exemplo da coisa certa a ser feita.[2]

Quem passa de carro pelas estradas do sul dos Estados Unidos provavelmente já parou em uma Waffle House. Essa rede popular de restaurantes tem mais de 2 mil pontos, sobretudo nos estados da Flórida, Carolina do Norte, Alabama e Geórgia, onde a primeira filial foi aberta, em 1955. A rede se orgulha de operar 24 horas por dia, o que faz dela a preferida dos caminhoneiros e de praticamente todo mundo que sente aquela vontade de comer seus famosos waffles ou batatas rosti — cobertas por uma fatia de queijo ou com cubinhos de presunto salpicados — às duas da manhã.

Os operadores da grelha na Waffle House começam na empresa com o título de... operadores de grelha. Além de aprenderem como fazer cada prato conforme os rigorosos padrões da rede, precisam dominar o linguajar específico entre garçons e operadores de grelha para comunicar o que colocar em cada prato. Se o prato chega à cozinha com o

COMO COLOCAR A MÉDIA LIDERANÇA NO CENTRO

sachê de mostarda virado para cima, o operador de grelha já sabe que o cliente quer a costeleta de porco com ovos; o sachê de mostarda para baixo significa "presunto com ovos". Quando o prato vem com um pedacinho de manteiga, é para a bisteca com ovos. Mas a localização da manteiga importa: na parte de cima do prato, significa "bem passado"; na parte de baixo, "malpassado".

Com a experiência e o treinamento, os funcionários ganham a oportunidade de ascender ao nível de "operador de grelha master". Os operadores master, depois de passar por testes que comprovam seu conhecimento sobre serviço ao cliente, segurança alimentar e culinária, sem falar na cultura e nas práticas da Waffle House, recebem um aumento de salário e de responsabilidades.

Caso demonstrem um domínio ainda maior das técnicas e das certificações de segurança, além de gerarem uma média constante de 6 mil dólares em faturamento por turno (a um preço médio de menos de dez dólares por pedido, para se ter uma ideia), os operadores de grelha recebem outro aumento de salário generoso e passam a ser chamados pelo título honorífico de "Elvis da Grelha". Embora alguns dos que atingem esse nível ganhem a responsabilidade extra de treinar os iniciantes, o objetivo é que continuem a fazer aquilo que sabem mais — porque, sem operadores de grelha de qualidade, os restaurantes não teriam como continuar oferecendo seus famosos pratos 24 horas por dia, sete dias por semana.

Se a Waffle House é capaz de compreender esse conceito, por que o mesmo não ocorre no restante do mundo corporativo?

Certas profissões, pelo menos, entenderam há muito tempo o valor de promover as pessoas dentro do mesmo emprego. Quem treina para virar eletricista é eletricista a vida inteira. Começa como aprendiz, progride à função de especialista e termina a carreira como mestre eletricista, com saltos correspondentes de remuneração e responsabilidades. As empresas mais inteligentes aplicam esse mesmo conceito às funções técnicas, criando trajetórias de carreira técnica para os melhores profissionais, em vez de promovê-los a cargos de liderança de equipe, que os afastariam de suas contribuições excepcionais.

Conhecemos o caso de um executivo de empresa de tecnologia que

77

passou anos imaginando que a única forma de premiar seus melhores engenheiros de software era transferi-los para cargos de gestão de pessoas. Quando ele finalmente se deu conta de que essa premissa era equivocada, passou a achar que bastaria criar trajetórias de promoção específica para os engenheiros. Para sua surpresa, porém, não ocorreu o cenário "construa, e eles virão"* que ele tinha imaginado. É que os líderes não realizaram as mudanças de que os gerentes necessitavam para que essas trajetórias funcionassem plenamente e atraíssem os funcionários. Os funcionários-estrelas também precisavam desaprender a ideia de que continuar em seus papéis de colaboradores individuais seria algo vergonhoso. A empresa tinha que criar uma nova proposição de valor dos funcionários para seus talentos-estrelas da tecnologia que extraísse sua força do trabalho técnico, e não da gestão do trabalho alheio.

Esse executivo lamenta não ter entendido isso antes, porque sabe ter perdido alguns de seus melhores talentos por tê-los forçado a aceitar cargos de gestão que não eram apropriados para eles.

Acreditamos que as organizações teriam enormes benefícios se esse conceito também se espalhasse de forma mais ampla à média liderança. É o que verificamos o tempo todo em nosso trabalho: aqueles que se destacam em cargos de média liderança são verdadeiras superestrelas. Quando um departamento ou equipe se sobressai claramente em relação aos demais, quase sempre é por causa de um gerente superestrela. Quando essas superestrelas são identificadas, os líderes seniores precisam fazer tudo a seu alcance para mantê-los em seus postos. Entre os métodos disponíveis estão:

- SALÁRIOS E BÔNUS. Parece óbvio demais, mas na verdade não é. Na cultura corporativa, está arraigada a boa remuneração de diretores, vice-presidentes e outros líderes seniores, mais que a dos gerentes intermediários. Por que é assim? Quando for cabível, pague aos me-

---

* Referência a uma famosa frase do filme *Campo dos sonhos* (1989), em que um agricultor constrói um campo de beisebol para espíritos de ex-ídolos do esporte. (N. T.)

COMO COLOCAR A MÉDIA LIDERANÇA NO CENTRO

lhores gerentes intermediários *até mais* do que aos líderes seniores, para mostrar o quanto você os valoriza. Caso você ouça queixas dos executivos, compense a diferença com ações. E a remuneração pode ser compatível com o valor que aquele cargo gera.

- AÇÕES E STOCK OPTIONS. E por falar em ações, ficamos surpresos ao saber como é raro os gerentes intermediários ganharem ações. Muitas vezes, ganham poucas ou nenhuma. Permita que seus gerentes mais esforçados recebam uma fatia do bolo, caso não queira que troquem sua empresa por uma startup que faça chover stock options para contratá-los. Sim, essas stock options têm que ser exercidas, e no fim das contas podem não valer nada, mas passam um recado importante: se você ajudar nossa empresa a dar certo, será amplamente recompensado.
- UM AUMENTO DE ESCOPO. Amplie a escala daquilo que a pessoa gerencia, sem mudar a parte essencial do cargo. Algumas secretarias regionais de ensino fazem isso com os diretores de escola, que são — se refletirmos a respeito — os gerentes intermediários por excelência. Em vez de promovê-los ao cargo de superintendentes, o que os afastaria do contato com alunos e professores, as secretarias de ensino mais sagazes os transferem para escolas bem maiores. No setor de varejo, uma empresa pode transferir um gerente excepcional de uma loja menor para uma megastore, ou oferecer funções de recrutamento, treinamento e coaching em um número maior de lojas.
- MUDAR O NOME DO CARGO. No caso de um gerente de loja, o cargo da pessoa pode mudar de "gerente júnior" para "gerente sênior", e deste para "gerente executivo", à medida que aumenta sua esfera de influência. Porém, essas mudanças de título não podem ser palavras vazias e gratuitas. O novo título precisa vir com uma recompensa palpável e maiores responsabilidades, sem deixar de manter o foco do cargo na ação concreta.
- MISSÕES DESAFIADORAS. Todo ótimo gerente que encontramos sempre tem ideias sobre como melhorar as coisas. Pergunte a seus melhores gerentes o que fariam se estivessem no comando. Então, caso se disponham, encarregue-os(as) de executar essa ótima ideia.
- CONDIÇÕES DE TRABALHO FLEXÍVEIS. Assim como os gerentes in-

79

termediários se esforçam ao máximo para conciliar as necessidades e preferências dos subordinados, eles podem receber de seus chefes a mesma consideração.

Como você pode ter certeza de estar oferecendo as recompensas ideais aos seus gerentes de maior valor? Eis uma sugestão: pergunte a eles! Alguns vão preferir um salto no salário; outros darão mais valor ao tempo livre. E outros vão querer uma missão cobiçada ou uma oportunidade de viagem. Adapte a recompensa às prioridades dos seus gerentes.

Nós enxergamos a situação de um gerente superestrela como a do treinador de um time de futebol. Depois que uma equipe é campeã, os dirigentes premiam e festejam o treinador com homenagens, bônus e uma generosa renovação de contrato. O que eles não fazem é demonstrar reconhecimento dizendo: "Vamos promovê-lo à diretoria". Porém, nas empresas, é o que muitas vezes acontece.

Encare como a prioridade máxima

Já podemos ver alguns executivos fazendo careta e dizendo: "Mas eu não tenho como bancar um grande aumento para os meus melhores gerentes intermediários. E nem como mudar a descrição do cargo; eles já têm coisas demais para fazer".

Dá para fazer essas mudanças, sim. E nós explicamos como: hoje em dia, o mundo corporativo está ciente do quanto a automação, a inteligência artificial e a aprendizagem de máquina ameaçam provocar rupturas em todo tipo de setor, da indústria ao varejo, passando pelas profissões intelectuais. Um estudo recente mostrou que, quando as empresas adotaram a inteligência artificial, os cargos gerenciais — e não os operacionais — foram os mais atingidos.[3] Em muitos casos, os executivos cortaram vagas na média liderança numa tentativa míope de economizar. Não admira que os gerentes trabalhem em constante estado de medo.

Somos capazes de apostar que as empresas não estão enxergando as enormes oportunidades que surgem quando os gerentes intermediários

COMO COLOCAR A MÉDIA LIDERANÇA NO CENTRO

têm liberdade para buscar um trabalho focado nas pessoas, e não nos processos. Um levantamento franco e detalhado das funções gerenciais atuais revelaria um grande número de tarefas que poderiam ser feitas por máquinas: assegurar que os funcionários não se atrasem, registrar férias e licenças médicas, inspecionar o trabalho, verificar diversos cálculos e análises e assim por diante. Em muitas empresas, essas funções ainda são cumpridas pelos gerentes, seja por simples inércia, seja por resistência às mudanças; no entanto, não tardará para que alguém se dê conta de que a IA pode realizar todas essas tarefas, e, por sinal, com muito mais precisão.

Mas e as tarefas que sobrarem depois que a tecnologia tomar conta? Quantas são realmente cruciais para a gestão de pessoas? Fazer um relatório sobre o dia do gerente pode ser revelador — é algo, inclusive, que recomendamos como parte do reposicionamento do cargo. Em muitos casos, o dia do gerente é abarrotado de reuniões e e-mails. Porém, em quantos e-mails os gerentes intermediários precisam de fato estar copiados? Não daria para encaminhar para outras pessoas boa parte das decisões e aprovações? E será que aquele gerente específico realmente precisa participar daquela reunião sobre a implantação de uma segunda sede em Atlanta? Como nosso estudo mostrou, os gerentes intermediários costumam relatar que passam quase três quartos do tempo cuidando de coisas que não envolvem a gestão de pessoas (veja a Figura 1.2).[4] Seus chefes podem preparar o terreno para que eles levem esse percentual numa direção mais saudável e produtiva.

Os executivos poderiam optar entre eliminar metade da equipe de gerentes *ou* fazer algo bem diferente com eles. Imagine se os gerentes intermediários pudessem focar exclusivamente em ajudar as pessoas a trabalharem melhor! Uma vez eliminadas as tarefas administrativas que puderem ser automatizadas, delegadas a outros ou suprimidas, resta um autêntico gestor de talentos, capaz de auxiliar as pessoas a se tornarem versões melhores de si mesmas no trabalho.

Estamos pedindo nada menos que uma total mudança de mindset em relação à média liderança. As empresas não podem enxergar a transformação dessa função apenas como mais uma dentre tantas coisas. Essa tem que ser *a* primeira coisa da lista. Todo o resto pode esperar.

TODO O PODER AOS GERENTES

O trabalho, a força de trabalho e o ambiente de trabalho

Quando se reinventa o papel do gerente, o impacto que ele passa a exercer sobre o ambiente, a força de trabalho e o próprio trabalho é maior do que o impacto que qualquer outra pessoa pode exercer.

Falando no *trabalho* propriamente dito, a automação não está transformando apenas as funções dos gerentes intermediários, mas também as de seus liderados. Os gerentes estão mais bem posicionados para analisar todo o trabalho que precisa ser feito e perguntar: o que a tecnologia faz melhor, o que as máquinas fazem melhor? E, finalmente: o que as pessoas vão fazer e quais são as mais indicadas para cada tarefa?

Quando se trata da *força de trabalho*, se os gerentes ficam liberados de tantos pedidos de demissão podem investir tempo e energia no recrutamento de novos talentos e no desenvolvimento daqueles que já estão na empresa. A pesquisa da McKinsey "Grande Atrito, Grande Atração" mostrou que a falta de desenvolvimento de carreira é um motivo-chave para os trabalhadores do conhecimento pedirem demissão, mesmo sem ter em vista um novo emprego.[5]

E, por fim, vem o *ambiente de trabalho*. Com mais pessoas trabalhando de casa, e as configurações imobiliárias e dos escritórios em plena transformação, o termo "local de trabalho" se tornou fluido. Os gerentes são a cola que mantém grupos muito distantes unidos, ajudando a resolver questões entre as equipes. Para atender as demandas da função, porém, os gerentes precisam ter liberdade para se reinventar como "superconectores", navegadores, desafiadores das regras e gestores de talentos.

Imagine se os gerentes fossem capazes de dedicar a maior parte do seu tempo a:

- Ajudar os membros da equipe a fazer o elo entre o trabalho que realizam e os objetivos da organização e de cada indivíduo, já que isso resulta em resultados perceptivelmente melhores.
- Deixar claros os objetivos de cada membro da equipe, com uma compreensão profunda de como habilidades e pontos fortes espe-

cíficos de cada um podem contribuir para os objetivos de longo prazo da empresa.

- Auxiliar cada membro da equipe a buscar novas atribuições, que lhes permitam desenvolver habilidades e experiência, de modo a continuarem a progredir e se aproximar dos objetivos de carreira de longo prazo.
- Reconhecer os obstáculos que atrapalham o cumprimento das metas e tomar atitudes concretas para eliminá-los, de modo que os membros da equipe possam fazer mais com menos sacrifício e frustração.
- Desempenhar um papel atuante na solução de conflitos, não como tomadores de decisões, mas através de coaching e intervenções para manter clareza, respeito e eficiência nas linhas de comunicação.
- Proporcionar feedback constante e isento de julgamentos, para ajudar cada membro da equipe a atingir seu desempenho ideal.
- Fortalecer o elo entre os membros da equipe, de modo que todos tenham compreensão dos objetivos em comum e sintam que participam da empresa.
- Conectar os funcionários, ajudando-os a continuar produtivos, independentemente do que façam na empresa, seja na sede em casa, em um escritório de coworking, em uma cafeteria ou em um hotel em Bangcoc.

O gerente ideal do futuro não é como Michael Scott, da série *The Office*, e sim mais parecido com Ted Lasso, o técnico de futebol da série de TV: sensato, modesto, vulnerável, otimista e adaptável. Não se trata de uma ideia nova. Porém, é surpreendentemente raro encontrar essas características como modelo nas empresas. Em nossa opinião, esses deveriam ser os critérios *primordiais* na contratação e avaliação dos gerentes.

A parte mais difícil do processo será dar início a essas mudanças. Ela precisa ser acompanhada de um treinamento rigoroso, pois nenhum gerente isolado possuirá as competências pessoais de alto nível exigidas com o redesenho dessas funções. Porém, ao contar com gerentes treinados nessas funções, os resultados serão incríveis, e os melhores e mais brilhantes disputarão essas vagas.

CONCLUSÕES

COMO REPENSAR O PAPEL DA MÉDIA LIDERANÇA

O desafio: O papel da gestão de pessoas foi seriamente desvalorizado nas organizações que não souberam se manter em dia com uma realidade em transformação. Não basta que os líderes seniores se comuniquem diretamente com a linha de frente. Coaching e mentoria autênticos precisam ocorrer para que essas mensagens repercutam de verdade.

Por que os gerentes intermediários são cruciais para enfrentar o desafio: Somente os gerentes intermediários, com sua posição crucial entre a alta direção e o chão da fábrica, são capazes de atuar como coaches, navegadores e conectores confiáveis, em um mundo dos negócios cada vez mais complexo, com trabalho híbrido e remoto, funcionários terceirizados e demandas externas em permanente transformação. No novo mundo do trabalho, o capital humano é muito mais importante que o financeiro.

O que os líderes seniores podem fazer para enfrentar o desafio: Os executivos podem fazer da transformação de seu nível gerencial intermediário a prioridade número um. Podem deixar claro que são cargos altamente desejáveis; colocar nesses postos gerenciais seu pessoal mais qualificado e valorizado; proporcionar capacitação, para que os gerentes se destaquem; promover e recompensar os melhores gerentes sem tirá-los de suas funções, em vez de elevá-los a cargos mais seniores, e lhes conceder tempo para gerenciar de verdade.

4
O Grande Reagrupamento

De eliminadores a reinventores
de empregos

POUCO TEMPO ATRÁS, uma mulher entrou em um supermercado em Franconia, no estado americano da Virgínia. Caminhando despreocupada pelos corredores amplos e bem-arrumados, ela colocou na sacola de pano apenas três abacates maduros, dois tomates italianos, uma cabeça de alho e, depois de um rápido rearranjo, uma única lima. Então, saiu do supermercado. Nenhum funcionário indignado correu atrás dela, exigindo que pagasse. Afinal, ela tinha terminado as compras sem sequer chegar perto de um caixa ou de uma máquina de autoatendimento.

O supermercado, da rede Amazon Fresh, usa aquilo que é chamado de tecnologia Just Walk Out* [Basta sair]. Quando ela entrou no supermercado, tirou o celular da bolsa, entrou em um aplicativo e escaneou um QR code. A partir daí, uma série de tecnologias, entre eles sensores ópticos, rastreou seus movimentos enquanto ela caminhava pelo setor de hortifrutigranjeiros. Cada vez que um item era posto na sacola de compras, ele também aparecia no carrinho virtual da Amazon.

---

* Desde 2024 a Amazon estuda um novo sistema de compras para mercados, ainda mais ágil e autônomo que o Just Walk Out, que vem sendo descontinuado. (N.E.)

Os sensores eram sofisticados o suficiente para perceber que ela trocou de abacate quando se deu conta de que estava duro demais para o guacamole que planejava fazer à noite. Se ela tivesse resolvido descartar tudo o que comprou e levar apenas um guacamole pré-preparado que estava a alguns corredores de distância, isso também teria sido rastreado, eliminando todos os itens do carrinho virtual.

Quando a mulher saiu da loja, a Amazon cobrou pelos itens no carrinho, e enviou a nota fiscal por e-mail. Sem que ela tivesse que procurar o cartão ou o dinheiro. Sem esperar na fila. Sem apertar o botão errado na máquina e ter que chamar um funcionário para corrigir. Em outros tempos, esse comportamento seria considerado furto. Agora, passou a ser uma transação como qualquer outra.

O primeiro supermercado Amazon Fresh foi inaugurado em 2020, em Woodland Hills, na Califórnia, com grande repercussão.[1] Um ano e meio depois, mais de vinte filiais já estavam em funcionamento em todo o país. Em 2021, a empresa anunciou planos de instalar a tecnologia Just Walk Out em algumas de suas lojas Whole Foods, e vender a tecnologia a terceiros. Ou seja, em breve pode ser que você a utilize não apenas no supermercado, mas para comprar utensílios, brinquedos e roupas.

Para os clientes que demoram mais para adotar uma nova tecnologia, a Amazon ainda oferece caixas, com scanners, em seus supermercados. Mas o futuro é evidente: a tecnologia está tornando desnecessário o papel do ser humano no processo de compra.

Mas será que está mesmo? O emprego do caixa vai realmente desaparecer se o cliente puder sair da loja sem nenhuma preocupação?

Os gerentes intermediários, qualquer que seja o setor, serão cruciais para responder a essa pergunta, à medida que a natureza do trabalho se transforma graças às novas tecnologias, à automação e à mudança das demandas. As empresas mais inteligentes vão colocar os gerentes no coração do esforço para reagrupar os empregos e conectá-los às pessoas certas, de um jeito que faça sentido.

Os caixas são um excelente exemplo (Tabela 4.1). Ao longo dos anos, seu papel foi evoluindo do cálculo manual dos preços e da contagem do troco ao escaneamento de latas de sopa, à procura do código de quatro dígitos do abacate, à espera pelo cliente que está passando o cartão, à intervenção para configurar as máquinas de autoatendimento.

COMO COLOCAR A MÉDIA LIDERANÇA NO CENTRO

Tabela 4.1. Como os gerentes podem realocar os caixas

Tipo de emprego, percentual do tempo	Tarefa	Futuro Tempo Gasto		
		⇩	▭	⇧
Realização da compra, ~40%	Processar vendas e outras transações	—		
	Calcular o custo de bens ou serviços	—		
	Entregar dinheiro, crédito ou vouchers	—		
Interação com o cliente, ~35%	Responder às perguntas do cliente sobre bens e serviços e/ou dúvidas técnicas			—
	Dar boas-vindas a clientes, contratantes ou visitantes			—
	Vender produtos ou serviços			—
Tarefas administrativas, ~15%	Cuidar dos registros de vendas e de outras transações comerciais	—		
	Armazenar produtos ou peças		▪	
Possíveis tarefas novas, % a determinar	Monitorar o uso das máquinas de autoatendimento e resolver problemas			
	Diagnosticar e consertar problemas mecânicos com as tecnologias de interação com o cliente			
	Entregar pedidos on-line atendidos na loja ao cliente dentro do veículo			
	Entregar pedidos on-line ao cliente na residência			
	Propor demonstrações de produtos na loja física			
	Treinar novos contratados			

FONTE: Análise do McKinsey Global Institute, 2019.

Embora essas tarefas necessárias à transação sejam a essência do papel de um caixa, elas estão longe de resumir tudo o que ele faz. O caixa também responde a perguntas dos clientes, como "onde encontrar o sorvete sem lactose?", ou "quando vai ter nabo no estoque de novo?". Para os consumidores que precisam de uma ajudinha a mais, o caixa também chama um atendente para carregar um item mais pesado, como um garrafão de água, para colocar no porta-malas do carro.

Os caixas também desempenham um papel importante recebendo os consumidores e trocando amenidades, por exemplo, com o netinho de cinco anos de um cliente assíduo, que é craque no futebol. Pesquisas sobre esses "elos fracos" mostram que tais interações aparentemente superficiais, com pessoas que não são nem da família nem amigos íntimos — como a relação que você cria com o barista do café ou com o funcionário da loja —, têm um efeito profundo sobre o bem-estar. Resumindo, algumas pessoas *preferem* o contato humano na hora das compras.

Um caixa extraordinário

Walt era um desses caixas de supermercado que levantam o moral das pessoas. Ao contrário dos colegas, que passavam o dia contando os minutos para ir embora, ele se orgulhava por interagir com os clientes. Em geral não passava de um breve bom-dia, mas nem sempre. Certa vez, um homem pediu um conselho sobre onde pedir o amor de sua vida em casamento. Qualquer que fosse o assunto, Walt topava conversar.

Walt demonstrava a mesma energia em relação à sua outra paixão, ser baterista de uma banda de heavy metal. Desde os oito anos de idade, seu sonho era ser o próximo Lars Ulrich, do Metallica. Ele tocava com o mesmo grupo de amigos desde o ensino médio. Eles começaram a adquirir certa fama em Fairfax County, na Virgínia, e nos arredores. Porém, o cachê das duas ou três apresentações que faziam por semana, dividido pelos cinco integrantes da banda, mal pagava as contas de água e luz de Walt, que dirá o aluguel.

Por esse motivo, ao longo de cinco anos, Walt passou a trabalhar diariamente (exceto às quartas, dia de ensaio da banda) como caixa em uma grande rede de supermercados. Era um emprego estável, onde ele tinha relativa facilidade de trocar de turno nas ocasionais apresentações da banda em outras cidades. Além disso, oferecia plano de saúde, ponto importante para alguém como ele, diabético tipo 1.

Uma carreira longa no setor supermercadista não era exatamente o sonho de Walt, mas ele levava o emprego a sério. Além de agradar aos clientes com seu jeito simpático, era eficiente no registro das compras e sempre solícito ao ter que lidar com imprevistos.

A gerente da linha de frente do supermercado, Tara, considerava Walt o funcionário dos sonhos. Ela nunca tinha ouvido falar em Lars Ulrich, do Metallica; seu gosto musical era mais na linha de Mariah Carey e Céline Dion. Mas ela gostava tanto de Walt que uma vez (e somente uma vez) ela foi a um de seus shows, com os ouvidos tampados o tempo todo.

Para demonstrar o quanto valorizava Walt, Tara lhe concedia constantes aumentos e bônus. Porém, apesar desse reconhecimento, Walt não podia deixar de pensar que seus dias no supermercado estavam contados. À medida que o autoatendimento se tornava mais comum, ele foi percebendo que os clientes preferiam fazer fila nas máquinas mesmo quando seria mais rápido passar nos caixas humanos.

Walt estava tão preocupado com o emprego que, quando Tara o chamou para conversar, em mais um dia de pouco movimento, ele receou que ela fosse dizer que estava dispensando seus serviços. Porém, em vez disso, Tara perguntou se ele teria interesse em viajar para um programa de treinamento de uma semana, com vistas a um novo cargo de assistência ao cliente no supermercado. Nessa nova função, Walt seria responsável por atender uma série de necessidades de assistência dos clientes, o que o livraria de passar a maior parte do dia atrás do caixa.

Walt topou na hora. Uma semana depois, lá estava ele assistindo ao programa de treinamento, na cidade de Raleigh, com Bridget, cujo papel de controle de estoque estava sendo parcialmente substituído por robôs, e Carlos, um assistente contábil cuja função hoje em dia é exercida majoritariamente pela inteligência artificial. Para sorte de Walt, Bridget e Carlos, seus gerentes os identificaram como funcionários de valor, encaminhando-os para funções que lhes permitiriam atender novas demandas.

Ao contrário de Walt, Tara queria ficar no setor varejista pelo resto da carreira. Ela simplesmente adorava o que fazia, sobretudo a parte relacionada ao trato com as pessoas. Não que fosse fácil, e às vezes era até exaustivo. Com um marido sobrecarregado, que também trabalhava no varejo, e dois filhos com menos de oito anos, conciliar vida pessoal e profissional era um problema constante para ela. Assim como os subordinados levavam a ela os próprios perrengues, Tara às vezes tinha que discutir as demandas inconciliáveis de seu cotidiano com o gerente regional.

O gerente regional de Tara, e os chefes acima dele, perceberam o talento que ela tinha para treinar e dar coaching aos subordinados. A taxa de retenção de funcionários, no supermercado dela, era muito acima da média, e eles sabiam que isso se devia sobretudo a Tara. Pouco tempo depois de ela assumir o cargo, seus chefes a inscreveram em um programa especial de treinamento, na sede, voltado para os gerentes mais promissores da empresa como um todo. Mesmo assim, Tara tinha sentido pouco tempo atrás o medo de que o chefe desse um tapinha em suas costas para anunciar que o emprego *dela* estava sendo eliminado. Com tanta automação e tecnologia suplantando grande parte do trabalho de seus subordinados, será que as competências dela ainda eram necessárias?

A resposta, ela não demorou para descobrir, era um enfático "sim". Na verdade, seus chefes lhe atribuíram uma missão crucial. Assim como outros líderes que têm buscado capitalizar tecnologias emergentes, os executivos da sede definiram quais as tarefas que poderiam ser realizadas pela tecnologia e quais ainda dependem do toque humano. Só que eles não faziam ideia de quais seriam os executores. Caberia a Tara encaixar as novas peças no lugar, conectando os funcionários certos com as tarefas certas. E, tão importante quanto isso, ela tinha que continuar treinando seus subordinados, enquanto se ajustavam às demandas desses cargos redesenhados.

Dos serviços mais básicos às funções técnicas que exigem maior capacitação, à medida que a automação reforça a necessidade de cargos de alto valor agregado e elimina tarefas mundanas, um amplo leque de empresas estará envolvida naquilo que chamamos de Grande Reagrupamento. Embora os detalhes concretos, em geral, sejam elaborados

COMO COLOCAR A MÉDIA LIDERANÇA NO CENTRO

pela alta liderança, só podem ser colocados em prática por aqueles que têm um conhecimento detalhado do que acontece no chão da fábrica: os gerentes intermediários.

Como combinar talentos e novas demandas

São os gerentes que estarão na linha de frente de milhões de transações, interações e processos individuais em andamento por todo o país. Esses gerentes terão a responsabilidade de conectar os talentos certos e essas novas funções, servindo de inspiração para os subordinados e proporcionando treinamento e coaching.

As organizações que têm visão estão recorrendo a gerentes intermediários como Tara para "desmontar as peças" de cada cargo e reencaixá-las. É preciso ser expert em pessoas para desempenhar essa tarefa de forma eficaz.

Três fatores principais têm que ser levados em conta na reconfiguração do trabalho:

MUDANÇAS DE PREÇO, DE QUALIDADE E DE EXPECTATIVAS: Este fator inclui aquilo que o cliente vai pagar pelos bens e serviços, e o que espera em troca. Por exemplo, o público está disposto a pagar um valor a mais por uma conta Amazon Prime, e em troca receber sua encomenda no dia seguinte, em vez de esperar uma semana, como antes. Por outro lado, pode pagar menos por um livro de capa dura anunciado como "estado aceitável" por terceiros, e aceitar uma espera mais longa para a entrega, se ele custar apenas 99 centavos.

MUDANÇAS DE VOLUME: Este item inclui os produtos e serviços com muita demanda, e sobe e desce de acordo com fatores externos. Durante um verão particularmente quente, por exemplo, é preciso aumentar a oferta de aparelhos de ar condicionado e ventiladores, e a tarifa de eletricidade pode aumentar. Durante um inverno particularmente quente, a demanda por casacos e acessórios, assim como o custo do aquecimento, pode cair.

MUDANÇAS DE REGRAS: Este fator está relacionado às políticas e leis que determinam o que é permitido ou exigido em determinado setor. Podemos pensar em todas as regulamentações novas relacionadas às viagens aéreas depois dos atentados de 11 de setembro de 2001. Tanto as agências governamentais quanto as empresas tiveram que fazer profundas alterações para se adaptar às novas exigências.

Com base nesses três fatores, a necessidade de realizar certas tarefas dentro de um cargo vai variar. Os líderes que realocarem seus trabalhadores para se adaptar a essas mudanças estarão numa posição melhor para atender às necessidades dos clientes e continuar sólidos financeiramente.

Vimos que durante a pandemia a demanda sofreu mudanças na velocidade da luz. Várias academias de ginástica fecharam. Por isso, todo mundo comprou pesos e outros equipamentos para se exercitar em casa. As vendas de álcool gel dispararam, levando a uma escassez generalizada. Cinemas tiveram que fechar, e as assinaturas dos serviços de streaming aumentaram. A experiência de ir a um restaurante também mudou: de repente, não era feio comer na rua, ou levar para casa um bife de duzentos reais em uma marmita de isopor.

Veja o setor de viagens. No começo, os aviões foram praticamente impedidos de voar; depois, durante algum tempo, só podiam transportar um terço da capacidade, por razões sanitárias. A demanda baixa achatou o preço das passagens, enquanto o faturamento das empresas de carga continuou alto. Os líderes inteligentes rapidamente deslocaram aviões de passageiros para voos de carga. Enquanto isso, nos voos de passageiros em menor número, a limpeza e a higiene viraram prioridade, enquanto a alimentação e as bebidas ficaram em segundo plano.

Durante a pandemia, o trabalho realizado por muitos funcionários foi totalmente diferente daquilo que haviam sido treinados para fazer. Em vez de passar boa parte do tempo servindo comida e bebidas, os comissários de bordo se tornaram fiscais de higiene. Alguns tiveram até que aprender a prender passageiros desobedientes em seus assentos com fita adesiva.

Na Delta, os líderes da empresa reconheceram que alguns funcionários não se importariam em ganhar folgas, enquanto outros queriam continuar trabalhando.[2] Um programa de licenças voluntárias evitou demissões em massa. Para os funcionários que ainda queriam trabalhar, a companhia aérea lançou uma rede de talentos da empresa, que logo alinhou a oferta com a demanda, sob a forma de missões temporárias.

O reagrupamento rápido feito — ou não — pelos líderes durante a covid foi o que determinou se uma empresa, ou um setor, prosperou, sofreu ou quebrou. Em todas essas áreas, os gerentes foram a ponte que conectou as competências dos funcionários com as novas necessidades da empresa.

Tara, a gerente de Walt no supermercado, também viu a pandemia mudar o mundo que ela até então conhecia. No começo, praticamente ninguém ia ao supermercado. Em vez disso, os clientes encomendavam os produtos online e iam buscá-los de carro ou mandavam entregar em casa. Ela teve que deslocar para as ruas alguns de seus caixas e atendentes, ou transformá-los em entregadores. Quando os funcionários pegavam covid ou tinham que fazer quarentena por terem sido expostos ao vírus, ela transferia funcionários em tempo real para preencher as vagas abertas, em alguns casos tendo que realizar treinamentos emergenciais.

Quando a pandemia amainou, Tara pôde pôr em prática o plano de reagrupamento elaborado por seus empregadores, dispondo de um conhecimento robusto dos pontos fortes e fracos dos funcionários. Ela sabia que Walt, o caixa simpático e eficiente, seria perfeito em cargos mais abrangentes, de assistência ao cliente. Um outro caixa, Dale, tinha como hobby o conserto de aparelhos eletrônicos, e revelou-se um expert em lidar com problemas das máquinas de autoatendimento. Elas quebravam com certa frequência, e os clientes sentiam dificuldade em utilizá-las, a tal ponto que resolver esse problema transformou-se na função de Dale em tempo integral, e ele gostou.

Tara percebeu que outra caixa, Rhonda, tinha um dom para apaziguar conflitos. Certa feita, quando Rhonda viu um cliente se irritar porque um funcionário novo não queria aceitar a devolução de uma compra, ela se dirigiu rapidamente aos dois e explicou como confirmar uma compra mesmo sem o recibo, acalmando ao mesmo tempo o cliente e o funcionário constrangido. Em razão disso, Tara sabia que Rhonda seria um excelente trunfo para a expansão do serviço de relações com o cliente, criado para lidar com interações particularmente difíceis e complexas — como abordar um cliente cuja compra não foi faturada, ou como ajudar alguém cuja entrega online deu problema. Graças a seu contato com a equipe e à capacidade de observar de perto o trabalho do pessoal, Tara, e não os próximos à liderança, dispunha das informações para otimizar quem iria para onde e com que função.

A transformação do trabalho como ele é

Em sedes de empresas dos Estados Unidos como um todo há líderes reinventando suas operações para tirar proveito das tecnologias e preferências do cliente em constante transformação. No caso do setor do varejo, a opção entre um futuro Just Walk Out como a Amazon vem experimentando, ou algum outro modelo de assistência ao cliente será decisiva para a definição do novo papel dos caixas e demais funcionários.

Líderes visionários em uma série de setores, dos seguros à saúde, passando pelas viagens aéreas, vêm fazendo três perguntas-chave no redesenho de suas operações. Vamos nos aprofundar para ver como isso está se desenrolando nos supermercados.

O QUE A TECNOLOGIA É CAPAZ DE FAZER?

Este fator inclui avanços na computação, na inteligência artificial e no reconhecimento por vídeo. O mesmo tipo de tecnologia que está por trás dos carros autônomos também pode ajudar os supermercados a operarem de forma mais eficiente. O *deep learning* (aprendizado profundo), uma forma de inteligência artificial, é capaz de analisar dados para elaborar níveis de informação cada vez mais sofisticados, orientando decisões futuras em áreas como o serviço ao cliente, a precificação, a gestão de estoque e a detecção de fraudes.

A tecnologia possibilita o rastreamento dos clientes, o que torna dispensáveis as máquinas de checkout. Também pode monitorar quanto

COMO COLOCAR A MÉDIA LIDERANÇA NO CENTRO

tempo os olhos da pessoa se detiveram nos ovos de Páscoa Cadbury Creme, na seção de doces — e registrar que essa pode ser uma oportunidade de marketing personalizado, na mesma hora ou na próxima Páscoa.

É importante ressalvar que não é porque a tecnologia *pode* fazer alguma coisa que a tecnologia *deve* fazê-la. Em alguns casos, questões de privacidade tornam o monitoramento do comportamento do consumidor desaconselhável, ou até ilegal. Porém, um conhecimento pleno das possibilidades da tecnologia é fundamental para moldar o futuro do trabalho.

O QUE AS MÁQUINAS PODEM FAZER?

Esta pergunta tem a ver com a escolha dos aparelhos e transportadores de material capazes de executar tarefas físicas no mundo real. No varejo, as máquinas podem auxiliar em uma série de tarefas, do descarregamento de caminhões à arrumação do escritório, passando pela limpeza dos pisos. Um dia, as máquinas vão assumir grande parte do trabalho braçal realizado pelo ser humano, porém nem todo. Algumas tarefas, teoricamente, são impossíveis para as máquinas, e feitas de forma muito mais confiável (ou barata) pelo ser humano.

O QUE O SER HUMANO PODE FAZER?

As pessoas são a parte mais imprevisível, complicada e gratificante do trabalho de reagrupamento. Além de determinar os papéis que cabem à tecnologia e às máquinas, os líderes de operações precisam projetar os papéis futuros do ser humano. A assistência e a interação com o cliente serão partes cada vez mais importantes do trabalho humano, nos supermercados e em vários outros setores.

Os economistas Daron Acemoglu e Pascual Restrepo advertiram contra a ascensão das "tecnologias mais ou menos" (e citam como exemplo as máquinas de autoatendimento e os serviços automatizados de assistência ao cliente por telefone), que parecem uma boa ideia, mas não resultam de fato em ganhos de produtividade.[3] Segundo os autores, as empresas podem se concentrar na adoção de tecnologias que aumentem de forma significativa a produtividade, mas que criam empregos em outros lugares.

Quando os líderes de operações das lojas compreendem o potencial da tecnologia e das máquinas, eles também precisam levar em conta as preferências do consumidor e como a reformulação do papel humano pode atendê-lo melhor. No caso das compras físicas, será que os consumidores não vão mais aturar a experiência de esperar na fila? Ou alguns clientes estarão dispostos a esperar um pouco mais, em troca de uma conversa agradável com um caixa?

Que serviços personalizados a loja vai querer manter, mesmo podendo, em tese, ser substituídos pela tecnologia? Por exemplo, se um supermercado possui uma ampla gama de queijos Jasper Hill, em Vermont, cobrando mais de duzentos reais por quilo, ele deve manter uma equipe de especialistas em queijos, capaz de distinguir entre os diversos tipos de queijos "fedorentos" em exposição? Ou para os clientes basta um quiosque com plaquinhas descrevendo cada queijo e um "colega de assistência ao cliente" (que pode ter entrado na empresa como caixa) disponível para responder a qualquer pergunta?

As atribuições tradicionais dos caixas, como o processamento de vendas, o cálculo de custos e o tratamento do dinheiro e dos cartões de crédito, tendem a desaparecer no futuro. E certas formas de interação com o cliente, embora ainda importantes, também sofrerão reduções. Por outro lado, os caixas estarão em uma posição ideal para lidar com uma necessidade cada vez maior de coisas como levar compras até o veículo do cliente, oferecer demonstrações de produtos dentro da loja e treinar novos funcionários.

Os líderes seniores podem optar, por exemplo, por fundir as tarefas remanescentes de interação com os clientes com a estocagem e a entrega de pedidos online no carro do cliente. Porém, o reagrupamento de uma função não ocorre do nada. Os líderes também estão tentando compreender — por meio de pesquisas, grupos focais e entrevistas — qual seria a combinação de tarefas mais prazerosa e relevante para seus funcionários. E estão se esforçando para descobrir quais são as compe-

COMO COLOCAR A MÉDIA LIDERANÇA NO CENTRO

tências exigidas para essas tarefas, de modo a oferecer o treinamento adequado e realizar avaliações de recrutamento.

É muito estimulante ver que o maior empregador privado do mundo, o Walmart, entendeu o recado da importância de reagrupar o trabalho, implantando uma robusta central de treinamento de gerentes como item crucial desse esforço. Através da Academia Walmart, a empresa proporciona a seus associados tanto treinamento em sala de aula como coaching dentro das lojas, com o objetivo de promovê-los a cargos de supervisão e gerência.[4] Além disso, o Walmart investiu mais de 1 bilhão de dólares para oferecer aulas e treinamento gratuitos aos funcionários, em áreas como tecnologia e saúde e bem-estar. A intenção é antecipar quais as competências de que a empresa necessitará no futuro.[5] O Walmart também criou uma "marketplace de talentos" para desenvolver carreiras dentro da empresa.

Caso os funcionários acabem conseguindo empregos em outras empresas, não tem problema, diz Lorraine Stomski, vice-presidente sênior de liderança empreendedora e aprendizagem do Walmart. Ela diz que, graças a sua enorme "pegada", a empresa adotou uma abordagem "regenerativa" que se preocupa não apenas com o valor que gera para a própria empresa, mas para a comunidade e a sociedade como um todo. Seu programa gratuito de ensino, chamado Live Better U [Viva o Seu Melhor Eu], é "um enorme pilar de nossa abordagem regenerativa", disse Stomski em um podcast da Harvard Business School.[6] Por isso, se alguns saem do Walmart depois de capacitados, "eles estarão preparados para o futuro do trabalho".

Graças aos diplomas e certificados desses cursos, ex-caixas do Walmart passaram para vagas de especialistas em cibersegurança e farmacêuticos, por exemplo. Os associados também se beneficiam com experiências relevantes dentro das lojas. A base de todo esse esforço é um bom gerente, explica Stomski. O gerente é "a pessoa que acredita em você — que enxerga sua capacidade de fazer mais do que faz hoje", disse ela no podcast da Harvard Business School.

"Seu papel como gerente, como supervisor, é estar a serviço de seus liderados", disse Stomski. "É ser o coach, fazê-los progredir, desenvolver seus talentos. Isso se traduz na operação da loja."

97

TODO O PODER AOS GERENTES

Em reconhecimento à importância do gerente, o Walmart também lançou o programa College2Career, em que recém-formados da faculdade recebem treinamento teórico e prático e coaching individual.[7] Ao completarem o programa, os participantes podem se candidatar a vagas de "coach emergente", por um salário anual inicial de 65 mil dólares. Daí em diante, eles têm a oportunidade de se tornarem gerentes de lojas, ganhando salários de seis dígitos em questão de anos.

Um apelo a todos os setores

O varejo não é o único setor que está passando por essa transformação. Caso as organizações queiram continuar competitivas, os líderes de quase todos os setores terão que refletir com muita inteligência sobre as decisões de reagrupamento. Os executivos dos bancos talvez precisem dispensar parte de seus caixas, mas será que uma fração deles não poderia ser transferida para funções de vendas ou consultoria? Leitores automáticos estão substituindo os caixas, mas será que uma parte desses trabalhadores não poderia ser treinada em funções técnicas, em vez de simplesmente serem demitidos?

Muitas empresas anteveem a automação como a viabilização da transferência de certas tarefas, hoje realizadas por trabalhadores altamente qualificados, para outros, menos qualificados — preservando, assim, certo número de empregos. Nos consultórios médicos, as máquinas serão capazes de assumir funções rotineiras, como o monitoramento de sinais vitais, que sempre foram de responsabilidade de médicos assistentes. Mas o mais provável é que esses assistentes possam assumir algumas das funções que sempre foram feitas por profissionais da enfermagem e da medicina, como a realização de certos exames e a administração de vacinas.

Em todos os setores, a automação do trabalho aumentará a necessidade de "trabalhadores com competências sociais e emocionais desenvolvidas — competências que a máquina está muito longe de dominar", segundo um relatório da McKinsey.[8] "Enquanto algumas dessas competências, como a empatia, são inatas, outras, como a comunicação avançada, podem ser aprimoradas e ensinadas." Isso vale para qualquer emprego, exigindo ou não treinamento especializado e diploma universitário.

Em geral, os mais ameaçados pelo avanço inexorável da tecnologia são aqueles que não possuem diploma universitário nem competências especializadas. A maioria dos funcionários do supermercado de Tara — entre eles Walt, Dale e Rhonda — nunca fez faculdade. São gratos pela oportunidade de receber um novo treinamento, suscetível de levar a uma progressão constante da carreira. E, um ponto importante, Tara conseguiu oferecer coaching contínuo, em tempo real, e orientação em seus papéis novos e mais complexos.

Walt, em particular, precisava dessa ajuda. Em seu cargo anterior, como caixa, o trabalho literalmente chegava até ele. Enquanto ele ficava parado atrás da caixa registradora, os clientes esperavam na fila dele, e as compras vinham deslizando em sua direção pela esteira, para serem escaneadas. Ele estava acostumado com esse jeito de trabalhar: quando tocava na banda, também ficava parado atrás da bateria.

No novo emprego, Walt não estava mais preso à caixa registradora, e no começo essa nova liberdade de movimento o deixou desorientado. Ele precisou do auxílio de Tara para estabelecer um jeito diferente de trabalhar, em que se esperava que ele abordasse os clientes, e não o contrário. Tara também ajudou Walt a adquirir uma percepção da loja como um todo, de modo a conseguir identificar e resolver qualquer problema que surgisse. Ele precisava adotar um novo "ritmo" para atravessar os corredores do supermercado, e Tara orientou-o nesse aspecto. Foi um coaching útil para Walt em diversas situações, propiciando-lhe um tipo de aprendizado que ele não teria tido com uma formação clássica em sala de aula.

Quase dois terços dos americanos adultos não possuem diploma universitário. O economista Daron Acemoglu considera que a automação é um dos maiores culpados pela disparidade salarial cada vez maior, em detrimento, sobretudo, dos homens sem diploma.[9] Por isso, a capacidade dos gerentes de reagrupar os cargos, dando o coaching apropriado para eles, tem consequências sociais e econômicas profundas. Isto é particularmente verdadeiro em um ambiente de avanço da responsa-

Mais do que nunca, gerentes

Surpreendentemente, gerentes como Tara podem ficar mais tranquilos do que seus subordinados. Nossa previsão é que a capacidade dos gerentes de redistribuir talentos será mais importante do que nunca no mundo novo do trabalho. Seus empregos não correm tanto risco quanto os empregos dos que estão abaixo deles, porque não dá para automatizar a capacidade de preservar os empregos alheios.

Um estudo de 2020 da Gartner Inc. previu que até 2024 a tecnologia terá substituído cerca de 69% do trabalho feito atualmente pelos gerentes.[10] Alguns cínicos, numa leitura superficial, viram aí uma prova a mais de que os gerentes intermediários não são mais necessários (se é que foram algum dia). Mas nós analisamos de outra forma: como um sinal de que é o momento para que as funções deles também sejam reagrupadas e redirecionadas. Helen Poitevin, vice-presidente na Gartner, comentou que "muitas vezes os gerentes precisam perder tempo preenchendo formulários, atualizando informações e aprovando fluxos de trabalho. Ao usar a IA para automatizar essas tarefas, eles podem passar menos tempo gerindo transações e investir mais tempo em aprendizado, gestão de desempenho e definição de metas".

Quando Tara começou a trabalhar como gerente, ficava constantemente grudada no computador cuidando de horários, folha salarial e orçamentos. Acostumada ao contato humano, ela não tinha entrado no ramo do varejo para lidar com números e gráficos. Preferia estar na linha de frente da operação monitorando a interação dos subordinados com os clientes, redirecionando-os para evitar gargalos e verificando se os produtos estavam estocados e expostos de forma atraente. Em vez disso, ela se via o tempo todo dentro de uma sala preenchendo planilhas de Excel. Ela sabia que alguns de seus funcionários estavam enfrentando problemas, mas simplesmente não tinha tempo para fornecer alguma mentoria ou direcionamento.

Depois que várias das tarefas diárias de Tara foram automatizadas — e outras completamente eliminadas —, ela pôde voltar as atenções muito mais para a conexão entre as competências dos liderados e as tarefas que a automação e as tecnologias não seriam capazes de realizar. E podia dar mais atenção aos problemas e necessidades pessoais de cada um. Isso foi particularmente decisivo durante a pandemia, período em que os trabalhadores tiveram que conciliar a criação e a educação dos filhos, além de, cada vez mais, questões de saúde mental.

Quando a pandemia enfim deu uma folga, a maioria das tarefas rotineiras de produção de relatórios tinha sido automatizada. Na verdade, o próprio cargo de Tara tinha sofrido uma reformulação. Agora, ela podia passar a maior parte do tempo dando coaching, desenvolvendo e simplesmente estando presente para seus subordinados diretos. Assim, economizou tempo para a empresa, porque na maioria dos casos sai muito mais caro contratar um funcionário novo do que retreinar e desenvolver os atuais.

Tara também pôde focar em áreas que ela sabia serem importantes para os membros de sua equipe. Por exemplo, aqueles que recebiam por hora queriam que a escala de horários fosse confiável e anunciada com antecedência. Antes da automação, Tara sofria para liberar a escala alguns dias antes, o que dava aos subordinados a sensação de falta de controle sobre os próprios horários. Agora, ela podia focar no mais importante para os funcionários — o que incluía a divulgação da escala com três semanas de antecedência.

Um seguro contra o desemprego

É animador ver como o reagrupamento do trabalho vem ocorrendo no setor de seguros, especialmente no caso dos reguladores de sinistros.

Por muito tempo, sempre que acontecia um acidente automobilístico, os reguladores de sinistros avaliavam pessoalmente os danos e preenchiam relatórios. Porém, nos dias de hoje, em que os celulares se tornaram onipresentes, os próprios envolvidos no acidente podem tirar fotos. E como atualmente existem milhões de fotos assim, a inteligência artificial é capaz de analisá-las e gerar relatórios detalhados dos sinistros.

A marcha inexorável da tecnologia poderia ter significado o fim da carreira de quarenta anos de Maria em uma seguradora, caso o reagrupamento de seu emprego não tivesse ocorrido com a ajuda de seu gerente.

Maria nunca sonhou em trabalhar no setor de seguros. Terminado o ensino médio, ela queria ser fotógrafa profissional, mas nunca conseguiu encontrar trabalho para se sustentar. Por isso, com as economias quase zeradas, ela resolveu dar uma olhada nos classificados, em busca de uma vaga em tempo integral. Interessou-se por um anúncio de contratação de um regulador de sinistros, porque tirar fotos era uma das atribuições do cargo. Embora fossem fotos de carros destruídos que eram rebocados para oficinas, continuava sendo fotografia.

Maria não desejava um acidente de carro para ninguém, mas achava interessante chegar ao local depois do ocorrido. Com seu jeito direto, mas tranquilizador, ela ajudava a acalmar as pessoas em um momento difícil. Ela viu todo tipo de acidente, de colisões na traseira a situações em que ninguém tem culpa — por exemplo, causados por objetos que caíram na pista. No espaço de seis meses, ela foi chamada para vários acidentes na mesma curva da estrada, o que a levou a perceber que o projeto da curva limitava seriamente a visibilidade dos motoristas. Ela notificou o departamento de estradas, e aquele trecho foi refeito posteriormente.

Com décadas de experiência no emprego, porém, Maria percebeu que estava sendo chamada para cada vez menos oficinas para constatar pessoalmente os danos. Àquela altura, quase todo mundo já tinha celular, e ela podia verificar as estimativas de sinistros com base nas fotos publicadas pela oficina. Então, pouco a pouco, a tecnologia começou a dispensar até o preenchimento de relatórios e as estimativas, que eram parte de sua função. Era deprimente ver aquilo acontecer. O tempo passava devagar na empresa.

Até que um dia Ken, seu gerente, apareceu e lhe disse: "Maria, será que você toparia começar a vender seguros?". A primeira resposta dela foi cair na gargalhada. Ela? Corretora? Porém, os executivos na sede da seguradora estavam fazendo as mesmas perguntas que várias outras empresas, que podem ser resumidas nas três que identificamos anteriormente: diante das demandas do consumidor, o que a tecnologia é capaz de fazer? O que a máquina é capaz de fazer? E, por fim, o que resta para o ser humano fazer?

Neste caso específico, a liderança sênior se deu conta de que, em razão do conhecimento em primeira mão de milhares de acidentes, os reguladores de sinistros são capazes de vender seguros com confiança. Afinal de contas, quem melhor para descrever o "caos" do qual o cliente tem que ser protegido do que a pessoa que analisou, literalmente, milhares de reclamações de seguro? É claro que nem todo bom regulador de sinistros tem habilidade para vendas. Mas, neste caso, muitos a revelavam.

Ken foi informado pelos executivos seniores de que queriam transferir uma parte dos reguladores de sinistros para o setor de vendas, como parte de uma grande reformulação dos empregos. No começo, Maria ficou cética, já que era tímida e acreditava que os melhores corretores precisam ser extrovertidos, insistentes e insinceros. Porém, ela acabou descobrindo uma coisa: quando você vê seu produto em ação e é capaz de convencer as pessoas do valor dele, trabalhar com vendas pode ser extremamente gratificante — e lucrativo. Antes de se aposentar, com quarenta anos de serviço, ela foi durante três anos uma das melhores corretoras da região.

A proposta de valor ao funcionário

Ken conseguiu convencer Maria a fazer uma experiência em vendas, apresentando a ela o novo papel sob a forma de uma proposta de valor ao funcionário: em resumo, ele conectou suas habilidades e pontos fortes com um trabalho que, ele sabia, combinava com seus interesses e senso de propósito. Maria tinha visto o quanto os acidentes eram arrasadores para quem não tinha seguro, e sentia estar de fato fazendo o bem ao propor ao público as apólices certas para cada situação.

No supermercado, da mesma forma, Tara convenceu Walt a dar o salto do trabalho como caixa para um papel mais amplo de assistência ao cliente. Explicou a ele que, na nova função, as interações seriam mais variadas, interessantes e pessoais. E foi exatamente o que aconteceu. Walt adorou lidar com os clientes no novo cargo. O interesse genuíno que demonstrava ajudou a criar uma relação que provocou uma alta na taxa de retorno dos clientes.

Segundo pesquisa da McKinsey, 85% dos executivos sentem que o trabalho que fazem tem um propósito, enquanto apenas 15% dos trabalhadores da linha de frente sentem o mesmo.[11] Se os líderes quiserem evitar pedidos de demissão dispendiosos e destruidores em suas empresas, farão bem ao se concentrar no propósito. Até mesmo os empregos que aparentemente exigem menos capacitação podem ficar repletos de propósito, caso sejam reagrupados e redefinidos da maneira correta. Os gerentes são os mais bem posicionados para ajudar os trabalhadores da linha de frente a sentirem que há um propósito no trabalho. A forma como Tara apresentou a Walt o valor de sua função reagrupada é um ótimo exemplo.

Para aqueles funcionários que não planejam se aposentar no curto prazo, os gerentes intermediários também podem enfatizar como um novo cargo pode ajudar no desenvolvimento de carreira, de preferência dentro, mas eventualmente até fora da empresa. Em sua nova função, Walt adquiriu uma série de novas competências valiosas e transferíveis, entre elas técnicas de venda e conhecimento aprofundado dos produtos — embora seja uma incógnita até que ponto isso pode ajudá-lo caso sua banda de heavy metal venha a fazer sucesso.

O mais importante é que tanto Walt quanto Maria se sentiram valorizados por seus gerentes pelas contribuições que deram. Se examinarmos as razões por trás da "Grande Renúncia", não se sentir valorizado(a) foi um motor central na decisão de deixar a empresa, muitas vezes sem um emprego novo em vista.

Décadas atrás, quando as empresas precisavam cortar custos, a ideia predominante era que os novos processos ficariam cada vez mais automatizados, exigindo menos intervenção dos gestores. Com a ajuda de consultorias em gestão, entre elas a McKinsey, obtinham-se reduções em vários setores através de uma combinação de redesenho de processos e cortes profundos no médio escalão. Aqueles trabalhadores que não tivessem um talento excepcional eram considerados descartáveis (alguém aí falou em não se sentir valorizado?). Ao colocar em prática, por exemplo, uma redução de pessoal de 15% a 20%, os líderes se preocupavam menos com as competências de trabalhadores específicos que poderiam ser mantidos em seus cargos e mais em atingir uma meta numérica. Foi um desperdício, tanto de dinheiro quanto de capital humano.

Atualmente, mesmo que um esforço de corte de custos exija eliminar 30% a 50% do trabalho hoje realizado por seres humanos, é esperado que isso não leve a um corte de empregos nessa mesma proporção. Em vez disso, executivos e gerentes intermediários podem tentar descobrir que tarefas o pessoal pode executar *juntamente* com a máquina e as tecnologias, para atender melhor os clientes externos e internos. Como o trabalho que sobra é sobretudo humano, a gestão desse trabalho também precisa ser mais humana.

Assim, embora o Just Walk Out (a finalização de compra simplificada) e as máquinas de autoatendimento estejam acabando com os operadores de caixa humanos, a necessidade de oferecer uma experiência útil e agradável ao cliente, através de uma pessoa de verdade, aumentou. E, à medida que a automação substitui grande parte das funções de um regulador de sinistros, a demanda por vendas e serviços personalizados leva à abertura de novas vagas.

Quando a questão é o reagrupamento, os líderes seniores podem empoderar seus gerentes intermediários, colocando-os no centro das ações. Os gerentes são os únicos que podem fazer a conexão entre os trabalhadores certos e os empregos certos, com o auxílio de treinamento e coaching. E são os únicos em condições de combinar sentido e propósito com os tipos de funções que as máquinas não são capazes de executar.

CONCLUSÕES

COMO REPENSAR O PAPEL DA MÉDIA LIDERANÇA

O desafio: À medida que a automação assume cada vez mais as tarefas antes realizadas pelos seres humanos, mais gente corre o risco de perder o emprego ou de ser realocada nas funções erradas.

TODO O PODER AOS GERENTES

Por que os gerentes intermediários são cruciais para enfrentar o desafio: Os gerentes intermediários são os únicos que podem descobrir o que a tecnologia é capaz de fazer melhor; o que as máquinas conseguem fazer melhor; e o que resta para ser feito pelo ser humano. Então, conhecendo as competências singulares de seus subordinados, podem reagrupar — e assim salvar — empregos de modo a adequá-los às novas necessidades do mundo do trabalho.

Como os líderes seniores podem ajudar: Os líderes seniores podem atuar no reagrupamento do trabalho dos gerentes, que, por sua vez, podem reagrupar o trabalho de seus subordinados. Tirar da frente a "gerentite" e o trabalho de colaboração individual, que os sobrecarrega tanto, propiciará aos gerentes o tempo e o espaço para reinventar, de maneira inteligente, o novo mundo do trabalho.

5
Como ganhar a guerra pelos talentos no século XXI

Das transações às interações

POR QUE JULIA, engenheira de software com competências demandadas no mercado, aceitou um emprego em um determinado fundo de investimento, e não em outro? O motivo principal não foi o salário, nem os incentivos. Foi o fato de que Ken, o gerente de recrutamento de um desses fundos, compreendeu que Julia se importava menos com dinheiro e mais com propósito, pertencimento e identidade. É uma mensagem que algumas empresas ainda precisam absorver. Se não o fizerem, vão deixar de recrutar e reter os trabalhadores altamente qualificados.

No dia que entrevistou Julia, o gerente de recrutamento de outro fundo, David, ainda não havia entendido que a lógica do recrutamento tinha mudado. Mesmo assim, ele sentiu que alguma coisa estava diferente ao entrevistá-la.

Julia tinha saído da universidade havia poucos anos. Depois de três longos meses sem conseguir achar alguém para a vaga, a empresa de David acabou reduzindo o número de anos de experiência exigidos para a função. Ele tinha certeza de que Julia agarraria o salário de seis dígitos, que era quase o dobro do que era pago poucos anos antes. Além disso, Julia teria direito a quatro semanas de férias e poderia trabalhar de casa dois dias por semana, como os demais funcionários de TI.

TODO O PODER AOS GERENTES

A entrevista começou do jeito normal, com David a indagando a respeito das experiências anteriores, e Julia falando do emprego anterior, em uma grande seguradora. Ela era inteligente e simpática. Só tinha um sinal de alerta: ela estava sem trabalho havia seis meses. David ficou pensando no que *aquilo* significava, porque o que não faltava no setor eram empregos. Mas ele decidiu relevar. Sabia que as competências dela combinavam perfeitamente com a vaga, graças à filtragem inicial do RH, e ele tinha pressa. Na hora que estava quase terminando a entrevista, porém, ocorreu algo estranho: *Julia* começou a entrevistá-lo.

"Gostei de saber que vocês oferecem dois dias de trabalho remoto", disse ela, "mas será que vocês pensariam na hipótese de autorizar três ou quatro dias trabalhando de casa, desde que o desempenho seja o mesmo?"

David ficou sem palavras por alguns instantes, e então respondeu: "Bem, não é algo que estejamos fazendo neste momento, mas...", e sua voz foi ficando fraca.

"E eu tenho uma dúvida", prosseguiu Julia. "Vocês aceitam *job sharing*, ou uma jornada semanal de vinte horas?"*

David tentou disfarçar o seu espanto. Julia já estava pedindo — ainda que educadamente — se podia ir ao escritório com menos frequência e trabalhar menos horas! Ele nunca teria coragem de fazer uma coisa dessas antes mesmo de receber a proposta de emprego — e nem mesmo depois, aliás. "Eu teria que dar uma olhada", respondeu ele.

"E mais uma coisa", acrescentou Julia. "Eu pesquisei na internet e não vi nenhuma menção às metas da sua empresa em relação à neutralidade de carbono até 2050. Vocês já fizeram isso, ou estão pensando em fazer?"

David ficou um pouco confuso. Por que aquela pessoa estava falando de emissões de carbono — por mais meritório que fosse o assunto — durante uma entrevista de emprego? Ela não deveria estar mais preocupada com o salário e os incentivos?

---

*   *Job sharing* é uma modalidade de trabalho em que duas ou mais pessoas compartilham o mesmo cargo ou função, dividindo a responsabilidade e as tarefas. (N. E.)

COMO COLOCAR A MÉDIA LIDERANÇA NO CENTRO

"Não sei ao certo, preciso checar isso também", respondeu, um pouco abruptamente.

Depois que Julia agradeceu e saiu da sala, David balançou a cabeça. O que tinha acabado de acontecer? Ele ainda tinha viva na memória sua própria entrevista na mesma empresa, quando tinha 22 anos de idade. Ficara fascinado pelo gerente que fez sinal para que entrasse em sua sala acarpetada e silenciosa. O gerente, usando terno e gravata impecáveis, explicou que David teria que trabalhar sessenta horas ou mais por semana naquela vaga de iniciante, com apenas duas semanas de férias, mas que valeria a pena.

David empalideceu quando ficou sabendo qual era o salário; mal daria para pagar o aluguel de seu apartamento minúsculo no Upper West Side de Nova York. Mas o gerente de cabelos grisalhos garantiu que a remuneração de David aumentaria regularmente se ele se esforçasse e mostrasse serviço. Alguns dias depois, quando o gerente ligou para oferecer-lhe a vaga, David aceitou com orgulho e gratidão.

David não era um cinquentão às vésperas da aposentadoria; na verdade, estava na faixa mais velha da geração millennial, tendo nascido em 1981. Mas se sentia um felizardo por conseguir um emprego em meio ao concorrido mercado de trabalho de 2002, e por ter subido rapidamente até a função de gerente intermediário.

Agora, David — ele próprio começando a ficar grisalho — ganhava um excelente salário, com bônus periódicos. Era casado, com dois filhos em idade escolar e uma mansão em Westchester, e tinha feito por merecer todo o seu êxito. Por isso, ficou incomodado ao ver que Julia não parecia considerar a vaga uma oportunidade incrível.

Ele resolveu ignorar, porém, esse incômodo, e ofereceu-lhe o emprego — só que, para sua surpresa, ela o recusou no dia seguinte. Em um e-mail educado, Julia explicou que tinha decidido aceitar um emprego que lhe propiciava opções de horário mais flexíveis e que era mais proativo nas questões sociais e ambientais importantes para ela.

Nos últimos anos, gerentes como David sentiram o chão tremer sob os pés, ao constatar que muitos candidatos — principalmente os mais jovens — estão buscando viver de um jeito diferente daquele de décadas anteriores. Em primeiro lugar, eles podem optar por trabalhar não em

109

uma grande empresa, mas em uma startup (que ofereça um monte de ações), ou tornar-se parte da *gig economy*,* realizando serviços temporários e flexíveis. Ou podem optar por abrir o próprio negócio, já que os custos de entrada nunca foram tão baixos. Isso reduziu significativamente o pool de talentos para os empregadores em geral.

Quando alguém chega a se candidatar a uma grande organização, muitas vezes está em posição de vantagem, sobretudo no caso dos trabalhadores técnicos e do conhecimento. Cada vez mais, os gerentes estão descobrindo que precisam se vender aos candidatos, mais que o contrário.

Ao mesmo tempo, os gerentes têm visto talentos pedindo para sair, às vezes sem outro emprego em vista. Em 2021, quase 48 milhões de americanos deixaram seus empregos, o maior número já registrado.[1] Em parte, foi por causa da pandemia, que levou a um período de forte introspecção, em que as pessoas passaram a questionar o rumo das próprias vidas. Porém, mesmo antes disso, cada vez mais pessoas começaram a querer empregos mais alinhados com seu propósito de vida.

Segundo pesquisas da McKinsey e de outras organizações, aumentou o número de funcionários e candidatos a empregos que buscam o tipo de benefício que simplesmente não pode ser definido com um número. Eles querem compreender como o trabalho que realizam se encaixa na estratégia da organização como um todo, e como ele combina com seu próprio propósito pessoal. Querem se sentir valorizados pela empresa e pelo gestor. Querem fazer parte de uma equipe em que haja atenção, confiança, interesse, alto desempenho e diversão. Querem que o empregador explique claramente como será o desenvolvimento de carreira. E mais, querem ter o controle sobre aquilo que fazem e maior flexibilidade sobre onde fazê-lo.

---

*   O conceito *gig economy* envolve formas mais flexíveis ou alternativas de trabalho e geralmente é intermediado por plataformas ou aplicativos. Entram na *gig economy*, por exemplo, trabalho temporário, freelance, de curto prazo e profissionais que fazem tarefa sob demanda.

Um problema mal diagnosticado

Nossas pesquisas mostraram que muitos empregadores não conseguem entender por que seus funcionários estão indo embora. Em uma pesquisa recente, as três razões teóricas mais apontadas pelos empregadores para os pedidos de demissão foram: remuneração; equilíbrio entre vida profissional e pessoal; e saúde física e emocional.[2] Sim, são fatores que pesaram para os trabalhadores, mas nem de longe tanto quanto seus empregadores imaginam (Figura 5.1).

Figura 5.1. Experiências que promovem ou retenção ou pedidos de demissão

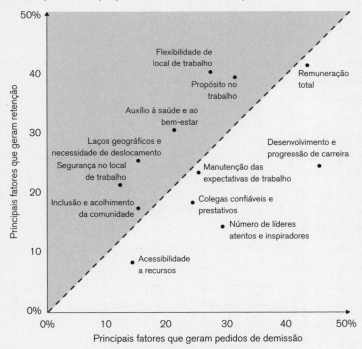

FONTE: Pesquisa "Grande Atrito, Grande Atração", McKinsey, abr. 2022.

Muito acima na lista de fatores estão: não se sentir valorizado pela organização ou pelo gestor; e não se sentir pertencente. Segundo a pesquisa, "de maneira notável, era maior a probabilidade de funcionários que se classificam como não brancos ou de outras etnias dizerem que pediram demissão porque não se sentiam pertencer à sua empresa".

A maioria das empresas continua a torrar dinheiro perdendo funcionários: se eu cobrir a oferta da outra empresa, João vai continuar com a gente em vez de nos trocar, certo? Errado. Quando as empresas compreenderem que seus funcionários, tanto futuros quanto atuais, querem um ambiente de trabalho que se preocupe mais com as interações e menos com as transações, elas estarão em condições de transformar o Grande Atrito na Grande Atração.

Além disso, não existe uma panaceia. Os funcionários estão nos lembrando de que são indivíduos, com desejos e necessidades distintos. Façamos uma analogia com a saúde: as empresas estão tentando estancar a hemorragia dos pedidos de demissão colocando um esparadrapo em cima, sob a forma de dinheiro. Mas a "Grande Renúncia" não pode ser curada com mais dinheiro. Em vez disso, as organizações precisam diagnosticar o que está acontecendo, realizando uma "ressonância magnética organizacional" para entender por que as pessoas estão saindo, e analisar o estado atual da experiência do funcionário. Só então podem resolver o problema com precisão cirúrgica. Essa análise pode incluir pesquisas detalhadas e com ferramentas tecnológicas para medir, por exemplo, aspectos como as interações dos funcionários com os padrões de trabalho (o Índice de Saúde Organizacional, da própria McKinsey, foi criado para isso).

Quando se trata de recrutamento e retenção, tudo é uma questão de gente. E quem é a pessoa que está no centro da transformação da experiência do funcionário em algo significativo? O gerente intermediário, é claro. É a empresa que viabiliza o intercâmbio econômico. É o gerente que viabiliza o intercâmbio social, no âmbito das equipes.

Os gerentes que saem da própria bolha para se conectar com os membros da equipe em um nível mais pessoal fazem toda a diferença na forma como as pessoas se sentem na organização, o que pode afetar o recrutamento e a retenção de maneiras que o RH e a alta liderança não podem.

COMO COLOCAR A MÉDIA LIDERANÇA NO CENTRO

David, do fundo de investimentos, ainda não tinha compreendido isso quando Julia lhe informou ter aceitado outra proposta de emprego. Em vez disso, seus instintos competitivos predominaram. Ele respondeu o e-mail dela perguntando se ela poderia contar que salário eles estavam oferecendo e dar a ele uma chance de cobri-lo.

Não era, na verdade, uma questão de salário, respondeu Julia. Era mais uma questão de se sentir mais conectada com a outra empresa, algo que tinha uma ligação mais profunda com seus valores pessoais.

Uma nova perspectiva de vida

Vamos analisar agora o processo de recrutamento, do ponto de vista de Julia.

Da mesma forma que aconteceu com muita gente, a pandemia alterou o ponto de vista de Julia em relação à vida. Sua avó de 88 anos morreu de covid, e sua mãe ficou gravemente doente. Como Julia dispunha de algumas economias, conseguiu pedir demissão na seguradora onde trabalhava para passar mais tempo com aquilo que importava para ela: família e amigos. Além disso, com os horários pesados no trabalho, ela sentia que precisava de uma pausa. Durante o tempo que passou fora, teve finalmente a chance de maratonar *Stranger Things*, e adorava tirar sonecas à tarde. Em vez de semanas de trabalho de 64 horas, passava dez horas por semana fazendo trabalho voluntário para uma causa que representava muito para ela: o ativismo ambiental. Ela se deu conta de que o tempo, para ela, era mais importante que o dinheiro.

Depois de seis meses, porém, a poupança de Julia começou a minguar e ela começou a tentar retornar ao mercado de trabalho. Ao ser entrevistada por David, Julia sabia que era altamente qualificada. Por causa da forte demanda por competências como as dela, outras cinco entrevistas já estavam marcadas. Ela não encarava aquela etapa final da seleção com David como a oportunidade de "chegar lá" na carreira. Ela queria, em vez disso, determinar se a cultura daquela empresa combinava com ela. A partir da conversa com David, ela concluiu que não.

Julia acabou aceitando no lugar um emprego em um fundo de investimentos especializado em ESG (sigla em inglês para questões ambientais, sociais e de governança). Karl, o gestor que entrevistou Julia, era vinte anos mais velho que David e estava prestes a se aposentar. Mas ele enxergou o futuro. Demonstrou interesse por Julia como pessoa. Fez questão de focar a entrevista nos valores e nas prioridades da empresa, e na conexão destes com os valores e as prioridades da própria Julia.

Quando Julia indagou a respeito do trabalho remoto, Karl respondeu prontamente: "Sim, desde que você dê conta do serviço, pode trabalhar de casa o quanto quiser, embora a gente prefira que as pessoas venham de vez em quando para sessões de trabalho e para conhecer melhor os colegas".

Quando indagou sobre o trabalho em meio período, Julia gostou da resposta de Karl: "Começamos a autorizar algumas pessoas a trabalhar vinte horas por semana, em vez do tempo integral, quando isso convém à vida pessoal. No caso da sua vaga, estaríamos dispostos a negociar".

Karl fechou o negócio ao apresentar Julia à equipe dele — algo que David não tinha feito. Ela ficou impressionada com o compromisso deles com causas ambientais e sociais, e com seu entusiasmo autêntico pelo trabalho e pela empresa. Além disso, alguns contaram ótimas piadas. Ela até sentiu vontade de trabalhar presencialmente um pouco mais — parecia ser o tipo de turma com quem dá vontade de tomar um drinque depois do trabalho.

Como repensar o recrutamento

Larry, o gerente intermediário da empresa do setor de manutenção de transportes que apareceu no capítulo 1 (e não era cliente da McKinsey), também viu o equilíbrio do poder mudar em sua empresa. Isso afetou a estratégia de recrutamento. Em sua visão, hoje em dia o setor está "pagando o preço por ter negligenciado nosso maior ativo, que são as pessoas".

Em razão de uma escassez de mão de obra em todo o setor, atualmente sua empresa está operando a 60% da capacidade máxima. O número de baias de manutenção vazias é assustadoramente alto. Os salários já são o dobro do que eram cinco ou seis anos atrás, e Larry já experimentou a ineficácia de tentar competir apenas na remuneração. Quando ocorre uma guerra de preços, sempre haverá alguém propondo mais.

Larry gravou recentemente um vídeo de recrutamento, estrelando alguns dos técnicos que ele gerencia, para postar na internet. A mensagem que ele tentou passar no vídeo foi: "Você não será apenas um número: vamos tratar você como ser humano".

No vídeo, Larry ressalta que um diploma universitário não é o único caminho para o sucesso na carreira — que uma capacitação técnica, como conserto de motores a diesel, também pode ser recompensadora. Nas entrevistas do vídeo, seus técnicos falam do amor que sentem pela área — por permitir que peguem uma máquina que estava quebrada e a consertem, colocando de volta na estrada um caminhoneiro infeliz. "Estamos fazendo a conexão entre paixão, propósito e um conserto bem-sucedido", conta Larry.

O vídeo também mostra os técnicos contando como trabalham em equipe, e não isoladamente. A ideia é: "Sei que posso ir até meu colega e pedir ajuda, porque é assim que trabalhamos".

Larry também enfatiza que a empresa oferece treinamento aprofundado, que leva a uma ascensão interna constante. Ele sabe que, se não deixar isso claro, candidatos ao emprego darão preferência aos concorrentes, ou simplesmente trocarão de área. Sim, essa trajetória de crescimento leva três ou quatro anos, mas ele detalha como ela ocorrerá exatamente.

A empresa de Larry também tem focado no treinamento da média liderança, em temas como inteligência emocional e formas de aumentar a conexão deles com suas equipes. O objetivo é que os gerentes deem ênfase não apenas ao modelo de negócio, mas também à cultura da empresa.

Uma abordagem criativa da diversidade

Agora, vamos acrescentar ao quebra-cabeças do recrutamento a questão da diversidade. Também nela, a média liderança será crucial para a solução. E podemos compartilhar o caso de gerentes como Priya.

TODO O PODER AOS GERENTES

Priya viu-se diante dos mesmos problemas que muitas empresas de tecnologia enfrentam quando buscam construir uma força de trabalho diversa — onde encontrar candidatos qualificados, com especialização, e como convencê-los a aceitar a oferta da empresa dela, e não a de outras. Os recrutadores da empresa seguiram o mesmo modelo de seus pares em outras empresas: buscar constantemente recém-formados das melhores faculdades e usar filtros específicos no LinkedIn e nos sites de empregos.

E esse era o problema. Havia muito mais empresas procurando esses candidatos do que o contrário. A empresa de Priya tinha a desvantagem extra de ficar em Lincoln, no estado de Nebraska, um ótimo lugar para viver, mas uma das cidades mais "brancas" dos Estados Unidos. Convencer novos trabalhadores do setor de tecnologia a mudar-se para o "estado dos descascadores de milho" exigiria muito esforço.

Quando os recrutadores da concorrência seguem as mesmas diretrizes para atrair os mesmos candidatos, a vantagem virá dos gerentes. Foi exatamente o que aconteceu com a empresa de Priya. Enquanto participava de uma conferência sobre mulheres na tecnologia em Atlanta, ela teve uma epifania em relação à forma de trazer mais gente para a sua equipe de engenheiros, ao descobrir que em Atlanta um em cada cinco trabalhadores de tecnologia é negro, contra uma média nacional de um em vinte.

Atlanta também é onde fica a Universidade Georgia Tech, que funciona como um fornecedor permanente de talentos. No avião da volta, Priya escreveu um e-mail para o CEO, propondo que a empresa mirasse em Atlanta para o recrutamento e permitisse que quem não quisesse se mudar para Nebraska trabalhasse remotamente. Isso ocorreu antes da pandemia, antes que o trabalho remoto se tornasse comum, e hoje sua ideia parece premonitória. O avião ainda nem tinha pousado e ela já tinha recebido sinal verde. Foi uma iniciativa tão bem-sucedida que a empresa teve que criar uma sucursal em Atlanta, lançando um projeto para replicar esse modelo em outros centros tecnológicos.

Priya colocou em prática sua crença em um princípio que, no futuro, se tornará ainda mais predominante: o trabalho precisa ir até as pessoas, em vez de as pessoas irem até o trabalho. Muitas empresas estão

COMO COLOCAR A MÉDIA LIDERANÇA NO CENTRO

abrindo hubs ou sucursais em locais onde há concentração de talentos, em vez de esperar que os talentos se mudem para perto delas.

Vamos pegar o exemplo do ClassPass, um aplicativo que permite fazer diversas aulas de academia em locais diferentes. Depois de se mudar de Nova York para o estado de Montana, para propiciar aos funcionários, fãs de atividades ao ar livre, uma qualidade de vida melhor, a empresa começou a procurar cidades com pools de talentos mais diversificados. Manteve em Montana a base de sua operação, mas abriu uma sucursal em Houston, no Texas.

Grandes redes, como Staples, Best Buy e Lululemon, abriram filiais em Seattle, no noroeste dos Estados Unidos, em virtude da enorme quantidade de trabalhadores do setor de tecnologia altamente qualificados e especializados no setor varejista. Não só a Amazon tem sede em Seattle, mas o Alibaba e o eBay possuem uma importante presença na cidade.

Como mantê-los a bordo

Para que as empresas continuem competitivas, convém que os gerentes adotem um papel mais atuante não apenas no recrutamento de talentos, mas também no onboarding, ou seja, na chegada e integração deles à empresa. Segundo um estudo do Gallup, apenas 12% dos funcionários "concordam totalmente" que o empregador realiza um excelente onboarding.[3] E isso a despeito de a Society for Human Resources Management concluir que a rotatividade pode alcançar 50% nos primeiros quatro meses no caso dos trabalhadores pagos por hora e 50% nos primeiros dezoito meses no caso de trabalhadores seniores vindos de fora da empresa.[4]

Um importante escritório de advocacia da Costa Leste com o qual trabalhamos aprendeu a duras penas o quanto a negligência no processo de onboarding pode ser prejudicial. Os principais sócios garantiam que o escritório era um ótimo lugar para se trabalhar. E era mesmo — *exceto* pelo fato de que os recém-contratados recebiam pouco ou nenhum feedback dos gestores nos seis primeiros meses de firma. Eles se sentiam abandonados e desvalorizados, e transmitiam essa insatisfação aos alunos das faculdades de direito, que evitavam o escritório.

Nesse meio-tempo, um escritório concorrente onde os sócios tinham uma carga horária bem pior tinha uma taxa de retenção muito mais alta. Por quê? Porque os gestores criaram um calendário repleto de eventos de orientação e de lazer, reforçando a sensação de "estamos todos juntos nessa". Pouco importa que a "orientação" dada se resumisse a "Este lugar é um horror, aprenda como aguentar": o simples fato de que esse aviso era dado de cara já tinha um impacto positivo na comparação com os sócios do primeiro escritório, que não recebiam nada.

"Sobre os ombros dos gerentes repousa a maior responsabilidade pelo sucesso dos recém-contratados. No fim das contas, é função deles garantir que os funcionários cheguem à velocidade máxima, se desenvolvam e recebam suporte", segundo o estudo do Gallup. "A efetividade de um programa de integração depende em grande medida do envolvimento ativo do gerente."

Com enorme frequência, segundo o Gallup, os novos funcionários se sentem vítimas de um esquema de propaganda enganosa, em que as promessas radiantes do processo de recrutamento e entrevista são deixadas de lado assim que o trabalho de verdade começa.

Também é preciso levar em conta que, em meio ao tumulto provocado pela pandemia, a integração passou a ser mínima ou inexistente. Convém aos gerentes estar atentos aos funcionários contratados durante a pandemia e garantir que recebam, retroativamente, uma integração com a mesma qualidade que os colegas do trabalho presencial.

Eis aquilo que os gestores podem fazer para transformar seus recém-contratados em funcionários de longo prazo, segundo o Gallup:[5]

- Envolver-se de forma atuante e estar disponíveis durante o processo de integração dos funcionários.
- Fazer a conexão entre aquilo que os funcionários aprendem durante a integração e seu papel específico na empresa.
- Descobrir formas de conectar os funcionários com os novos colegas.
- Deixar claro como o trabalho do novo contratado se conecta com o dos colegas e o da organização como um todo.
- Garantir que os novos funcionários disponham dos recursos, do apoio e da mentoria de que necessitam para evoluir.

COMO COLOCAR A MÉDIA LIDERANÇA NO CENTRO

Pode levar um ano ou mais até que as pessoas realizem plenamente seu potencial em um novo emprego, segundo o Gallup. Por isso, uma integração bem-sucedida representa, na verdade, uma jornada mais longa do que a maioria dos gerentes pensa. A rigor, em um ambiente onde o funcionário tem maior poder de barganha, a jornada para retê--lo não acaba nunca.

Em um podcast da *Harvard Business Review*, Kate Tyler, gerente da Shell, contou como foi pega de surpresa, no início da carreira, ao saber que um de seus melhores subordinados tinha pedido demissão para assumir um cargo no Facebook. "Eu era nova como supervisora, e não fiz nada", conta. "Fiquei surpresa e simplesmente deixei ele ir embora. Puxa, olhando agora para trás — onde eu estava com a cabeça? Eu não liguei para o RH. Nem tentei ver se havia alguma opção disponível."[6]

Hoje em dia, ela faz questão de ficar bem atenta à motivação e ao engajamento de seus engenheiros. Chega até a perguntar diretamente a eles: o que faria você mudar de empresa amanhã? Ela fica surpresa com a ampla variedade de respostas que recebe. Em alguns casos, é um percentual específico de aumento de salário; em outros, é encontrar um emprego em que as funções diárias estejam mais alinhadas com a estratégia da empresa.

Os gerentes estão na posição ideal para conhecer as diversas motivações dos subordinados e usar esse conhecimento como ferramenta de retenção. Eles podem colocar essa informação da forma — e até do jeito de falar — que tenha a melhor repercussão com cada funcionário.

No início dos anos 1990, Gary Chapman desenvolveu o conceito das "linguagens do amor", ao perceber que pares românticos têm maneiras diferentes de dar e expressar afeto. Posteriormente, ele adaptou esse conceito para o mundo do trabalho, criando as "linguagens de valorização pessoal". "Quando você tenta expressar sua apreciação de formas não significativas", ele afirma, "[os funcionários] podem não se sentir nem um pouco valorizados."

Entre as linguagens da valorização pessoal no trabalho estão: palavras afirmativas (elogios específicos e sinceros por um trabalho bem--feito); tempo de qualidade (como um almoço ou um café com o chefe); atos prestativos (por exemplo, oferecer-se para assumir uma tarefa

119

quando um funcionário está particularmente sobrecarregado); e brindes concretos (sobretudo brindes que demonstrem conhecimento dos interesses do funcionário).[7]

A corrida para a porta de saída

A gerente de uma empresa de criação de jogos com sede em São Francisco percebeu que estava falhando na retenção quando vários dos seus principais funcionários começaram a pedir demissão. Isso ocorreu assim que a pandemia começou a arrefecer. Vários de seus subordinados diretos — roteiristas que eram alvo de forte demanda — estavam sendo roubados pela concorrência.

Foi doído para Sandra ver seus funcionários partirem, porque ela se orgulhava muito deles. Depois de um período inicial de confusão quando sobreveio a covid e o trabalho tornou-se totalmente remoto, a equipe se superou. O ciclo de desenvolvimento de produto foi cortado pela metade e a empresa implementou uma série de funcionalidades em seus produtos para celulares voltados para a família, bem na hora que aumentou a demanda do público, preso em casa, pelos jogos como forma de entretenimento. Graças aos esforços de todos, a empresa teve seu ano de maior faturamento. Sandra notou, porém, que a cada semana esse "todos" parecia diminuir.

Quando Sandra tocou no assunto em uma reunião com os líderes seniores, eles ficaram perplexos: os funcionários recebiam excelentes salários e benefícios, e a empresa se desdobrava para ser flexível em relação ao trabalho remoto, mesmo quando o principal concorrente anunciou que em breve ia exigir o retorno de todos ao presencial quatro dias por semana.

Talvez o problema fosse justamente esse. Robert, o diretor de recursos humanos, comentou que a empresa talvez estivesse sendo flexível *demais* em relação ao trabalho remoto, criando confusão e uma percepção de injustiça, considerando que alguns cargos exigiam o trabalho presencial pelo menos em parte do tempo.

"E se exigirmos que todo mundo venha trabalhar pelo menos três

COMO COLOCAR A MÉDIA LIDERANÇA NO CENTRO

dias da semana?", propôs Robert. "Assim, todos teriam a impressão de um tratamento igualitário."

Sandra sabia que essa proposta seria uma atitude errada em relação à equipe de roteiristas, que tinha feito um grande esforço para construir rotinas eficientes ao longo dos meses anteriores. Seus subordinados tinham trocado o tempo de deslocamento no trabalho por tempo de produção. Considerando o ano-modelo que a empresa acabara de ter, ela não sabia como teria sido possível realizar tanto se a equipe tivesse que enfrentar o trânsito de São Francisco para chegar ao trabalho.

Na verdade, o trabalho remoto tinha motivado a equipe a formalizar procedimentos que antes eram informais. Isso acelerou a entrega de produtos criativos, com menos bugs — motivo de orgulho para a equipe. Seria uma espécie de tapa na cara se recebessem uma ordem genérica para voltar ao presencial em dias predeterminados. Ela sabia que isso ia agravar o problema de retenção da empresa.

Além disso, essa política não seria um tapa na cara apenas da equipe — também demonstraria falta de consideração pela avaliação de Sandra. Ao contrário de certos gerentes que nem sempre estavam disponíveis para suas equipes durante a pandemia, Sandra fazia questão de marcar videoconferências periódicas pelo Zoom com os subordinados. Ela não apenas perguntava como andava o trabalho, mas também se informava sobre a vida pessoal de cada um. Todos tinham histórias diferentes para contar sobre o impacto da pandemia, e Sandra os ouvia atentamente. Ela ficou sabendo das dificuldades enfrentadas em questões como cuidado com os filhos, ensino em casa, casos de covid e sensação de isolamento. Com base nesse conhecimento profundo não somente do trabalho, mas da vida de seus subordinados, Sandra tinha consciência das barganhas e dos sacrifícios feitos pelo pessoal de sua equipe.

Enquanto o alto escalão discutia as alternativas pós-pandemia, Sandra sentiu-se incomodada com o desejo que percebeu em alguns líderes de reafirmar seu controle sobre a força de trabalho da empresa, dispersa e difusa. Quando o CEO perguntou: "Qual o critério para determinar o que justifica uma equipe trabalhar remotamente ou não?", ela pediu a palavra. "Não existe", respondeu a ele. "Cada equipe tem seu próprio ritmo. De onde o senhor está sentado, não dá para ver a diferença."

Sandra argumentou que, em virtude das dinâmicas e circunstâncias muito diferentes de um grupo para outro, as soluções para implantar um ambiente de trabalho híbrido teriam que ser flexíveis, sutis e caso a caso — sem uma solução única igual para todos. O recado dela para os chefes: "Confiem nos gerentes para a tomada dessa decisão. Responsabilizem-nos pelos resultados que se espera que entreguem".

Um novo plano para uma nova era

No desespero para estancar os efeitos da perda cada vez maior de funcionários, a alta liderança decidiu escutar Sandra. Orientou todos os gerentes a elaborar planos customizados de trabalho remoto para suas equipes. Isso incluía conversar com cada membro da equipe e descobrir quais as demandas da vida pessoal, bem como o jeito de trabalhar preferido de cada um. Além das preferências individuais, Sandra levou em conta o tipo de trabalho que cada um realizava, e se ele era mais bem feito presencial ou remotamente.

Ela sabia que certas atividades eram cumpridas de forma bem mais eficaz pessoalmente — tarefas que exigem um alto grau de colaboração e criatividade; a formação de conexões mais fortes dentro do grupo; e a mentoria para as pessoas mais juniores. Durante a pandemia, por exemplo, ela se surpreendeu sonhando com encontros presenciais dos designers de games em que surgiriam ideias malucas, como acontecia antes. Não havia como reproduzir no Zoom a energia, a empolgação e os momentos de criatividade que ocorriam presencialmente.

A equipe de Sandra precisava atuar como um barco navegando suavemente, em que cada pessoa desempenha um papel crucial. Porém, muita gente tinha entrado na empresa durante a pandemia, e as relações pessoais e a conexão que geralmente surge de forma orgânica no local de trabalho simplesmente deixaram de existir. Sandra sabia que daria para reforçar esses laços em menos tempo em uma atividade presencial, como um retiro, um workshop de um dia ou até um escape room.

COMO COLOCAR A MÉDIA LIDERANÇA NO CENTRO

Sandra sempre quis passar mais tempo com sua equipe — não apenas em conversas genéricas sobre desenvolvimento de carreira, que eram propícias a uma chamada de vídeo com um cafezinho na mão, mas em treinamentos e mentorias. Coisas como estar dentro da mesma sala, alternando-se no teclado para aprender atalhos e apresentando novas ferramentas úteis a seus designers gráficos.

O mais importante era que Sandra lutava para delimitar uma linha clara entre o trabalho que devia e o que não devia ser feito presencialmente. Ela sabia que os subordinados ficariam frustrados se tivessem que se deslocar até a cidade para focar em um trabalho que não fosse de alto valor. Tarefas como definição de cronogramas, gestão de projetos e atualizações do fluxo podem ser feitas na casa do funcionário com a mesma eficiência do escritório. Da mesma forma, o trabalho de colaboração individual, em que cada integrante da equipe cuida de uma parte separada do projeto, não precisa ser presencial.

Sandra também teve visão para garantir que as políticas em relação ao trabalho presencial fossem compatíveis com o ritmo de trabalho. No começo de um projeto, os horários eram bastante previsíveis. A segunda-feira, em geral, era dia de presencial. A quarta-feira costumava ser um dia de concentração total, momento em que a equipe trabalhava nas metas a serem entregues. Geralmente, Sandra marcava para esses dias um evento de interação do grupo, como um almoço ou um happy hour da equipe. Com isso, ir ao escritório dava a sensação de tempo bem aproveitado. Nos demais dias da semana, os funcionários podiam escolher entre ir até o escritório ou ficar em casa.

À medida que o prazo de entrega se aproxima, porém, os designers são inevitavelmente forçados a dar longos expedientes. Isso se deve a mudanças na data de lançamento, alterações no roteiro dos games, descoberta de erros ou uma série de outras questões que surgem. Nesses momentos de pressão, o burnout é um risco permanente. Na corrida da última semana, não é realista que os designers mantenham o expediente das nove às seis. Antes da pandemia, muitos chegavam a dormir no serviço, dando uma cochilada rápida embaixo da mesa. Nem é preciso dizer que não era muito agradável.

Por isso, na correria da semana final, Sandra abandonou a exigência

123

de trabalho presencial, permitindo que os funcionários economizassem tempo de deslocamento e tirassem uma soneca na própria cama.

Sandra contou com a participação dos integrantes da equipe na elaboração dessas normas, e eles avaliavam constantemente o novo modo de trabalhar: o que estava dando certo? O que seria preciso mudar? Não era uma democracia total, mas os funcionários se sentiam valorizados e apoiados, tanto nos objetivos profissionais quanto nos pessoais.

E Sandra ficou satisfeita ao ver que muitos subordinados decidiram comparecer ao escritório mesmo quando não era exigido. Ela sabia que, se criasse incentivos para ir ao trabalho em vez de obrigações, aumentaria a chance de criar um ambiente animado e produtivo no escritório. Por isso, ela fez questão de planejar eventos sociais e treinamentos voluntários nos dias não obrigatórios. Também pediu à empresa que melhorasse a oferta de alimentação.

Em função de tudo que sofreram, os integrantes da equipe se aproximaram mais durante a pandemia. Encontrar-se de novo no escritório — e encontrar pessoalmente os colegas mais novos pela primeira vez — foi revigorante e rejuvenescedor. Amizades foram formadas e fortalecidas, de modo que a maioria acabava indo ao trabalho pelo menos um dia a mais da semana, e às vezes até três ou quatro, para colaborar e simplesmente ficar perto dos colegas. Ajudou o fato de a empresa de games ter uma sede muito bacana, com várias máquinas de fliperama, novas e antigas, por todo canto.

Outros líderes de equipe, impressionados com o alto índice de engajamento da equipe de Sandra, começaram a querer saber mais, e ela contava o que estava dando certo com ela. Seu principal conselho: "Trate seus subordinados como os adultos que são".

Ao fim de seis meses, essa nova estratégia começou a dar frutos, e a taxa de retenção da empresa melhorou consideravelmente. Mas não foram apenas as políticas mais flexíveis de home office que aumentaram a retenção: o empoderamento da média liderança para tomar mais decisões em relação aos funcionários também ajudou cada equipe a adquirir um senso próprio de identidade e pertencimento.

Os funcionários tinham a tendência de maior lealdade à franquia de game específica e ao estúdio responsável por ela, e não à empresa

COMO COLOCAR A MÉDIA LIDERANÇA NO CENTRO

que cuidava de todas as franquias. A equipe de Sandra, por exemplo, com seus games para toda a família repletos de personagens animais, tinha um jeito de operar totalmente diferente de outra equipe cujos guerreiros galácticos travavam guerras no espaço sideral. Ao afrouxar o controle e baixar menos ordens para a empresa inteira, os líderes seniores permitiram que a criatividade e a produtividade aumentassem em todas as franquias — o que dava aos funcionários um motivo a mais para continuar.

Os líderes também passaram a ter Sandra em alta conta, o que era merecido. Ela nunca confessou aos chefes, mas ela mesma quase trocou a empresa por uma rival. Assim como Sandra tinha feito com os próprios subordinados, o chefe dela perguntou-lhe o que a ajudaria a se tornar uma gerente melhor. Em resposta ao feedback dela, algumas tarefas administrativas foram tiradas de sua responsabilidade para que tivesse mais tempo para passar com as suas equipes.

Os três tipos de propósito

Na empresa de games, como em tantas outras, os funcionários têm refletido bastante sobre o propósito de suas vidas. Cada vez mais eles querem que o propósito da empresa esteja alinhado com o das suas próprias carreiras e vida pessoal. Ficamos surpresos ao ver como são poucos os líderes seniores que compreendem o valor dos três tipos de propósito, tanto para recrutar quanto para reter pessoal.

Dar ênfase ao propósito não serve apenas para evitar que outras empresas roubem nossos funcionários. Isso também reduz a atratividade da ideia de abrir o próprio negócio. Fazer parte de um grupo mais amplo, com um objetivo comum, é um incentivo poderoso, que a ideia de ser o único proprietário de uma empresa não tem como superar.

Segundo um levantamento da McKinsey, quase dois terços dos trabalhadores nos Estados Unidos afirmam que a pandemia os fez refletir sobre o propósito de suas vidas. Quase metade deles disse que a covid fez com que repensassem o tipo de trabalho que fazem. E houve uma diferença de geração nas respostas: entre os millenials, havia uma probabilidade três vezes maior de dizerem que estão reavaliando o papel do trabalho em suas vidas.[8]

Quando se perguntou às pessoas se no trabalho diário elas estavam colocando em prática seu propósito pessoal, houve uma grande diferença entre os líderes seniores e os demais trabalhadores. A probabilidade do alto escalão de responder que o trabalho possui um propósito foi oito vezes maior em comparação com a dos demais trabalhadores. Isso é um problema.

A pesquisa conclui que aqueles que sentem propósito no trabalho são mais produtivos e inspirados que aqueles que não sentem. Assim, há várias razões para considerar válido o cultivo de um senso de propósito em três níveis.

O desafio? O propósito de cada um tem uma configuração única. Por isso, moldá-lo ao propósito da empresa como um todo é, no mundo ideal, algo a ser feito de baixo para cima. Uma vez mais, a média liderança é a única em condições de cumprir essa missão.

O gerente intermediário é responsável por uma compreensão profunda do propósito da empresa — e ao mesmo tempo por uma compreensão profunda do propósito de cada funcionário. É nas conversas de coaching que o gerente traz à tona essa compreensão.

Algumas pessoas querem ter um impacto profundo na sociedade. Para outras, o propósito tem a ver com o bem-estar da família. Outras querem melhorar todos os dias a vida daqueles à sua volta, e sentem que demonstrar gentileza em pequenos gestos concretiza esse propósito grandioso. A lista não para por aí.

Compreender essas diferenças entre os funcionários exige dos gerentes uma escuta genuína e a capacidade de reagir. Isso pode até levar o gerente a incentivar alguém a buscar esse propósito em outro lugar, para a felicidade de longo prazo tanto da pessoa quanto da equipe.

O novo sentido de lealdade

Para pessoas como David, do fundo de investimentos, a lealdade no trabalho sempre foi uma via de mão única. A compreensão tácita entre

COMO COLOCAR A MÉDIA LIDERANÇA NO CENTRO

ele e seu patrão era: "Faça o que eu mando, porque eu estou pagando para você fazer". O emprego era visto como uma troca econômica, e quase nada mais. Esse tipo de conceito é um resquício da Revolução Industrial que simplesmente não tem mais muita relevância hoje em dia.

Depois que David entrevistou Julia, e outras pessoas como ela, ele se deu conta de que tinha que mudar seu modo de pensar. Precisava começar a demonstrar lealdade também aos seus funcionários. Do contrário, eles iriam embora. E Julia e seus pares ensinaram a ele uma coisa certa — que o pêndulo agora estava do lado do funcionário. E o poder do funcionário vem crescendo.

Os líderes seniores precisam fazer as seguintes perguntas no esforço para reduzir os pedidos de demissão em suas empresas:[9]

NÓS MANTEMOS LÍDERES TÓXICOS? Analise atentamente equipes cuja taxa de demissões é maior que a média. É bem possível que essas equipes escondam gerentes que não conseguem apoiar e desenvolver os subordinados.

ESTAMOS COM AS PESSOAS CERTAS NOS LUGARES CERTOS, SOBRETUDO OS GERENTES? Os gerentes intermediários mais eficazes têm empatia e humanidade.

NOSSOS GERENTES CONVERSAM CONSTANTEMENTE COM OS SUBORDINADOS? Eles podem obter uma ideia da atmosfera geral da empresa como um todo tanto em conversas individuais quanto em pesquisas de pulso.*

QUAL A FORÇA DE NOSSA CULTURA? No momento que a maioria das empresas adota algum modelo de trabalho híbrido, a forma como esse processo se reflete na cultura da empresa passa neces-

---

* As pesquisas de pulso são questionários pequenos, objetivos e anônimos aplicados nas empresas para coletar as percepções dos funcionários sobre diversos aspectos do trabalho e do clima organizacional.

sariamente por mudanças. Os melhores gerentes refletem bastante sobre quem trabalha presencialmente e quem fica em casa, e pensam em formas de cultivar conexões e pontos em comum entre os dois grupos. O novo modelo híbrido é uma oportunidade ideal para realizar uma "auditoria" detalhada da cultura da empresa.

NOSSO AMBIENTE DE TRABALHO É INTERESSEIRO? Os melhores funcionários quase sempre seriam capazes de conseguir uma remuneração maior na concorrência. Ao dar mais atenção à remuneração que ao relacionamento, você está indicando, sem perceber, que não dá tanta importância ao valor delas como pessoas.

NOSSOS INCENTIVOS ESTÃO ALINHADOS COM AS PRIORIDADES DOS FUNCIONÁRIOS? Perceba que, para alguns, os incentivos voltados para a vida pessoal, como aumentar os benefícios e opções flexíveis para quem tem filhos, podem ser mais importantes que benefícios tradicionais, como estacionamento gratuito e ingressos grátis para shows e jogos, enquanto os funcionários sem filhos podem desejar um conjunto de vantagens totalmente diferente, como academia ou descontos para serviços envolvendo seus pets.

CONSEGUIMOS OFERECER TRAJETÓRIAS DE CARREIRA E OPORTUNIDADES DE DESENVOLVIMENTO COBIÇADAS PELOS FUNCIONÁRIOS? Evidentemente, progredir na carreira pode representar promover alguém a um cargo mais sênior, mas também pode representar uma promoção *dentro* do cargo que a pessoa já ocupa.

Ao responder a essas perguntas e encarregar a média liderança de estabelecer o rumo certo, os empregadores podem transformar suas organizações em lugares onde as pessoas querem entrar — e onde querem permanecer.

CONCLUSÕES

COMO REPENSAR O PAPEL DA MÉDIA LIDERANÇA

O desafio: Com tantos trabalhadores em posição de vantagem no mercado de trabalho, a guerra pelo talento nunca foi tão acirrada. Muitos empregadores estão reagindo com soluções demasiado simplistas e insensíveis.

Por que a média liderança é crucial para enfrentar o desafio: Somente os gerentes podem proporcionar no dia a dia o senso de propósito, pertencimento e identidade pelo qual os funcionários tanto anseiam. E somente eles podem elaborar o tipo de arranjo de trabalho customizado — o contrário de "uma solução única para todos" — que vai ajudar tanto na atração quanto na retenção, na ampliação da diversidade e na entrega de melhores resultados.

Como os líderes seniores podem ajudar: Os executivos podem resistir à tentação de exercer um controle único, imposto de cima para baixo. Desde que tenham escolhido os gerentes intermediários mais adequados ao papel, devidamente treinados e com tempo para focar no time, eles devem confiar nesses gerentes para elaborar as estratégias de atração e retenção que são mais apropriadas para suas equipes.

6
A fusão do desempenho com o propósito

De avaliador pontual a coach permanente

O ANO INTEIRO, Brianna achou que estava fazendo um bom trabalho, até mesmo um ótimo trabalho. Porém, ao fazer sua avaliação de desempenho de fim de ano, ela descobriu que sua chefe discordava da percepção dela. Nessa hora, Brianna se sentiu desrespeitada.

Brianna trabalhava na área de marketing de uma empresa de biotecnologia, criadora de um remédio que curava uma doença fatal. Ela escolheu de forma consciente um emprego em uma startup combativa, e não em uma grande empresa, porque o trabalho era animador e de ponta.

Brianna adorava o que fazia, embora às vezes fosse um tanto caótico. Em certos dias, ela se sentia quase tonta, pulando de projeto em projeto, de e-mail em e-mail, de reunião em reunião. Mas pensava: deve ser assim a vida numa startup.

Mesmo perdendo um prazo aqui, outro ali, Brianna sentia orgulho do que fazia. Por isso, quando chegou a hora da avaliação, não estava particularmente nervosa. Ela não tinha lá muito contato com a chefe, Zoe, principalmente depois que a equipe passou para o trabalho basicamente remoto. Mas esse não seria um bom sinal? Se houvesse algum problema grave, ela ficaria sabendo, raciocinava. Ela já estava pensando no aumento e no bônus que ia receber depois da avaliação.

A reunião na sala de Zoe começou em um tom positivo. Zoe já estava acostumada com a técnica "sanduíche" de feedback: começar com elogios, fazer as críticas no meio e depois amaciar a pancada com outra camada de elogios.

"Seus colegas gostam muito de você, e eu dou valor a todo o esforço que você fez na campanha do Canadá", principiou Zoe.

"Obrigada!", respondeu Brianna.

"Mas..."

Brianna se retesou na cadeira. Mas o quê?

"Mas parece que você vem tendo alguns problemas na finalização dos projetos", prosseguiu Zoe. "Aquela apresentação para a campanha da Alemanha está um mês atrasada."

Brianna ficou um pouco incomodada. "Mas você sabe que eu também estava trabalhando na campanha do Canadá", respondeu, tentando evitar um tom de voz defensivo.

"Mas é a campanha da Alemanha que é a maior prioridade neste momento", respondeu Zoe. "Eu comentei isso em uma reunião alguns meses atrás."

Agora que Zoe tocara no assunto, Brianna de fato recordou vagamente a reunião pelo Zoom sobre a campanha da Alemanha. Mas havia outras cinco pessoas naquela reunião, e aquele comentário não tinha ficado gravado na cabeça dela. Não era difícil Brianna se distrair, porque o marido também trabalhava em home office, e durante a pandemia eles tinham adotado um cachorro abandonado muito carente.

"Vou te dar uma nota três de cinco, e um aumento de 2%, e vamos ver como você se sai daqui a seis meses, o.k.?", disse Zoe. "E, como eu disse, a gente valoriza de verdade todo o esforço que você tem feito."

Brianna saiu da sala de Zoe derrotada e decepcionada. Ela estava contando com um aumento de pelo menos 5%, talvez até 10%, além de um bônus e de algumas stock options a mais. Aquilo mais parecia um castigo.

Depois que Brianna saiu, Zoe ficou sentada sozinha na sala, também se sentindo mal. Ela sabia que Brianna era uma boa funcionária. Zoe pensou: o que ela poderia ter feito para tornar aquela avaliação de desempenho algo mais positivo e útil?

COMO COLOCAR A MÉDIA LIDERANÇA NO CENTRO

Muita coisa, na verdade. Mas a maior culpa não era de Zoe; era dos chefes de Zoe — e da empresa como um todo, por não compreender que a avaliação de desempenho dos funcionários é uma responsabilidade do ano inteiro, e não um exercício forçado pelo calendário. É melhor enxergá-la como uma iniciativa holística, que tem a ver com o propósito individual de cada funcionário.

O poder do propósito

Várias e várias vezes neste livro, ressaltamos o papel do propósito na gestão de pessoas. Isso é particularmente importante quando a questão é a avaliação de desempenho.

Para extrair verdadeiramente o melhor de cada funcionário, os melhores gerentes:

- Mostram como o trabalho se relaciona com o propósito da empresa.
- Mostram como o trabalho se relaciona com o propósito de cada indivíduo.
- Mostram como o trabalho contribui para as metas corporativas.

Algumas partes da equação do propósito podem ser aumentadas. Através de palestras, e-mails e reuniões de toda a empresa, o CEO pode fazer enorme diferença na criação de uma narrativa convincente em relação ao propósito da empresa.

Porém, boa parte da conversa sobre propósito exige um gerente hábil e sensato, capaz de investigar até descobrir o que cada funcionário considera motivador e relevante.

Como mostra nossa pesquisa, as empresas que fazem do propósito uma prioridade têm maior chance de reter e recrutar os melhores funcionários, o que lhes confere uma vantagem num período em que o funcionário continua em alta no mercado de trabalho.

Pode ser útil pensar no propósito como uma espécie de fio que interliga tudo na organização, da sala do presidente a cada mesa de trabalho individual. Os gerentes são cruciais nesse esforço, e o propósito influencia a forma de iniciar reuniões de equipe, de conduzir sessões no quadro branco, de enquadrar as conversas individuais e de participar de diversas outras interações.

Isso é mais fácil de executar com os cargos maiores, e mais difícil nos cargos de suporte e que exigem competências mais básicas. Mas os melhores gerentes conseguem dar conta.

Diz a lenda que, durante uma visita à sede da Nasa no início dos anos 1960, o presidente dos Estados Unidos, John F. Kennedy, deparou com um faxineiro com uma vassoura na mão. Depois de se apresentar, JFK perguntou ao homem o que ele estava fazendo. "Estou ajudando a colocar o homem na Lua, sr. Presidente", ele respondeu.[1] Devia existir um gerente extraordinário por trás dessa resposta.

A Disney chama todos os funcionários de seus parques temáticos de "membros do elenco", para lhes dar a sensação de que são atores fundamentais para a experiência do visitante. Quer esses integrantes do elenco sejam apresentadores de uma atração, operadores de um brinquedo, seguranças, personagens ou zeladores, seus gerentes enfatizam que todos eles podem contribuir para a "mágica" ocorrer nos parques.[2] Isso combina com o propósito anunciado pela empresa, "entreter, informar e inspirar pessoas em todo o mundo através do poder da narrativa incomparável".

Vimos diversas situações em que o entendimento que o gerente tem de propósito transformou um funcionário mediano em um funcionário excelente.

Ao manterem na cabeça o propósito de cada um, os gerentes intermediários conseguem focar na mentoria de seus liderados, direcionando para o estabelecimento de metas. Podem relacionar os três tipos de propósito a três perguntas principais:

1. Qual é a meta que estamos tentando atingir?
2. Como vamos medi-la?
3. Que patamar precisamos alcançar?

A realidade é que é extremamente difícil definir as metas ideais. Um cliente a que atendemos se deu conta de que os funcionários estavam

COMO COLOCAR A MÉDIA LIDERANÇA NO CENTRO

estabelecendo metas de desempenho incoerentes e relativamente fáceis. O CEO reconheceu que, para realizar o plano da empresa de lançar um número bem maior de produtos no mercado, o estabelecimento de metas precisava de uma reformulação profunda. Os funcionários tinham que definir alvos específicos para cada meta, e também precisavam elaborar uma lista curta, com três a cinco metas. Adeus aos dias das listas de metas quilométricas.

Para tornar as coisas ainda mais complicadas, metas sempre estão sujeitas a mudanças. Em uma startup de biotecnologia parecida com aquela onde Brianna trabalha, o mercado anda com tanta rapidez que as metas estabelecidas no início do ano podem não ter mais relevância no final. É por isso que não basta realizar avaliações de desempenho uma, duas ou até quatro vezes por ano. Se Zoe fizesse reuniões semanais com Brianna, poderia ter enfatizado que a campanha da Alemanha tinha passado a ser a prioridade e concedido prazos progressivos a ela. Zoe também teria se dado conta das dificuldades de Brianna para priorizar tarefas e de sua necessidade de ajuda com a realização de tarefas simultâneas. Provavelmente Zoe teria percebido mais cedo que a situação pessoal de Brianna atrapalhava o home office, e que a própria Brianna talvez preferisse trabalhar presencialmente com maior frequência. Do jeito que estavam as coisas, Brianna foi abandonada à própria sorte.

Evidentemente, nem toda empresa cresce com a mesma velocidade de uma startup de biotecnologia. Porém, mesmo que não estejam crescendo rapidamente, as empresas provavelmente estão mudando rapidamente. Vejamos o caso das locadoras de automóveis. Elas estão passando para os veículos elétricos e ajustando-se a uma queda das viagens de negócios e um aumento das viagens de lazer durante a pandemia, e agora a um retorno das viagens de negócios. Ou o caso dos supermercados: aumentou o número de pessoas que pedem delivery para comer em casa. Até o setor siderúrgico vem passando por transformações rápidas, que o obrigam a estar em dia com as últimas tecnologias de processamento e a ajustar-se às demandas dos aspectos sociais, ambientais e de governança (ESG). Tantas mudanças fazem com que a natureza do trabalho feito pelas pessoas também mude. E isso exige um coaching permanente.

Dar coaching a profissionais motivados e talentosos é mais fácil e até divertido. É tentador evitar dar coaching a funcionários que estão com problemas e abdicar dessa tarefa em favor do RH.

Constatamos — e lamentamos — os efeitos da ausência gerencial quando o fenômeno das demissões silenciosas ficou evidente, em 2022. Virou quase uma moda, nas conversas entre colegas de trabalho desesperançados, gabar-se de estar fazendo o mínimo essencial no trabalho — só o bastante para não ser demitido. Ou ficar "testando" quanto tempo você será pago para ficar sentado na cadeira até finalmente ser mandado embora. Há quem questione se a demissão silenciosa seria mesmo, como o nome indica, abdicar de um papel, ou se seria mais uma questão de estabelecimento de limites para enfrentar o burnout e restabelecer a separação entre vida profissional e pessoal, desgastada pela pandemia.

Mas, antes de mais nada, por que se deixou que esses funcionários desmotivados chegassem a esse ponto? Um bom gerente intermediário teria realizado checagens periódicas e implantado mudanças para garantir que essa fronteira nunca fosse cruzada.

Como Bryan afirmou no podcast *McKinsey Talks Talent*, sobre as demissões silenciosas: "Quando os gerentes não estão ali para inspirar, quando os gerentes não estão ali para ajudar a liderar, quando os gerentes não estão lá para ajudar a acompanhar, é lógico que o funcionário pense: 'Será que alguém vai notar se eu não fizer isto durante uma semana? Ou duas semanas? Ou, puxa, demorou três meses até alguém ter aquela conversa comigo'. Até certo ponto isso é demissão silenciosa, mas sob outro ponto de vista é simplesmente uma falha de gestão".[3]

E, como apontou Bill no mesmo podcast: "Quando você provoca apatia, provoca indiferença, provoca uma atitude do tipo: 'Desafio você a me pegar', é porque seus funcionários vêm sendo muito mal liderados. Porque, se não estivessem sendo mal liderados, você os teria pegado muito antes".

A conexão coaching

A demissão silenciosa começa a crescer como erva daninha quando o trabalhador se sente desconectado do propósito mais amplo de seu trabalho. Só a média liderança é capaz de fazer conexões permanentes com os três tipos de propósito — e não um líder sênior vários níveis acima, ou alguém da contabilidade ou do RH. E é a média liderança que pode conceder aos funcionários *autonomia* para melhorar o desempenho.

Quando um gerente dá coaching a um funcionário, não oferece apenas conselhos de desenvolvimento de carreira. Também empodera o liderado para atingir metas da empresa. Um tipo de coaching é aquele que foca o indivíduo e suas competências. O outro é direcionado para auxiliar o funcionário a melhorar o resultado da empresa.

Quatro fatores principais vão orientar a conversa de coaching em torno do cumprimento de metas específicas de negócio:

QUAL DEVE SER O ALVO? Normalmente trata-se de uma meta numérica, como um valor de vendas, um aumento da produção, um objetivo de atrair novos clientes ou uma redução de custos. Em vez de simplesmente informar a meta ao funcionário, o gerente pode propor uma meta e perguntar ao funcionário o que ele acha.

QUANDO CONSEGUIREMOS ATINGIR A META? O funcionário pode oferecer insights preciosos em relação ao nível de realismo do prazo versus as diversas prioridades e prazos conflitantes.

QUE RESTRIÇÕES TEMOS QUE ENFRENTAR? O funcionário pode apontar quaisquer possíveis obstáculos, como a falta de mão de obra, ausência de treinamento, problemas de orçamento, projetos concorrentes entre si ou dificuldades de abastecimento.

COMO PODEMOS MINIMIZAR OS RISCOS? Considerando as restrições identificadas pelo funcionário, o gerente pode, então, discutir soluções e alternativas.

TODO O PODER AOS GERENTES

Ao sentar-se com a equipe e tratar dos quatro fatores mencionados, o gerente cria condições para excelentes discussões futuras em torno de desempenho. Nenhuma surpresa desagradável surgirá em uma avaliação formal se essas discussões ocorrerem periodicamente.

A chave, aqui, é que não se está simplesmente dando uma ordem ao funcionário; ele está sendo tratado como um parceiro na execução da tarefa. E o gerente pode conseguir uma adesão ainda maior do funcionário se fizer uma pergunta simples: como posso ajudar?

Conversas assim surgem em um ambiente de segurança psicológica cultivado pelo gerente.[4] Isso não é uma coisa fácil de fazer, porque é da natureza humana que o funcionário evite fazer perguntas, expressar receios, discordar e até propor ideias novas, segundo Amy C. Edmondson, a criadora do conceito *segurança psicológica*.[5] Segundo ela, o gerente pode assegurar ao liderado que a franqueza e a admissão de vulnerabilidade o ajudarão a atingir as metas de desempenho, tanto no nível individual quanto no organizacional.

Compreendendo a situação

Vamos imaginar duas empresas do setor de iluminação. Uma delas negligenciou o coaching constante dos funcionários. A outra dá grande ênfase a isso.

Eis uma conversa entre o gerente de operações da primeira empresa, Brett, e sua líder de equipe, Paula.

Brett: O CEO me deu uma notícia maravilhosa! Acabamos de fechar nosso primeiro grande contrato com um hotel. É sensacional. Vai representar um salto de receita.

Paula: Nossa! Que ótima notícia. (Ela faz uma cara triste, mas Brett não percebe.)

Brett: Eu disse que dá para entregar em três meses. Você dá conta, não dá?

Paula: Estamos falando de quantos pontos?

Brett: Acho que uns quatrocentos. Preciso confirmar.

COMO COLOCAR A MÉDIA LIDERANÇA NO CENTRO

Paula: Ah... caramba. Mas você sabe que perdemos três pessoas. E tem aquele problema de suprimento na China...

Brett: Eu sei que não vai ser fácil. Mas eu já vi você fazer o impossível antes! Basta fazer. Contamos com você.

Brett sai da sala de Paula antes que ela consiga dizer algo mais.

Paula já passou por isso antes, e sabe que não adianta argumentar. E Brett tem razão: ela já conseguiu façanhas do gênero antes. Então talvez consiga fazer de novo. Ela e seu time viram noites, em um esforço sobre-humano, e conseguem aumentar a produção significativamente — porém, não o bastante para cumprir um prazo de três meses. Todo o esforço de Paula e de sua equipe não é capaz de compensar uma escassez geral de mão de obra no setor e uma ruptura grave da cadeia de abastecimento.

Quando chega a hora da avaliação de desempenho de Paula, Brett comenta o fato de que ela não conseguiu cumprir o prazo. Embora Paula saiba que é uma injustiça, não se sente à vontade para discordar de Brett. E, até certo ponto, não consegue evitar internalizar a crítica de Brett. Ela sente a incapacidade de cumprir o contrato com o hotel a tempo como um fracasso pessoal — mesmo não tendo sido.

Agora, vamos analisar uma conversa parecida, ocorrida em outra empresa do setor de iluminação — desta vez, entre Jack, o gerente de operações, e Sue, a líder de equipe.

Jack: Oi, Sue! Queria que você soubesse que acabamos de fechar um grande contrato com um hotel. Vai ser nosso primeiro grande passo fora do mercado residencial. É um negócio bem importante.

Sue: Que ótimo ouvir isso! (Mas a cara dela fica um pouco triste.)

Jack (percebendo): Eu sei que não vai ser fácil. Por isso eu queria reservar um tempo para discutir isso detalhadamente com você, porque entendo que vai ser um desafio.

Sue: De quantos pontos estamos falando, então?

Jack: Quatrocentos.

(Sue dá um passo para trás, melodramática.)

Sue: Minha nossa, Jack. Estou até com medo de perguntar para quando você prometeu a entrega.

Jack: Eu ainda não prometi nada. Queria ver que cronograma você considera realista.

Sue: Bem, você sabe que perdemos três pessoas na linha de montagem.

Jack: Deixe-me falar com o RH para garantir que eles vão dar prioridade máxima à contratação para essas vagas. Se for preciso gastar um pouco mais nessas contratações, vamos gastar.

Sue: E será que daria para trazer um pessoal temporário para cuidar do empacotamento? É um trabalho que exige menos capacitação que a produção dos pontos em si.

Jack: Eu cuido disso.

Sue: Obrigada. E tem ainda o nosso fornecedor. Eles estão bem enrolados. Acho que eles não têm condições, atualmente, de dar conta de uma encomenda desse tamanho.

Jack: Você consegue checar com eles? Se não der para eles, conheço alguns outros lugares que estão procurando clientes. São mais novos, mas são bons.

Sue: Ótimo. Eu te dou um retorno.

Jack: Mas você sabe que o problema da cadeia de abastecimento continua.

Sue: Isso. Os chips dos LEDs só conseguimos na China, e não está fácil conseguir uma vaga nos contêineres.

Jack: Estou sabendo. Vamos fazer assim, deixe-me ver se consigo trazer esses chips de avião. Sai mais caro, mas talvez dê para conseguir um desconto, considerando o tamanho do pedido. Como esse é o nosso primeiro contrato com um hotel, acho que vale a pena.

Sue: Isso faria uma diferença enorme.

Jack: Então, se eu conseguir mais ajuda para você na linha de montagem, fechar com alguns fornecedores a mais e resolver a entrega dos chips pelo aéreo, quando você acha que consegue entregar os quatrocentos pontos?

Sue: Vou precisar fazer uma conta para ter certeza, mas acho que dá para entregar em uns seis meses, mais ou menos.

Jack: Ótimo! Te dou notícias. Me avise se tiver alguma outra sugestão ou preocupação.

COMO COLOCAR A MÉDIA LIDERANÇA NO CENTRO

Perceba como Jack tratou Sue de igual para igual na conversa, como levou em conta as informações que ela deu e como propôs soluções concretas para os problemas que ela anteviu. Dessa forma, Sue conseguiu cumprir o prazo, preparando o terreno para mais contratos da empresa com hotéis.

Tirar do subordinado a liberdade para discutir o desempenho faz com que as pessoas se sintam e ajam como robôs. Parte do motivo pelo qual as empresas vêm sofrendo uma crise de perda de funcionários é o fato de as pessoas receberem ordens sem que lhes peçam sua opinião. Líderes de verdade querem subordinados cujos corações e mentes estejam engajados, e isso significa fomentar funcionários que façam muito mais que simplesmente cumprir ordens. Funcionários querem gerentes que os enxerguem, os conheçam e saibam o que realmente importa para eles.

É melhor que a frequência e a duração dessas conversas de coaching sejam determinadas pelo ritmo de trabalho, e não pelo calendário. O calendário é algo arbitrário. O trabalho, não. Em certas horas, uma área pode estar enlouquecida na finalização de um projeto. Em outras, está em um estágio mais tranquilo, de coleta de informações. Em alguns casos, um gerente precisa conversar individualmente com um subordinado todo santo dia. Em outros, pode passar um mês sem que essa conversa seja necessária.

Como os líderes seniores podem, então, passar da teoria à prática na melhoria do desempenho do funcionário? Como sempre, o talento da gestão é a gestão de talentos. Assim como o gerente intermediário eficiente dá coaching e desenvolve o subordinado direto, o líder sênior eficiente dá coaching e desenvolve seus gerentes intermediários.

Gerentes bem-sucedidos não nascem prontos. É claro que algumas pessoas possuem um talento nato para inspirar as pessoas, mas a gestão eficaz é uma competência, e como a maioria das competências pode ser ensinada, praticada e fomentada. Da mesma forma que outros profissionais, de músicos a escritores, passando por chefs de cozinha, aperfeiçoam suas habilidades, os gerentes também podem desenvolver as competências necessárias. Infelizmente, a esmagadora maioria do orçamento para treinamento em empresas é voltado para a orientação de recém-contratados, a compliance em relação aos processos e à elaboração de novos produtos e sistemas. Pouquíssimo é gasto com o desenvolvimento concreto dos gestores.

Não consigo, não quero fazer, não vão deixar

Métodos de treinamento e sessões práticas simples, mas poderosos, são capazes de ajudar a média liderança a responder a uma pergunta básica: por que um subordinado racional e bem-intencionado faria — ou deixaria de fazer — alguma coisa a fim de sabotar o próprio sucesso?

Chegamos à conclusão de que, muitas vezes, a resposta se resume a uma destas três: "não consigo", "não quero fazer" ou "não vão deixar".[6] É como um iceberg: uma dessas três ideias ou mentalidades tende a estar à espreita por trás do comportamento visível, e às vezes incompreensível, do funcionário. O gerente é aquele que pode identificar onde mora o descompasso e tomar medidas para remediá-lo.

O funcionário que diz "não consigo" fazer alguma coisa pode estar se referindo a uma falta de tempo, de competência ou de recursos, ou uma mistura dos três. Quem diz "não quero fazer" pode estar com medo de ser punido ou ridicularizado, ou de perder prestígio social se realizar uma determinada tarefa. Ou a tarefa pode ser conflitante com seus valores, sua identidade ou suas metas de longo prazo. E quando o funcionário diz "não vão deixar", é hora de o gerente analisar atentamente a cadeia de comando, real e imaginária, em torno de uma tarefa.

Com grande frequência, os gerentes param de perguntar "por quê" cedo demais. Como notoriamente dito certa vez por Taiichi Ohno, dirigente da Toyota, muitas vezes o gerente precisa perguntar "por que" cinco vezes ou mais até chegar de verdade ao cerne de um problema.[7]

Por exemplo, quando o gerente percebe que um funcionário não apontou os riscos potenciais de um projeto específico, a primeira resposta ao "por que" pode ser: "Achei que ninguém ia me dar ouvidos". Mas, à medida que o gerente continua fuçando, pode transparecer que o funcionário ficou calado por medo de ser demitido se apontasse problemas. Ao revelar o mindset e as crenças que estão implícitas, o gerente pode realizar as intervenções corretas.

COMO COLOCAR A MÉDIA LIDERANÇA NO CENTRO

Figura 6.1. Como os gerentes podem dar feedback efetivo

	Gerente	Destinatário
Observação	Descreva observações concretas	Ouça sem interromper
Impacto	Explique os efeitos	Evite argumentar ou defender-se
Escuta	Faça uma pausa e ouça os pedidos de esclarecimento	Indague para compreender
Soluções	Faça sugestões concretas ou elogie/incentive	Agradeça o feedback e considere como ele se aplica

FONTE: Prática de Desempenho Individual e Organizacional da McKinsey.

Cabe ao gerente organizar feedbacks periódicos dentro do fluxo de trabalho. O feedback não existe apenas para as horas em que as coisas saem dos trilhos. Feedbacks constantes e frequentes, que equilibrem os pontos fortes com as áreas a melhorar, ajudam o funcionário a evoluir. Dar e receber feedback é uma arte — que muitas vezes é pouco treinada. Em consequência, na hora de dar um feedback complicado de verdade, o gerente pode ficar paralisado por falta de prática.

Quando o gerente der o feedback ao funcionário, incentivamos o uso de alguma versão do modelo OIES: observação, impacto, escuta e solução (Figura 6.1). Isso deve valer para todos os funcionários, e não apenas para aqueles com desempenho inferior.

Inicialmente, o gerente pode fazer uma descrição factual daquilo que observou em relação ao comportamento do funcionário. Em seguida, pode fazer uma descrição factual do impacto que esse comportamento tem sobre os demais. Depois, é importante o gerente ouvir atentamente (sem interromper) a reação e a resposta do subordinado ao feedback. Então, o gerente pode reconhecer esse ponto de vista e agradecer ao funcionário pelas informações. A partir daí, gerente e funcionário podem elaborar uma estratégia para lidar com a questão.

Vamos supor que uma gerente chamada Farrah tenha observado que uma de suas subordinadas diretas, Rhonda, vem interrompendo os clientes excessivamente nas reuniões. Farrah pode começar uma conversa de coaching comentando algo do tipo: "Rhonda, você se incomoda se eu fizer uma observação? Pode ser que não tenha se dado conta, mas

143

nas reuniões com os clientes de hoje e da semana passada você cortou a fala do Ray e da Alicia várias vezes. Eu sei que eles gostam das suas ideias, mas com isso eles não puderam terminar o raciocínio deles sobre a campanha recente. E assim a gente pode acabar deixando passar alguma opinião importante do cliente. É só para você ficar mais atenta a isso no futuro".

Nessa hora, é essencial que Farrah faça uma pausa e ouça aquilo que Rhonda tem a dizer sobre o feedback. Como Rhonda valoriza os clientes e se esforça para ser uma boa funcionária, ela poderia responder algo do tipo: "Ah, puxa, obrigada por comentar. Eu nem me dei conta de que estava fazendo isso. Sabe como é: sempre tento estar um ou dois passos à frente, para a reunião render e ninguém desperdiçar o próprio tempo. Minha ideia não era cortar a fala de ninguém. Mas entendo que possa estar causando esse efeito".

A partir daí, Farrah e Rhonda podem elaborar uma solução: Rhonda, por exemplo, pode se esforçar para fazer uma pausa de alguns segundos, certificando-se de que o cliente terminou sua fala, antes de contribuir com suas próprias ideias.

Pelo bem da equipe

Os gerentes também podem tirar proveito de ferramentas e métodos de treinamento para medir a saúde organizacional de suas equipes. Assim como acontece com os indivíduos, é muito melhor pegar os problemas no começo, e pesquisas do ambiente de trabalho são úteis para isso.

O uso de levantamentos internos com o pessoal e o monitoramento de fóruns online externos, como o Glassdoor, podem ser formas eficientes de medir o clima junto aos funcionários. De posse de informações de outras fontes, o gerente pode dizer algo do tipo: "Soube que o pessoal anda receoso por causa da rotatividade recente. Como é que você vê isso?".

Depois de cada conversa, o gerente pode pedir ao funcionário que faça uma brevíssima ata da sessão (não mais que, digamos, 280 caracteres) e a envie por e-mail, ou poste em um aplicativo interno da empresa criado exatamente para esse fim.

COMO COLOCAR A MÉDIA LIDERANÇA NO CENTRO

O treinamento em gestão também pode incluir formas de conectar o propósito da organização ao propósito individual. Conhecemos o caso de um líder corporativo que acredita genuinamente na missão de sua empresa, mas que soa falso quando tenta expressá-la, e seus funcionários fazem careta quando ele vem com o discurso de "fazer a diferença no mundo". Infelizmente, falta a ele inteligência emocional. Assim como Michael Scott na série *The Office*, ele simplesmente não sabe como ou quando demonstrar a importância daquilo que a empresa faz e o papel dos funcionários nisso.

A maioria dos gerentes é capaz de aprender a fazer esse elo entre propósito da empresa e propósito individual. Mas, se continuarem fazendo isso de um jeito que parece impositivo ou pré-fabricado, é melhor nem começar a tentar.

Treinar os gerentes intermediários para que se tornem coaches melhores não pode ser apenas mais uma coisa dentre muitas. Tem que ser o aspecto priorizado pelos líderes seniores no novo mundo do trabalho. Faz parte de uma mudança de mindset que precisa ocorrer em torno da média liderança.

As empresas têm como treinar gerentes para que eles deem e recebam feedbacks complicados; peçam desculpas; escutem ativamente; contenham suas ideias preconcebidas; e interajam de forma mais reflexiva com os demais. Também sugerimos que todo programa de desenvolvimento de gerentes ensine o básico de psicologia humana e inteligência emocional (IE).

A inteligência emocional pode ser ensinada? As pesquisas indicam que, no caso de muitos gerentes, sim. Daniel Goleman, o responsável pela popularização do termo, subdividiu a IE em quatro competências principais. Segundo ele, é possível treinar os gerentes para identificar e aprimorar todas elas:[8]

AUTOCONSCIÊNCIA: Compreender como suas próprias emoções, bem como seus pontos fortes e fracos, influenciam sua equipe. É neste ponto que os exercícios de feedback 360 graus podem ser úteis — e, em alguns casos, doloridos.

AUTOGESTÃO: A capacidade de controlar as próprias emoções em situações de estresse é uma qualidade particularmente importante em um gerente. As pesquisas mostram que as emoções no ambiente de trabalho são contagiantes, e as emoções do gerente — sejam elas positivas ou negativas — podem ter um impacto considerável.

CONSCIÊNCIA SOCIAL: A capacidade de ler as emoções de outras pessoas da organização. Compreender como essas emoções afetam a dinâmica da equipe e reagir a elas com empatia pode impulsionar o desempenho geral.

GESTÃO DE RELACIONAMENTOS: A capacidade de orientar e encorajar as pessoas e de resolver conflitos. Isso inclui a disposição para ter conversas complicadas quando surgem os problemas.

Uma aula de compaixão

Quando um gerente sensível consulta seus subordinados, ele não pergunta apenas "Como anda o trabalho?", e sim "Como anda *você*?". Não se trata de uma formalidade, e sim de interesse e curiosidade genuínos. Os estudos mostram que, quando os funcionários enxergam os gestores como gentis e afetuosos, a lealdade aumenta. E a lealdade, mostram outros estudos, leva a uma melhora do desempenho do funcionário.

Caso a resposta a "Como anda você?" seja "Minha vida está desmoronando, estou em processo de divórcio, meus filhos estão fazendo terapia e não sei se consigo pagar a hipoteca do mês que vem", o gerente sensível não se limita a balançar a cabeça e seguir em frente. Tenta, antes e acima de tudo, cuidar da saúde mental do subordinado.

Nas palavras de um líder sênior que encontramos: "Tem um monte de coisas acontecendo na vida das pessoas". Quando os gerentes têm ciência das pressões domésticas e/ou pessoais dos subordinados, passam a ter condições de aliviar o fardo antes que aconteça uma crise grave.

COMO COLOCAR A MÉDIA LIDERANÇA NO CENTRO

Mais de 40% das pessoas relataram piora na saúde mental durante a pandemia, segundo uma pesquisa.[9] E quase 40% responderam que ninguém no trabalho os procurou para dizer: "Como você está [em meio a essa experiência única na vida, assustadora e transformadora]?". Nem uma vez sequer. Essa é uma responsabilidade que caberia à média liderança.

Pode ser constrangedor, e até desconfortável, para o gerente conversar com funcionários que trazem assuntos como depressão, ansiedade, burnout, luto, perdas, solidão e vícios. Porém, isso passou a fazer parte das atribuições do gerente. Ele não pode simplesmente jogar isso nas mãos de um programa de assistência aos funcionários. Adivinha por quê? Na mesma pesquisa citada, essas pessoas que sentiram que ninguém no trabalho se importou com seu estado mental apresentaram uma probabilidade muito maior de relatar declínio da saúde mental. Perguntar "Como você está?" — não de forma genérica, mas com sinceridade e empatia — faz realmente a diferença.

Não se trata mais de uma "coisa bacana a se ter" no local de trabalho; é algo obrigatório, sobretudo diante dos trabalhadores mais jovens. Em outra pesquisa, quando perguntaram aos millenials e à geração Z o que eles mais valorizavam em um empregador, a prioridade mais citada foi "uma organização que se importa com o bem-estar dos funcionários".

Porém, são inúmeros os líderes que não entenderam essa mensagem. Em artigo publicado na *Harvard Business Review*, Heidi Gardner e Mark Mortensen afirmam que sobretudo os gerentes intermediários "sentem-se divididos entre as exigências de desempenho impostas de cima e a demanda por compaixão vinda de baixo".[10]

Essa tensão surge da falsa ideia de que o desempenho será prejudicado se as organizações demonstrarem preocupação excessiva com o estado mental dos funcionários. Na verdade, quando os líderes fazem do bem-estar do funcionário uma prioridade, o desempenho até melhora, sobretudo no longo prazo, segundo os autores.

Mesmo quando os líderes seniores tentam demonstrar preocupação com os funcionários, a maioria "se faz de durão por medo de demonstrar fraqueza ou vulnerabilidade", afirmam os autores. "Os líderes são ainda mais minados pela própria psicologia. As pesquisas mostram que o poder reduz a empatia, o que faz com que eles se identifiquem menos tanto com os problemas dos funcionários da linha de frente quanto com os gerentes intermediários que precisam lidar diariamente com essas questões."

Os gerentes intermediários podem tomar duas atitudes para tratar dessas demandas conflitantes de cima e de baixo, segundo os autores. Em primeiro lugar, eles podem lutar para aumentar a "capacidade de compaixão" da organização, de modo que o ônus de responder aos problemas de saúde mental e às necessidades emocionais dos funcionários não recaia apenas sobre os ombros deles. E, em segundo, eles podem lutar para reduzir exigências não realistas de desempenho, tanto reais quanto percebidas.

"Uma conversa individual é ideal para entender a complexidade dos problemas da pessoa e transmitir compaixão de verdade", dizem os autores. Os gerentes intermediários são os mais capacitados a travar essas conversas e combiná-las a metas relacionadas ao trabalho.

David Rock, um dos fundadores do Neuroleadership Institute, comenta que essas conversas têm que ser acompanhadas por algum tipo de sugestão de atitude por parte do gerente:

> Quando reconhecemos o sofrimento de alguém e conseguimos compreender por que a pessoa está se sentindo assim, mas não tomamos nenhuma atitude a respeito, só demonstramos empatia. A empatia sem atitude é o mesmo que dizer a alguém: "Entendo o que você está dizendo, e embora eu ache que no seu lugar não me sentiria assim, entendo suas razões, e sinto muito por você estar se sentindo assim". Há um entendimento cognitivo do impasse, mas no fim ninguém se sente muito bem em relação ao resultado. Mas se você fizer um esforço extra para agir, de uma maneira que represente algo para a pessoa que sofre, isso é compaixão — uma dádiva que traz benefícios abundantes e inesperados.[11]

Rock dá o exemplo do funcionário que acabou de passar por uma morte na família. Em vez de oferecer apenas suas condolências, o gerente que tem compaixão pode transformar esses votos em uma pergunta: "Entendo o quanto deve estar sendo difícil para você. Já escalei

COMO COLOCAR A MÉDIA LIDERANÇA NO CENTRO

substitutos para seu turno de hoje. Ajudaria ter mais tempo livre, ou desmarcar um pouco as reuniões, ou tem algo mais específico que eu possa fazer?".

Demonstrar esse tipo de compaixão, junto com uma oferta de ajuda concreta, faz parte de uma visão holística do funcionário, que reverte para a organização de formas que reforçam a lealdade e melhoram o desempenho.

Uma conversa mais produtiva

Voltemos, agora, a Zoe e Brianna. Depois da avaliação de desempenho em que Brianna recebeu um aumento de apenas 2%, Zoe foi até a CEO da empresa e contou a ela o que tinha acontecido. A CEO, Delia, vinha recebendo alguns relatos semelhantes de outros gerentes, e foi então que ela se deu conta de que algo precisava mudar.

Era uma empresa com dez anos de existência que havia começado com cinco funcionários trabalhando em um laboratório compartilhado e que agora contava com setecentos funcionários, um valor de mercado de 10 bilhões de dólares e um prédio próprio em um campus de biotecnologia. Durante alguns anos, a empresa não tinha médio escalão e quando começou a nomear gerentes foi de uma forma esporádica, transferindo para a função candidatos internos que se dispusessem a tal — como Zoe, que tinha entrado na empresa como especialista em marketing digital.

Mas Zoe e os demais gerentes intermediários recém-nomeados não tinham nenhuma capacitação em gestão. Por isso, sofriam para dar avaliações de desempenho, apoiando-se em conceitos tirados aleatoriamente dos livros de gestão, como a técnica "sanduíche" de feedback para dar conta da tarefa.

Delia percebeu que precisava fazer alguma coisa — e depressa. Embora quisesse tocar projetos mais diretamente relacionados ao desenvolvimento de novos medicamentos, ela estava consciente de que teria que desacelerar e dedicar algum tempo ao foco na média liderança.

Ela matriculou os gerentes em um programa de treinamento com ênfase em promoção dos propósitos, em como dar feedback de forma eficiente, ajudar os funcionários a definirem metas e adquirir inteligência emocional.

Zoe saiu do curso com novas ideias para melhorar o desempenho dos funcionários — a começar pelas sessões periódicas de coaching. Começou a marcar reuniões individuais semanais com Brianna, em que repassavam os projetos atuais dela e Zoe a ajudava a definir prioridades.

Uma dessas conversas de coaching, recentemente, foi assim:

Zoe: E aí, como você está, Brianna? Da última vez que conversamos você comentou que andava tendo alguns problemas de saúde. Como está agora?

Brianna: Ah, estou muito melhor. Os médicos me receitaram um novo remédio, e está fazendo efeito. Obrigada por perguntar.

Zoe: Fico contente em saber. E como você está se sentindo em relação ao home office? Tudo bem para você vir duas vezes por semana, ou você acha que precisamos fazer um ajuste?

Brianna: Sabe, com meu marido trabalhando de casa e meu cachorro agitado, às vezes é difícil me concentrar. Acho que talvez eu vá querer vir com mais frequência.

Zoe: Por mim tudo bem! Para nós seria uma alegria ver você com mais frequência. Sabe, eu tenho tido a impressão de que as pessoas estão achando que precisam manter um número fixo de dias por semana. Você acha isso?

Brianna: Hum, acho. Foi o que a Delia deu a entender no último e-mail.

Zoe: Eu sei, ela estava preocupada com isso. Mas ela só queria ter uma ideia básica dos planos de cada um. Aqui tem espaço suficiente para as pessoas virem o quanto quiserem.

Brianna: Bom saber.

Zoe: Agora, vamos falar sobre o que você está fazendo. Da última vez falamos em finalizar aqueles materiais de marketing para a França no final do mês que vem. Como você tem avançado?

Brianna: Estava indo superbem até o dia que eu li o último relatório de marketing. Ele estava cheio de linguagem técnica que eu simplesmente não consegui acompanhar.

Zoe: Que bom que você tocou nesse assunto, porque algumas outras pessoas também me disseram isso. Acho que é preciso reescrevê-lo. Vou cuidar disso o quanto antes. Tem que ser a prioridade número um.

Brianna: Mas como fica a nova campanha de marketing para a Itália? Eu estava encarregada de cuidar disso também.

Zoe: Dá para esperar. Vou passar para a Pilar. Você tem que se concentrar na Alemanha, porque esses materiais já estão prontos. Quanto antes pudermos começar as vendas na Alemanha, mais rápido vai dar para começar a curar quem sofre dessa doença. Mais alguma coisa na sua cabeça?

Brianna: Bem...

Zoe: Vá em frente, pode me contar.

Brianna: É o Bob. Eu cansei de pedir a ele o relatório sobre os testes, mas ainda não recebi.

Zoe (revirando os olhos)*:* Ah, o Bob. Vou falar disso com ele.

Depois da conversa com Zoe, Brianna sentiu-se enxergada e valorizada, tanto como funcionária quanto como pessoa. Com suas metas, prioridades e obstáculos bem claros, seu desempenho apresentou uma melhora mensurável. A avaliação de desempenho do ano seguinte resultou em um aumento bem maior — mais um bônus —, sem surpresas desagradáveis.

CONCLUSÕES

COMO REPENSAR O PAPEL DA MÉDIA LIDERANÇA

O desafio: A maioria das organizações associa as avaliações de desempenho ao calendário, sem levar em conta o ritmo e o significado do trabalho e como ele se relaciona com cada funcionário. Isso leva a uma desconexão mental que impede o funcionário de se aprimorar.

Por que a média liderança é crucial para enfrentar o desafio: Os gerentes intermediários são os mais bem posicionados para ajudar a definir e medir as metas e para fornecer um coaching contínuo, que ajude o funcionário a atingir um nível mais elevado de desempenho e comprometimento. Os gerentes são os mais capacitados a fazer o elo constante entre o propósito pessoal do funcionário e o propósito e as metas da empresa. Esse diálogo constante mescla com naturalidade o "Como você está" e o "Por que você está fazendo isso" (o elo com o propósito e com uma visão mais ampla). Uma avaliação anual foca mais "o que você fez", sem deixar muito espaço para incluir o "por quê".

Como os líderes seniores podem ajudar. Os executivos têm que se certificar de comunicar uma declaração de propósito clara e convincente, que repercuta junto aos gerentes; estes, por sua vez, poderão adequá-la aos subordinados. Os líderes seniores também podem garantir que seus gerentes disponham de tempo e treinamento suficientes para dar coaching em caráter constante, em tempo real.

7
No coração da solução de problemas

De burocrata a detetive de dados

INTELIGÊNCIA ARTIFICIAL. Aprendizado de máquina. Algoritmos. Internet das Coisas. Todos esses avanços vieram com uma promessa: a de que os dados por eles gerados tornariam as organizações infinitamente mais eficientes e produtivas. Só que os mesmos líderes seniores que investiram entusiasticamente nessas tecnologias não souberam avaliar até que ponto os seres humanos — e sobretudo os gerentes — são necessários para torná-las realmente úteis.

Executivos, gerentes e outros funcionários cometem uma infinidade de erros em relação à análise de dados. Alguns são totalmente avessos a utilizá-la, preferindo confiar no próprio instinto para tomar decisões importantes. Outros se sentem atraídos pelas tecnologias mirabolantes mais recentes, em situações em que estratégias testadas e aprovadas, como pesquisas internas, são a melhor abordagem. Há ainda os que tiram conclusões falsas a partir dos dados coletados. E algumas organizações são incapazes de compreender e comunicar de forma eficiente as informações que seus cientistas de dados coletam em tão farta quantidade.

Figura 7.1. Funcionários lidam melhor com dados em organizações de alta performance*

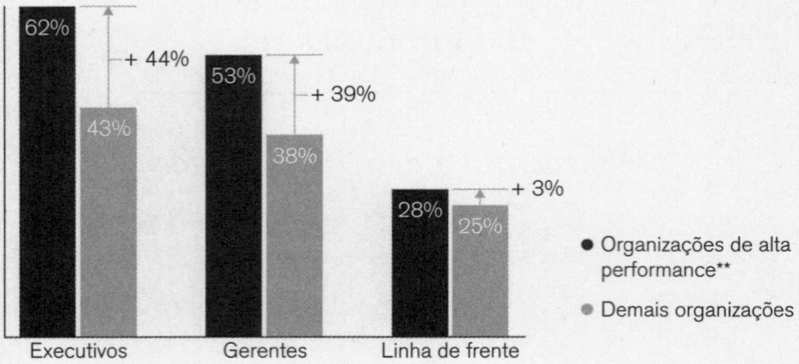

FONTE: Pesquisa "Quantum Black", McKinsey, 2019.

* Para entrevistados em organizações de alta performance, n = 170; para os demais entrevistados, n = 405.
** Entrevistados que disseram que sua organização (*) teve uma taxa de crescimento médio anual orgânico de 10% ou mais nos últimos três anos e (**) uma taxa de crescimento médio anual de receita antes de juros e impostos de 10% ou mais nos últimos três anos.

Tornou-se cada vez mais claro para nós que o desprezo ou o uso incorreto dos dados representou uma séria desvantagem para muitas organizações — e que os gerentes podem estar na vanguarda da solução desse problema (Figura 7.1).

Confiança na solução "óbvia"

Uma petrolífera se deu conta disso do pior jeito, depois que um número acima do normal de perfuradores começou a pedir demissão.

O tempo gasto na perfuração de um poço de petróleo é sofrido, às vezes brutal. Trabalhadores passam semanas a fio longe de casa, em lugares remotos, fazendo um trabalho pesado, repetitivo e malcheiroso. Normalmente precisam compartilhar banheiros e dormitórios, fazendo da privacidade um luxo. Esses trabalhadores sabem o significado da expressão "febre da cabana", nome dado à irritabilidade provocada por longos períodos de isolamento.

Os executivos dessa petrolífera tinham enorme respeito pelos fun-

COMO COLOCAR A MÉDIA LIDERANÇA NO CENTRO

cionários que enfrentavam essas condições — respeito que começou a se transformar em pânico quando os perfuradores da empresa começaram a pedir demissão para assumir empregos na região. Para eles, era fácil escolher o empregador, já que várias petrolíferas perfuravam terrenos na mesma região rica em petróleo. Esse trabalhador podia pedir demissão, passar algumas semanas em casa e logo depois pegar outra vaga em uma empresa inteiramente nova.

Estava chegando ao ponto de a produtividade ficar seriamente prejudicada unicamente em razão da escassez de mão de obra. Cal, um dos vice-presidentes da empresa, reuniu um grupo de líderes seniores na sede para debater o que fazer. Os caríssimos equipamentos de perfuração não podiam continuar ociosos daquele jeito.

Depois de meia hora de discussão na sede, em Houston, os executivos elaboraram um plano óbvio: primeiro, aumentar o salário dos perfuradores em 25%. Depois, dar à equipe uma oportunidade de relaxar e estreitar laços servindo um churrasco gourmet no jantar uma vez por semana. Eles estavam certos de que essas medidas eram um golaço.

Porém, Michael, o gerente dos perfuradores, não tinha tanta certeza. Tendo sido ele mesmo perfurador, não achou as soluções da chefia satisfatórias. Ele não sabia exatamente o que havia de errado, mas mesmo assim manifestou seu desagrado. Perguntou a Cal: "Por que não tentamos descobrir antes se é isso mesmo que o nosso pessoal quer?".

A alta liderança não estava ansiosa para adentrar em uma guerra salarial, então concordou em realizar o equivalente a uma pesquisa de mercado entre os perfuradores. Basicamente, isso representava pagar 25 dólares aos perfuradores que iam beber no bar da região para que preenchessem um questionário, respondendo o que era mais importante para eles e o que achavam dos patrões atuais e dos outros patrões naquela zona petrolífera.

O resultado foi completamente inesperado para a empresa. Revelou-se que a maior prioridade dos perfuradores não eram salários altos. Embora certamente eles não fossem negar um dinheiro a mais, muitos tinham a impressão de já serem justamente remunerados.

O que, então, estava fazendo com que mais deles quisessem ir embora? No fim, eram dois motivos principais. O primeiro era que os freezers eram pequenos demais.

Um churrasco não teria feito muita diferença para aqueles trabalhadores. A comida servida já era bastante boa. Mas, não raro, os perfuradores queriam um gostinho de algo feito em casa. Era frustrante a falta de espaço para guardar a comida preparada com carinho pelos cônjuges, ou feitas por eles mesmos. Claro, era uma comida que dava uma pontada de saudade, mas valia a pena.

Michael já desconfiava da existência desse problema, mas precisava de uma sondagem junto aos funcionários para confirmá-lo. Assim que viu os resultados, deu um jeito de instalar freezers maiores tão logo possível. Também alertou Cal para a possibilidade de que o mesmo problema existisse em outras sedes da empresa.

O outro motivo da alta rotatividade pegou Michael e os executivos totalmente de surpresa: os trabalhadores tinham a forte percepção de que não havia segurança no trabalho. Na verdade, a empresa tinha um dos melhores índices de segurança do setor. O problema era que Michael não tinha dado ênfase suficiente à segurança nas reuniões diárias com os trabalhadores. Em vez disso, falava mais sobre prazos de produção. Sem querer, estava passando a ideia de que a rapidez era mais importante que a segurança.

Por isso, Michael resolveu distribuir imediatamente a todos os operários cópias dos relatórios da inspeção de segurança. Também compartilhou as conclusões com a sede, e criaram um sistema centralizado em que todos os funcionários, em todas as sedes, podiam consultar os relatórios dessas inspeções.

Embora a intuição de Michael lhe dissesse que havia algo de errado, e ele tivesse a sensibilidade de pedir aos subordinados que lhe dessem um retorno, pelo menos em parte os dados da pesquisa o surpreenderam. Isso fez com que ele mudasse de comportamento: passou a abrir todas as reuniões com um briefing de segurança e impôs um novo clima geral de priorização da segurança.

O relatório de segurança demonstrava a boa-fé da empresa. Porém, para os funcionários, a segurança era uma percepção. Michael precisava transmitir a eles a ideia de que a segurança era um hábito, e não apenas um resultado.

O caso da petrolífera exemplifica algo que vimos em diversos seto-

COMO COLOCAR A MÉDIA LIDERANÇA NO CENTRO

res: muitas vezes os líderes pressupõem saber o que os trabalhadores querem — sem se importar em perguntar a eles. Em vez de recorrer ao poder da informação para resolver problemas de retenção, recorrem a premissas infundadas. Porém, constantemente essas premissas estão erradas.

Como mostrou nossa pesquisa "Grande Atrito, Grande Atração", da McKinsey, em geral não é a remuneração que leva a uma rotatividade elevada, e sim questões mais ligadas ao relacionamento: se os trabalhadores se consideram valorizados, se sentem que o trabalho tem propósito e sentido, se há oportunidades de desenvolvimento de carreira, e se o chefe é um imbecil.[1]

Eis o segredo, porém: questões de relacionamento podem ser medidas quantitativamente.

Nos dois capítulos anteriores, falamos do valor da escuta e do tratamento dos funcionários como indivíduos. Mudanças amplas, porém, exigem análise de dados. Realizar sondagens periódicas é um jeito de os gerentes ouvirem os funcionários e responderem a eles coletivamente.

Fascinados com tudo que os algoritmos e o aprendizado de máquina podem fazer, às vezes os gestores se esquecem do poder das pesquisas internas como método de coleta de dados sobre os funcionários. Como disse um artigo da *Harvard Business Review*, "As pesquisas estão começando a parecer caminhões a diesel juntando poeira na era dos carros elétricos. Quem precisa de pesquisas complicadas e demoradas, em que parte dos funcionários só fala aquilo que você quer ouvir e outros nem perdem tempo respondendo?". Na verdade, você precisa sim, garante o artigo.[2]

Scott Judd, chefe de people analytics do Facebook (antes de mudar de nome para Meta) e um dos autores do artigo, afirma que as pesquisas perguntando aos funcionários quanto tempo eles planejam continuar na empresa são duas vezes mais precisas para prever a rotatividade do que estimativas com base em aprendizado de máquina. E o próprio fato de não responderem é, por si só, um indicador útil: quando os funcionários não preenchiam o questionário, concluiu o Facebook, a probabilidade de deixarem a empresa nos seis meses seguintes era 2,6 vezes maior.

O Facebook também descobriu que os funcionários gostavam das pesquisas porque se sentiam ouvidos e dispunham de um canal dedicado à expressão de suas opiniões. Mais de 60% dos pesquisados fizeram comentários adicionais, numa média de cinco temas diferentes. De modo inverso, "não fazer enquetes periódicas envia uma mensagem clara: você não está nem aí para a opinião das pessoas", dizia o artigo.

Os gerentes e a área de recursos humanos podem usar as pesquisas internas como uma ferramenta poderosa. Uma pesquisa anual abrangente de engajamento dos funcionários, feita pelo RH, pode ser acrescida de enquetes mais curtas e mais frequentes, as chamadas pesquisas de pulso, com um número menor de perguntas. É como a diferença entre fazer o checkup anual, com sua bateria completa de testes, e simplesmente subir na balança e tirar a pressão. O RH lança a pesquisa e traduz os resultados, e os gerentes decidem como agir com base nelas.

Em um podcast da *Harvard Business Review*, Rachel Spivey, chefe do programa Stay & Thrive ("Fique & Prospere"), do Google, deu um exemplo de perguntas sobre o trabalho híbrido em pesquisas de pulso: "O que você está achando de trabalhar em casa? O que você está achando do seu equipamento? Agora que estamos voltando ao presencial, você está animado? O que o preocupa?".[3]

Porém, acrescenta Spivey, "Eu sou uma grande entusiasta do boca a boca e de escutar a voz das ruas [...] dá para começar a enxergar tendências antes de aparecerem nos números, porque conversamos o tempo todo com os funcionários, estamos sempre interagindo com eles. Assim, mesmo sem um sistema de big data, se você conversa com as pessoas e adota uma abordagem a partir da base, também conseguirá provavelmente uma parte desses dados e informações".

As empresas podem tirar bom proveito de provedores de pesquisas baseadas na nuvem, como a Qualtrics, para colocar os dados nas mãos dos gerentes. Os gerentes podem disparar rapidamente uma enquete para sua equipe, ou as organizações podem elaborar uma pesquisa-padrão, permitindo que os gerentes ou líderes das unidades de negócios acrescentem algumas perguntas que sejam especificamente relevantes para um grupo.

Uma empresa chamada Culture Amp usa o que chama de "ciência

das pessoas" para coletar dados sobre a experiência dos funcionários a partir de um leque de fontes, entre elas pesquisas anuais, pesquisas rápidas, chats internos e sites externos de avaliação, como o Glassdoor. O gerente pode usar essas informações para refinar as mensagens para a equipe, ou decidir o que deve ser discutido com os funcionários em encontros individuais. Mas é importante que essas pesquisas sejam muito bem elaboradas, porque podem ser facilmente distorcidas por vieses não intencionais ou falta de clareza.

O porquê da "fadiga de pesquisas"

Mesmo quando uma organização adota pesquisas bem elaboradas e cuidadosamente formuladas, é comum ouvirmos de nossos clientes que seus funcionários começaram a sofrer de "fadiga de pesquisas", a ponto de parar de respondê-las. Muitas vezes essa fadiga é real, mas as razões por trás dela não são o que se poderia esperar.

É comum pressupor que pesquisas muito longas e frequentes são entediantes e levam os funcionários a parar de respondê-las. Na verdade, como fica claro em um artigo da McKinsey, o motivo número um para a fadiga de pesquisas é a impressão de que a empresa não vai fazer nada com os resultados: "Eles se baseiam em experiências prévias, em que não viram nenhuma atitude ou comunicação que resultasse das pesquisas anteriores".[4]

Por outro lado, o contrário também é verdade: quando a organização compartilha os resultados das pesquisas e age com base nelas, "aumenta muito a probabilidade de [os funcionários] participarem de levantamentos futuros — e até de darem respostas mais favoráveis".

Os líderes seniores e gerentes podem trabalhar em conjunto para garantir o máximo proveito das pesquisas que realizam. Os gerentes podem contribuir com suas avaliações, ajudando a elaborar pesquisas que produzam resultados que facilitem ações. Eles podem atuar como um filtro que comunica os resultados à linha de frente de suas áreas. E podem participar da elaboração de planos de ação oportunos, feitos sob medida para seus setores, que produzam resultados mensuráveis.

A vantagem para contratar

A análise de dados pode ser uma excelente ferramenta para descobrir aquilo que realmente importa para os seus funcionários. Também pode ser uma maneira eficaz de saber quais as qualidades e as competências que seus novos contratados precisam ter. Assim como muitos gerentes confiam no instinto para saber o que os funcionários realmente querem, esses mesmos gerentes também usam esse instinto para encontrar os melhores candidatos às vagas. Adivinhe o que acontece: esse instinto tende a recomendar que contratem pessoas iguaizinhas a eles ou elas.

Era assim que Cindy, gerente de uma franquia de fast-food no estado de Minnesota, gostava de contratar. Ela tinha certeza de que Dan, que ela entrevistou para uma vaga de operador de caixa, seria perfeito para o cargo. Ele era extrovertido e comunicativo, e passaria uma ótima impressão aos clientes, na opinião dela. A entrevista foi tão boa, na verdade — cheia de histórias recíprocas sobre os golden retrievers de ambos —, que Cindy chegou atrasada a uma reunião.

Cindy não se deu conta de que tinha caído em uma armadilha muito comum. Contratava gente que a impressionava e se dava bem na entrevista, e não gente que seria competente na vaga anunciada. Na verdade, extrovertidos como ela e Dan — do tipo que passaria com louvor no teste de "Você tomaria uma cerveja com essa pessoa?" — talvez não sejam o tipo de trabalhador que você queira para anotar pedidos.

Reflita sobre este diálogo entre Dan e um cliente:

Dan (analisando o boné de um time de futebol americano na cabeça do cliente): Caramba, você está arriscando a própria vida nisso aqui!

Cliente (com um ligeiro sorriso): Eu sei.

Dan: Eu torço pelos Steelers. Sou de Pittsburgh. Aqui em Minnesota isso não dá tanto problema para mim.

Cliente: É, suponho que não, porque eles jogam em outra conferência.

Dan: Em todo caso, qual o seu pedido?

Cliente: Vou querer o sanduíche de frango e uma batata grande.

Dan: Fechou! E bom jogo no domingo!

COMO COLOCAR A MÉDIA LIDERANÇA NO CENTRO

O cliente atrás do torcedor dos Packers na fila ficou um tanto impaciente com essa conversa, mas esqueceu tudo assim que Dan também começou a jogar conversa fora com ele.

Porém, quando o primeiro cliente foi pegar o pedido, alguns minutos depois, ficou aborrecido ao ver que tinham entregado um cheeseburger e uma batata pequena. Toda a paciência com as gracinhas anteriores de Dan se esvaiu enquanto ele retornava ao balcão, com a barriga roncando. Não era incomum que isso acontecesse com Dan, que ficava tão envolvido no bate-papo que tinha tendência a errar mais os pedidos que a maioria.

Posteriormente, uma pesquisa detalhada revelou que os fregueses daquela rede de fast-food valorizavam duas coisas acima de tudo: que o pedido viesse correto e que chegasse rapidamente. Portanto, um extrovertido falante que tende a se distrair não deve ser a melhor contratação.

Outra gerente, Betty, ficou impressionada com um candidato, Juan, que tinha um jeito de empreendedor e parecia ter algumas boas ideias sobre como melhorar a operação do restaurante. Só que isso também se revelou enganoso. Na realidade, inovadores nem sempre se encaixam bem em redes pertencentes a grandes empresas, que necessitam de procedimentos operacionais padronizados em seus restaurantes para funcionar de forma eficiente. (Betty resolveu manter Juan empregado, mas lhe deu instruções draconianas para *não* propor novas ideias no horário de pico do almoço.)

A empresa acabou decidindo que seria melhor contratar gente que, sem deixar de ser gentil, evitava distrações e mantinha o foco no pedido do momento. São pessoas que se motivam tentando dominar a tarefa que realizam, e não batendo papo com os outros.

Antes que essa conclusão levasse a uma mudança no processo de recrutamento, apenas cerca de 10% dos funcionários da linha de frente cumpriam essa "receita" de alto desempenho. Imagine a produtividade perdida ao longo desse tempo. A nova estratégia de recrutamento também aumentou a retenção, porque os funcionários ficaram mais felizes, com empregos mais adequados a eles.

Mas como a empresa fez para garantir que os gerentes contratassem pessoas com essas características? A empresa fez os candidatos jogarem uma série de pequenos jogos e, monitorando o jeito de jogar, foi capaz de determinar quais candidatos se encaixavam no perfil psicológico ideal. Jogos como esses medem qualidades como perseverança (quanto tempo insistem em um desafio antes de desistir), identificação de emoções (a capacidade de interpretar uma série de expressões faciais) e aversão ao risco (saber, por exemplo, o momento de parar de encher um balão virtual antes que ele estoure).

Em um desses RPGs (do inglês *role-playing game*, jogo de simulação), o candidato é o garçom de um restaurante japonês, e são medidos vários dados pontuais — da rapidez com que conseguem identificar se o cliente está irritado com a demora do atendimento à capacidade de gerir o fluxo de pedidos, passando pela precisão na identificação dos pratos que vêm da cozinha.

Quando os gerentes da rede de fast-food começaram a usar esse tipo de jogo para contratar, logo houve uma alta concomitante no faturamento, na rapidez do serviço e na satisfação geral dos clientes, medida por pesquisas. Foi aí que muitos gerentes tiveram que reconhecer: talvez confiar na intuição nem sempre seja a melhor maneira de contratar.

A IA enlouqueceu

Não são apenas as pessoas que tomam decisões de recrutamento erradas. Os algoritmos também podem dar bolas fora. Não, calma: também há pessoas por trás desses erros de cálculo — as pessoas que programam os algoritmos de previsão. Um funcionário ou fornecedor externo com um diploma em ciências da computação ou de dados pode dizer: "Eu fiz um curso de aprendizado de máquina, sei como fazer". E então vai e insere vieses nos programas. Daí, o gerente que contrata acaba tomando decisões defeituosas com base em algoritmos falhos. Os gerentes e os analistas de dados produzem resultados melhores quando colaboram de perto. Os algoritmos foram feitos para ajudar os gerentes a contratar — e não para substituí-los.

Joseph B. Fuller, professor de administração na Harvard Business School, afirma que o uso inadequado de dados atrapalhou oportunida-

COMO COLOCAR A MÉDIA LIDERANÇA NO CENTRO

des de aumentar a diversidade no recrutamento. Por exemplo, as plataformas de recrutamento automatizado — operadas por algoritmos que procuram certas palavras-chave em currículos e cartas de intenção — acabam deixando de fora segmentos inteiros da população, segundo ele.[5]

Compreensivelmente, as empresas recorreram a esses algoritmos pelo fato de os avanços tecnológicos terem provocado uma enxurrada inadministrável de candidaturas a empregos. Mas esses filtros são tão poderosos que acabam ocultando milhões de candidatos qualificados, muitos deles provenientes de meios diversos e menos convencionais. Entre eles, além de pessoas não brancas, estão cuidadores, imigrantes, portadores de deficiência, pessoas sem diploma universitário e pessoas que passaram muito tempo fora do mercado.

Os empregadores precisam refletir profundamente sobre as premissas embutidas em seus algoritmos de recrutamento, e trabalhar em conjunto com os cientistas de dados ou fornecedores de tecnologias para implantar sistemas de triagem e ranqueamento capazes de trazer à tona esses trabalhadores menosprezados. Por exemplo, por que exigir noções de um determinado software quando é possível ensiná-lo depois da contratação?

Quando esses trabalhadores ocultos chegam a ser contratados, acabam sendo prejudicados por métricas de curto prazo que medem a qualidade do recrutamento, como o preço de cada contratação e o tempo gasto para preencher vagas, segundo Fuller. É só raciocinar: se o algoritmo torna mais difícil selecionar esses trabalhadores, também levará mais tempo até os empregadores os encontrarem. Por isso, as empresas também precisam medir o êxito da contratação por fatores de longo prazo, como o tempo de permanência na empresa e os percentuais de promoção.

Um outro algoritmo pode apresentar uma correlação entre o local de residência do funcionário e a rotatividade e a pontualidade. É razoável, afinal de contas, supor que quem leva mais tempo no transporte pode acabar trocando o emprego atual por outro, mais perto de casa.

Na prática, porém, o algoritmo poderia acabar atribuindo uma nota mais alta aos candidatos em bairros de população majoritariamente branca, que têm mais acesso a transporte e ficam mais perto da empresa, e as notas mais baixas iriam para aqueles que vivem mais longe, em bairros de maioria negra, com pouco acesso a transporte.

Factualmente, pode até ser verdade que esses bairros tenham mais rotatividade e funcionários que se atrasam, mas os dados não levam em conta as razões estruturais da ocorrência dessa situação. Resumindo, o algoritmo (ou melhor, a pessoa que o criou) reforça, em forma de código, uma discriminação já existente.

Para enxugar ainda mais o processo de recrutamento, cada vez mais empresas estão adotando as entrevistas em vídeo automatizadas (AVIS), em que o candidato responde a perguntas geradas por IA em uma plataforma de entrevistas, dentro de limites de tempo definidos. Essas plataformas medem de tudo, das expressões faciais ao tom de voz, passando pelas palavras-chave usadas (ou não). E podem embutir vieses acidentais, segundo os pesquisadores.[6]

Em um estudo com jovens procurando emprego (escolhidos porque são a faixa etária mais suscetível a participar de AVIS nas etapas iniciais de seleção), os pesquisadores concluíram que todos passaram por algum grau de confusão em relação ao motivo do uso da tecnologia, e como ela seria usada para avaliá-los. Por esse motivo, era maior a probabilidade de agirem de modo pouco natural. Isso ocorreu porque eles estavam tentando "agradar" a tecnologia, mas esse comportamento lhes valeu notas menores.

De um modo geral, os candidatos a empregos consideraram a tecnologia desumanizadora e desgastante mental e emocionalmente, segundo os pesquisadores. São percepções que afetam "particularmente os jovens à procura de emprego de origem menos privilegiada, que têm sotaque, um tom de voz ou expressões menos formais, e até menos confiança na maneira de parecer profissional diante de uma câmera".

Os erros que eles cometem

A análise de dados também é valiosa para a melhoria do desempenho e a prevenção de erros. Uma vez mais, porém, só é útil quando usada e analisada de forma inteligente. E a média liderança está na posição ideal para fazer isso.

COMO COLOCAR A MÉDIA LIDERANÇA NO CENTRO

Muitas decisões relacionadas à carga horária se baseiam em princípios contábeis e estudos antiquados, e não na forma como as pessoas realmente trabalham ou querem trabalhar. Demos consultoria a uma empresa do setor industrial que achava que sua operação seria mais eficiente se os funcionários fizessem três turnos de doze horas por semana, mais um turno de treinamento de quatro horas.

As máquinas estavam assumindo algumas das tarefas realizadas por esses funcionários, mas ainda havia bastante trabalho humano. Era um trabalho entediante, exaustivo e repetitivo. E, em geral, as pessoas ficam mais propensas a erros quando estão cansadas ou entediadas. São empregos conhecidos como "maçantes e perigosos".

Assim, o suposto ganho de eficiência que a empresa buscava foi mais que suplantado pelo efeito dispendioso dos erros. Além disso, a empresa nem sequer se preocupou em perguntar aos funcionários se eles queriam trabalhar em turnos de doze horas. A direção simplesmente partiu da premissa de que eles iam querer o dia de folga extra.

No fim das contas, muitos trabalhadores teriam preferido trabalhar um dia a mais com turnos mais curtos. E muitos passavam longas horas no transporte, o que os desgastava e reduzia a concentração no trabalho. Depois de oito horas de turno, muitos começavam a cometer erros.

A análise de dados ajudou a revelar os pressupostos equivocados da direção e a colocar a máquina e os funcionários em uma rota mais saudável. O gerente intermediário e o líder de equipe uniram esforços para elaborar procedimentos corretos e obter um resultado melhor.

Felizmente, a automação está assumindo muitos dos aspectos mais tediosos do trabalho das pessoas — seja ele perigoso ou não — e deixando para o funcionário os aspectos "humanos" que tornam esses empregos mais interessantes e menos soníferos.

Um bom exemplo é o tratamento de dados. Antes, os trabalhadores dessa área precisavam tratar praticamente todos os dados que recebiam. Agora os computadores são capazes de realizar algo como 95% do trabalho sozinhos, e alertar um ser humano a respeito dos 5% dos dados que podem precisar de uma checagem extra ou de análise.

Nesse tipo de trabalho mais variado e humano, o gerente intermediário perde menos tempo com controles de qualidade enlouquecedores e pode se concentrar mais no coaching para solução de problemas — e em como dar feedback aos programadores dos algoritmos. Tanto para o gerente quanto para o subordinado direto, o trabalho se torna mais gratificante e interessante.

Problemas na fábrica de rosquinhas

Graças à tecnologia conhecida como Internet das Coisas (IoT), as empresas passaram a ter acesso a uma quantidade de dados sem precedentes. Porém, sem um gestor que receba, analise e, sobretudo, tome atitudes com base nos dados, isso não adianta de muita coisa.

Sheryl era, havia muitos anos, gerente de uma fábrica de rosquinhas que não estava atingindo suas metas de produção. Quinze anos antes, se isso acontecesse, ela conseguiria coletar certa quantidade de dados sobre o problema. Porém, a tecnologia existente na fábrica naquela época era muito mais simplificada, e podia levar até um mês para analisar o que estava indo mal. Ao longo desse mês, Sheryl teria que depender de palpites informados — além da intuição — para tentar resolver o problema.

Hoje, os sensores que medem uma infinidade de aspectos do processo de fabricação são muito mais baratos e sofisticados. Além disso, atingiram um grau de detalhamento que teria sido impossível no passado — e, como se não bastasse, fazem tudo isso em tempo real.

Esses dados fornecem informações sobre fatores como:

PESSOAS: Que funcionários e líderes de equipe estão trabalhando nas instalações, e quando? Quanto duram seus turnos, e quando ocorrem as trocas de turno? Qual o grau de experiência das pessoas em cada turno, e qual sua nota de desempenho? Quantos funcionários são novos e quais os horários deles? Que combinações de pessoas, em quais turnos, e com quanta experiência, estão com desempenho acima ou abaixo da média?

INSTALAÇÕES: Há quantos anos a fábrica funciona? Quando foi a úl-

COMO COLOCAR A MÉDIA LIDERANÇA NO CENTRO

tima reforma do prédio? Quando ocorreu o último upgrade importante? Qual é o Índice de Saúde Organizacional da sede?

PRODUTOS, MÁQUINAS E PEÇAS: Que tipos de rosquinhas são fabricados no local? Que tipos de máquinas e peças são usados na fabricação, e qual foi a última troca? Com que frequência é feita a manutenção? Quais são as variações de horário e temperatura, e os tipos de óleo usados nas máquinas? Quando as máquinas passam a fabricar um tipo diferente de rosquinha?

FORNECEDORES: Quem fornece os ingredientes para cada fábrica? De que países vêm os ingredientes? Houve alguma troca de fornecedor que possa afetar a composição dos ingredientes e, com isso, a forma das rosquinhas?

Depois de analisar todas essas informações, combinando dados de RH com dados operacionais, Sheryl descobriu que o problema estava ocorrendo durante uma mudança de produção: das rosquinhas com buraco no meio glaceadas para as rosquinhas recheadas de creme com glacê de chocolate. E isso só estava ocorrendo nos turnos em que trabalhava Bob, um dos funcionários mais novos.

No fim das contas, a máquina que fazia as rosquinhas recheadas de creme era altamente especializada, o que exigia trocar uma peça específica: era necessário certo grau de treinamento para operar aquela máquina. Bob estava de licença médica no dia que deveria ter recebido o treinamento, que nunca foi remarcado. Os outros funcionários que operavam a máquina tinham recebido o devido treinamento e possuíam vasta experiência com ela, ao contrário de Bob. Normalmente, o supervisor direto de Bob teria como diagnosticar o problema, mas ele também tinha acabado de entrar na empresa e, por uma coincidência infeliz, também não tinha feito o treinamento.

Com base nos dados recebidos, Sheryl agiu rapidamente, fazendo mudanças. Certificou-se de que tanto Bob quanto o supervisor estivessem cientes do problema, e ambos receberam treinamento para operar a máquina. Ela também fez um esforço para aprimorar os procedimentos operacionais padrão da fábrica e o registro do histórico de treinamento em cada máquina e cada processo, para que nunca mais ocorresse uma falha semelhante na capacitação. Além disso, ela fez um relatório sobre suas conclusões para a direção. Ela comentou que, como regra geral, o ideal seria evitar reunir um supervisor iniciante e um funcionário iniciante.

Sheryl lembrou-se da época, quinze anos antes, em que tentou diagnosticar um outro problema de produção. Passaram-se meses até ela se dar conta de que tinha a ver com a forma como os ingredientes estavam sendo utilizados em uma das máquinas. Foi uma experiência frustrante tentar descobrir o que estava errado e duvidar de si mesma em função do problema. Hoje em dia, ela é capaz de resolver problemas com muito mais rapidez, resultando em produtividade e satisfação no trabalho muito maiores.

Não é somente nas fábricas que os gestores estão usando esses dados. Setores que vão das finanças à saúde, da agricultura à hotelaria, estão tirando proveito do poder da análise de dados e empoderando seus gerentes para um uso inteligente dela.

Aqui na McKinsey, nossa equipe de análise de pessoal criou algo chamado TLC, sigla de *Team List to Call*, "lista de equipes a contatar" (e também de *tender loving care*, "cuidado com ternura e afeto"). Como líder de umas dez equipes ao mesmo tempo, Bryan, um dos autores deste livro, nem sempre consegue identificar preocupações que surgem. O programa TLC analisa informações como o número de horas de trabalho das equipes; como os integrantes das equipes se sentem em relação ao próprio impacto nos projetos; a percepção deles sobre a quantidade de trabalho; e até que ponto eles consideram que os líderes estão engajados. O programa ajuda a identificar quando algo está fora do prumo ou caminhando diferente do planejado, dando a Bryan um alerta prévio de que ele precisa contatar uma equipe específica.

Em vez de ficar sabendo de um prazo perdido ou ter que esperar que a equipe tome a iniciativa de levar a ele um problema, Bryan recebe uma indicação através do TLC e pode entrar em contato imediatamente para devolver a equipe aos trilhos. O primeiro a ser contatado por Bryan quando ele recebe um alerta do TLC é sempre o mesmo: o gerente, que

COMO COLOCAR A MÉDIA LIDERANÇA NO CENTRO

ajuda Bryan a analisar a informação e também a decidir o que fazer a respeito.

O programa TLC pode ajudar Bryan e o gerente a cruzar os resultados de minipesquisas recentes com os dados de que dispõe a equipe de RH. Recorrer a todos os dados dessas fontes pode trazer os problemas à tona muito mais cedo.

Mitos sobre os dados que retardam o avanço

Os ganhos tecnológicos recentes graças à análise de dados no mundo do trabalho são impressionantes, mas o uso desses dados pelo ser humano ainda está em descompasso em várias organizações. Percebemos que os líderes se aferram a três mitos principais:

1. Os únicos dados que interessam são os dados financeiros.
2. Os dados sempre contam a verdade.
3. As soluções com base em dados dispensam contribuição humana.

A análise de dados é a moda do momento, mas atualmente a capacidade de coletar dados supera em muito a capacidade de analisá-los. Espera-se que a demanda por cientistas de dados aumente 36% entre 2021 e 2031 — uma taxa muito maior que a do mercado de trabalho como um todo.[7]

Mas com que objetivo? "Às vezes eu tenho a impressão de que estamos fazendo análise de dados por fazer. Precisamos ter mais clareza em relação ao valor que estamos tentando criar para o negócio", disse um executivo sênior em resposta a uma pesquisa da McKinsey sobre uso de dados.[8] Os líderes seniores costumam reclamar que gastam quantias imensas em análise de dados, sem ver o resultado concreto do investimento.

Parte do problema se deve ao que se conhece como "a última milha" — apresentar os dados de forma compreensível para as pessoas em condições de agir com base neles. De fato, segundo as pesquisas, muitas vezes há uma grande falha de comunicação entre os cientistas que coletam os dados e os executivos que os solicitaram.

É por isso que as empresas mais espertas estão montando equipes de análise de dados para colaborar no aproveitamento dessas informações. Segundo um artigo da *Harvard Business Review*, "uma boa equipe de ciência de dados necessita de seis talentos: gestão de projetos, separação de dados, análise de dados, expertise no assunto, design e storytelling. O mix certo realizará o potencial da análise de dados da empresa".[9] Nossa crença é que a média liderança pode estar no cerne da organização de equipes transdisciplinares como essas.

A McKinsey tem defendido a formação de "academias de análise de dados", em que funcionários de todos os níveis da empresa recebam treinamento aprofundado para coletar, analisar e traduzir dados complexos.[10]

Como foi dito em um estudo da McKinsey sobre os algoritmos, "utilizar um modelo de aprendizado de máquina é mais como dirigir um automóvel do que andar de elevador. Para sair do ponto A para o ponto B, o usuário não pode simplesmente apertar um botão; ele precisa primeiro aprender procedimentos operacionais, o código de trânsito e as práticas de segurança".[11]

Ainda precisamos do ser humano — e principalmente dos gerentes — para lidar com os dados e garantir que eles não perpetuem vieses e atrapalhem o desempenho. O conhecimento criado pelos gerentes propicia uma inteligência executiva inestimável, porém apenas quando se tem acesso a pesquisas e ferramentas de alta qualidade, bem como treinamento para saber utilizá-las.

CONCLUSÕES

COMO REPENSAR O PAPEL DA MÉDIA LIDERANÇA

O desafio: São inúmeras as organizações que negligenciam, não sabem usar e não compreendem os dados, em um momento de grandes transformações do mundo do trabalho. Isso tem atrapalhado o recrutamento, a retenção, a motivação, os esforços em favor da diversidade e uma série de outros aspectos.

COMO COLOCAR A MÉDIA LIDERANÇA NO CENTRO

Por que a média liderança é crucial para enfrentar o desafio: Os gerentes intermediários estão em uma posição ideal para determinar quais são os fatores mais importantes a serem medidos, para então utilizar e traduzir os dados de modo que eles — e quem está acima e abaixo deles — possam tomar as decisões ideais. E também são eles que estão em melhores condições para agir com base nessas decisões.

Como os líderes seniores podem ajudar: Para criar uma cultura baseada em dados a partir do topo, os executivos podem se certificar de que os gerentes recebam capacitação para utilizar, interpretar e traduzir os dados de forma inteligente.

8
Como assumir a liderança
na gestão de talentos

De guardiões a desafiadores do status quo

EM NOSSO TRABALHO COM ORGANIZAÇÕES, constatamos algumas interações saudáveis e produtivas de gerentes intermediários com áreas de recursos humanos. Infelizmente, essas interações foram raras e esporádicas. O mais comum é vermos relações baseadas no conflito, na desconfiança e no paternalismo, ou quase inexistentes.

É comum que os gerentes ponham a culpa por esse estado de coisas no RH, e que o RH ponha a culpa nos gerentes. O fato é que os dois lados têm culpa, o que se deve em grande parte à ignorância da nova maneira de administrar o trabalho no século XXI.

Aos gerentes intermediários, queremos dizer o seguinte: parem de esperar que o RH desempenhe o papel de gestor de talentos que sempre coube a vocês. Afinal, você pode se livrar de um chefe ruim, mas não tem como se livrar de um RH ruim.

Como gerente intermediário, porém, você precisa ter um relacionamento sadio e colaborativo com o RH, a fim de assumir a responsabilidade — e ser cobrado — pela gestão de talentos. Parta do pressuposto de que cabe a você consertar ou criar uma relação com o RH. Caso contrário, você continuará perdendo os melhores talentos para a concorrência.

A realidade é que se confia demais no RH para coisas erradas. Às vezes os gerentes reclamam: "O RH demora para contratar". Mas quem é que deveria estar cuidando de fato da contratação? Em geral, é exatamente o gerente que está se queixando.

Conhecemos um certo número de diretores de RH que passam a maior parte do tempo cuidando de problemas individuais de desempenho trazidos pelos diversos gerentes. Esse modelo não permite ganho de escala. O RH precisa cuidar da implantação de plataformas, serviços e sistemas, com base em dados, que atendam as necessidades de várias pessoas, e não de uma só. É o gerente que deve fornecer coaching individual permanente, e atacar problemas de desempenho o mais cedo possível, para que os casos tratados pelo RH sejam a exceção, e não a regra.

O RH precisa garantir que as políticas e os processos sejam coerentes e minimizem riscos. Porém, em um mundo do trabalho cada vez mais dinâmico, essas regras têm que ser revistas constantemente. O "manual de recrutamento" de seis meses atrás pode não se adequar aos problemas enfrentados pela empresa hoje.

O gestor que olha para o futuro, com o apoio do RH, está sempre voltado para as necessidades que surgem e sabe como definir e alterar as regras em um ambiente em constante evolução. Leva a sério o papel de agente de mudanças.

Mas não dá para ser um faz-tudo. Gerentes e RH podem encontrar um meio-termo, equilibrando a gestão de talentos com a necessidade de evitar problemas para a organização. Os líderes seniores também têm um papel importante, é claro, mas os gerentes são os únicos com uma compreensão aprofundada de suas próprias áreas, necessária para perceber lacunas entre a realidade antiga e a nova, e identificar as políticas que deixaram de funcionar.

Uma chance perdida

Roxanne, gerente de pesquisa em uma universidade de renome mundial, encarava o recrutamento com uma mentalidade moderna. Ao contrário de outros gerentes, ela não ficava esperando o RH atuar como uma

COMO COLOCAR A MÉDIA LIDERANÇA NO CENTRO

espécie de prestadora de serviços para produzir num passe de mágica os candidatos a preencher suas vagas abertas. Como líder de pessoas, ela sabia que era dela a responsabilidade de encontrar os talentos certos.

Roxanne achava estar fazendo tudo certo para encontrar a pessoa que preencheria um cargo especializado, muito importante, no campo de computação quântica. No começo, a impressão era de que só havia no mundo inteiro quatro pessoas qualificadas para o posto. Ela até tentou recrutá-los, mas todos eles recusaram.

Então, ela fez o que se espera de um bom gerente intermediário: pensou fora da caixa. Todas as pessoas que ela tentou recrutar no primeiro momento trabalhavam em universidades. Aí ela pensou consigo mesma: por quê? Deve ter gente no setor privado com as mesmas competências.

Recorrendo à sua rede de contatos e mergulhando no LinkedIn, ela encontrou um especialista quântico, Pranav, em um grande fundo de investimentos. Ele tinha toda a experiência e as competências necessárias para o emprego. Roxanne deu um soco no ar quando Pranav respondeu ao e-mail dela e disse que estava interessado em mudar de empresa.

Roxanne agiu rapidamente, ou aquilo que é considerado "rapidamente" em um grande e burocrático instituto de pesquisas. Em menos de um mês, a equipe de pesquisa aprovou a contratação.

O que aconteceu, então? A área de recursos humanos vetou o nome de Pranav porque ele não tinha doutorado, exigência relacionada na descrição do cargo.

Roxanne ficou pasma com o desfecho — e furiosa com o RH. Entrou bufando no setor deles, que ela mal havia visitado em anos e anos de empresa, e perguntou à diretora, Eva, o que ela achava.

Eva, por sua vez, também estava aborrecida com Roxanne. Por que ela não avisara ao RH que estava cogitando um candidato sem doutorado? Se ela tivesse alertado Eva antes, daria para iniciar o processo de reformulação da descrição do cargo.

"Mas por que precisamos reformular a descrição do cargo, se já encontramos a pessoa de que precisamos?", perguntou Roxanne, frustrada.

"Como vamos justificar recusar alguém que já se candidatou a essa vaga e possui as qualificações relacionadas?", respondeu Eva. "E como vamos justificar o salário divulgado quando você acaba de eliminar uma exigência importante? São coisas com que eu tenho que me preocupar, sabe?"

"Mas você não entende as competências que eu realmente estou buscando, e como o mercado de trabalho está ruim", disse Roxanne. "Você resumiu a descrição da vaga de maneira muito burocrática. No mundo real não é assim."

"Bom, talvez, se você tivesse me explicado isso desde o começo, pudéssemos ter bolado uma descrição diferente para o cargo", disse Eva, com um toque de irritação.

Depois que Roxanne e Eva esfriaram a cabeça, as duas trabalharam em conjunto para definir uma nova descrição da vaga, sem exigência de doutorado. Porém, devido às aprovações administrativas necessárias, levou vários meses até que a nova descrição fosse oficialmente divulgada, e todo o processo de recrutamento teve que ser reiniciado. Àquela altura, uma grande empresa de tecnologia, com uma área de recursos humanos muito mais enxuta, já tinha contratado Pranav.

Roxanne, totalmente ciente da perda que isso representava para a universidade, continuou colocando a culpa pelo fiasco no RH. E é fato que Eva poderia ter sido mais proativa na comunicação com Roxanne quando elaborou a descrição do cargo. Mas Roxanne deveria ter se dado conta de que estratégias criativas de recrutamento não podem ser feitas isoladamente; nesse ponto, *foi ela* que deixou a peteca cair.

O RH fica preso a regras por um bom motivo: para reduzir riscos e prevenir problemas legais. O ideal é que os gerentes trabalhem com o RH desde o primeiríssimo momento do processo de recrutamento. Assim, garantem que seus métodos cumprem plenamente leis e regulamentações que talvez até desconheçam — e evitam quaisquer tensões e barganhas entre as duas partes.

O que é, de fato, justo?

Isso é particularmente importante na luta pela diversidade, em que gerentes e RH às vezes precisam lidar com a questão da equidade versus um tratamento justo de acordo com as regras.

COMO COLOCAR A MÉDIA LIDERANÇA NO CENTRO

Por exemplo: é comum divulgar que uma vaga exige um diploma de graduação ou mestrado. Essa exigência é uma espécie de mecanismo histórico de afunilamento, que ajuda o RH a tratar todos os candidatos da mesma forma. A exigência do diploma é um critério objetivo e bem definido, que representa uma sinalização clara que ajuda a proteger a empresa de ações na Justiça. Mas é um aspecto em que, paradoxalmente, as políticas de RH podem prejudicar a meta mais ampla de promoção da diversidade.

O problema é que os diplomas universitários não são distribuídos de forma igualitária entre os níveis de renda ou grupos raciais. Por isso, ao criar uma regra para garantir um recrutamento estruturado e proteger a empresa, o RH acaba excluindo de forma desproporcional possíveis talentos qualificados. Ele ignora o viés estrutural que impede gente de origens diversas de entrar ou completar a faculdade, e favorece os brancos e ricos, cujo caminho até o ensino superior é muito mais acessível.

Portanto, cabe ao gestor trabalhar com o RH para elaborar formas de igualar o jogo, dentro das regras — nas descrições das vagas e em outros aspectos —, para que as classes desfavorecidas possam ter a chance de lutar no mercado de trabalho.

Nos Estados Unidos, apenas 17% dos adultos de origem hispânica possuem diploma universitário, comparados com quase 33% da população como um todo — número que já é reduzido. Um estudo de 2022 da ONG Opportunity@Work concluiu que trabalhadores qualificados, mas sem diploma universitário, foram impedidos de ocupar 7,4 milhões de vagas, desde o ano 2000, devido à exigência de diploma pelas empresas.

"São trabalhadores que foram excluídos justamente dos milhões de empregos que lhes propiciariam mobilidade social", disse ao *New York Times* Papia Debroy, chefe de pesquisa da Opportunity@Work. "Isso representa um prejuízo inacreditável para esses trabalhadores e suas famílias."[1]

Os gerentes e o RH podem trabalhar em conjunto para enfrentar o status quo em relação a *todos* os tipos de exigências de diplomas. É bem verdade que quase todos nós preferimos tratar da saúde com pessoas que tenham feito faculdade de medicina. Mas o sistema de ensino não é a única forma — e às vezes é uma forma distorcida — de avaliar se alguém possui as competências certas para um emprego.

Essa é uma lição que a McKinsey aprendeu ao longo dos anos. Nosso empregador costumava dar forte ênfase à contratação de pessoal com MBA. Porém, a McKinsey se deu conta de que a contratação de gente com experiência, formação e competências variadas seria mais útil para cumprir a missão de ajudar o cliente a aumentar o desempenho e, por sua vez, reter talentos excepcionais e diversos (na verdade, apenas um dos autores deste livro, Bill, tem MBA).

Uma combinação poderosa

O RH ideal vai muito além de formalizar políticas e minimizar riscos. Também pode estar na vanguarda da promoção dos valores da organização (Figura 8.1). Quando o RH trabalha em conjunto com a diretoria e os gerentes intermediários na gestão de talentos, o efeito sobre a produtividade e o resultado pode ser profundo. Porém, é preciso que todos os envolvidos tenham um forte domínio de quatro fatores-chave:

ESTRATÉGIA

Os líderes seniores são responsáveis pela comunicação da estratégia, tanto aos gerentes quanto ao RH. Por que estamos priorizando esta iniciativa, e como vamos ganhar dinheiro? Que impacto uma mudança na oferta e na procura pode ter sobre nossas próximas ações?

Um "banco de cérebros", que consiste no presidente da empresa, no diretor financeiro e no diretor de recursos humanos, pode trabalhar em conjunto para colocar o lado humano e o financeiro em pé de igualdade, afirma o livro *Talent Wins*, escrito por Dominic Barton, Dennis Carey e Ram Charan.[2] "Nas empresas movidas pelo talento, o foco dos líderes se concentra tanto no talento quanto na estratégia e nas finanças", escrevem os autores. "Eles consideram a questão do talento parte integral de todas as decisões estratégicas importantes. Fazem questão de incutir esse foco no talento no tecido de toda a empresa. E sentem-se à vontade no comando de organizações 'achatadas' — geralmente centradas em

Figura 8.1. A evolução do papel do RH

FONTE: Prática de Desempenho Individual e de Organização da McKinsey.

torno do trabalho de equipes pequenas e empoderadas — montadas de modo a liberar o talento que vai gerar um valor maior."

O presidente é quem define a visão. O diretor financeiro aloca o capital que banca essa visão. O diretor de recursos humanos aloca o capital para garantir que a organização disponha das competências certas para transformar a visão em realidade. Esses altos líderes enxergam o talento do ponto de vista da empresa como um todo. Cabe aos gerentes aplicarem a suas áreas esses conceitos de toda a empresa.

ESTRUTURA

Quais grupos de pessoas, quais unidades de negócio e quais áreas estarão envolvidos na execução da nova estratégia? Quais, exatamente, serão suas funções, e como vão se relacionar? Onde o trabalho será realizado?

Em geral, os gerentes operam dentro dos próprios silos, dando prioridade apenas às próprias entregas e resultados. O RH pode ter um papel inestimável na definição das rotas entre as unidades de negócio, porém, desde que tenha um conhecimento profundo da estratégia da empresa como um todo, e seja capaz de definir com uma visão sistêmica como o trabalho será realizado, sobretudo quando se trata de iniciativas interdisciplinares ou tarefas que recaem entre diferentes silos. Por exemplo, alguém do RH pode ser quem diz: "Acho que esta pessoa do financeiro e esta pessoa da engenharia podem ser puxadas para o projeto".

O papel do RH tem se tornado cada vez mais vital, à medida que as empresas adotam uma estrutura ágil, que o trabalho se afasta das camadas hierárquicas tradicionais, que equipes se formam, desfazem e formam de novo, quando os funcionários assumem projetos variados por um período determinado.

O RH pode ser um parceiro eficaz na reflexão sobre o design dessas equipes temporárias e sujeitas a mudanças rápidas. Mas o RH terá mais condições caso os gerentes se envolvam em cada etapa do caminho, porque serão suas equipes as encarregadas do serviço propriamente dito, em uma série de configurações. A complexidade dessas decisões pode ser enlouquecedora. É essencial que haja colaboração e coordenação.

TALENTO

Os gerentes e o RH precisam ter uma conversa logo no início: que conhecimentos, competências e características o trabalho exige? Possuímos internamente o talento para preencher os postos? Em caso afirmativo, como liberá-los para realizar esse trabalho? Possuímos internamente pessoal cujas capacitações poderíamos melhorar para assumir essas tarefas? Ou precisamos ir em busca de candidatos fora da empresa? Em caso afirmativo, onde encontrá-los? É melhor contratar com carteira assinada ou terceirizar? Talvez devêssemos cogitar a aquisição da empresa que tem os trabalhadores capacitados que estamos buscando.

COMO COLOCAR A MÉDIA LIDERANÇA NO CENTRO

As empresas precisam se esforçar para não buscar talentos externos no mesmo lago onde todo mundo está pescando. Gerentes que encontram formas criativas de encontrar novos talentos podem conversar com o RH para dar uma renovada nas descrições das vagas antes do processo seletivo (assim como Roxanne, do instituto de pesquisas, aprendeu a duras penas).

Como já deixamos claro nos capítulos anteriores, em muitas ocupações os profissionais estão em posição de vantagem. O RH pode fechar uma parceria com a média liderança na definição da proposta de valor ao funcionário, no caso de um candidato que porventura possa optar entre várias propostas de emprego. Assim, quando o gerente intermediário estiver sendo entrevistado pelos candidatos, e não o contrário — coisa que, a esta altura, é até de esperar —, ele já terá uma resposta preparada a perguntas do tipo "Por que eu deveria aceitar um emprego na *sua* organização?".

Quando o RH e os gerentes intermediários colaboram na busca por talentos, o processo de contratação pode avançar a uma velocidade maior. Porém, quando os dois não estão no mesmo compasso, surgem obstáculos e ocorrem atrasos. É aí que os rivais entram em cena e roubam os melhores candidatos. Na competição pelo talento, o tempo é fundamental.

As empresas que pensam de forma mais avançada estão realocando talentos da mesma forma como sempre realocaram capital financeiro. As pesquisas mostram que as empresas que fazem o talento transitar de forma dinâmica, focando as iniciativas que são prioridade máxima, têm desempenho melhor que seus pares (o mesmo que ocorre com a realocação de capital financeiro).

PROCESSO

Pense em "processo" como a definição do ritmo organizacional necessário para completar um trabalho que cada vez mais é feito em sprints, incrementos e ciclos. Como será o fluxo de trabalho, e como ele será executado? Enquanto os gerentes comandam os processos de trabalho dentro de suas equipes, o RH pode dar conselhos sobre o fluxo de tra-

TODO O PODER AOS GERENTES

balho das equipes como um todo, para garantir que ele esteja alinhado com a cultura e a governança da empresa.

Em um contexto ágil, o RH pode desempenhar um papel de realocação de talentos de uma equipe para outra, assim que um sprint termina. O RH também pode definir processos de ciclo mais longo para deslocar talentos em missões menos urgentes, seja por meio de rodízios ou de uma visibilidade maior para as missões (por exemplo, criando um banco interno de talentos, que selecione trabalhadores de qualquer setor da empresa, em geral em caráter temporário).

Digamos que a vice-presidente de pesquisa de uma universidade tenha identificado uma oportunidade de atrair uma fatia maior dos subsídios cada vez maiores do governo federal para a computação quântica, com foco na atenção à saúde. Ela sabe que os cálculos sofisticados e ultrarrápidos dos computadores quânticos serão capazes de salvar vidas em áreas como diagnóstico médico avançado, desenvolvimento e administração de medicamentos e medicina personalizada. Com base na disponibilidade maior de verba de pesquisa, e como a área tem tudo a ver com os pontos fortes e a missão da universidade, o reitor e o diretor da universidade concordaram que vale a pena correr atrás dessa oportunidade.

É uma possibilidade empolgante, mas o caminho até lá se anuncia incrivelmente complicado. Por natureza, pesquisas são interdisciplinares, e exigem a colaboração de vários departamentos da universidade. Para um projeto ambicioso como esse, as faculdades de informática e medicina e o departamento de biologia terão que participar desde o começo. Felizmente, o diretor animou-se para ajudar a incentivar a coordenação entre as unidades acadêmicas.

A vice-presidente de pesquisa vai precisar do apoio do RH, se quiser que sua *estratégia* tenha alguma chance de dar certo — porque a capacidade de obter verbas, e executá-las, dependerá de atrair e reter pesquisadores na área altamente competitiva da computação quântica.

Desde o primeiro momento, o RH vai ajudar a identificar quais são os conhecimentos, competências, características e experiências exigidos para as novas funções. O RH também ajudará a definir uma remuneração para os recém-contratados, a valores de mercado, e bolar maneiras

COMO COLOCAR A MÉDIA LIDERANÇA NO CENTRO

criativas de apresentar a proposição de valor geral para esses novos funcionários.

O "banco de cérebros" da vice-presidente de pesquisa — que inclui o diretor, o vice-presidente administrativo e o RH — será decisivo na definição da *estrutura* do trabalho: a universidade precisa criar uma entidade — ou até um novo prédio — para cuidar da pesquisa? Ou ela deve ficar dentro de um instituto ou departamento que já existe? Qualquer que seja a estrutura, o RH será crucial na determinação dos cargos que terão que ser criados para sustentar essa estrutura nova.

O vice-presidente administrativo trocará figurinhas com o diretor de pesquisa e o diretor de RH na tomada de decisões sobre a liberação e o uso de capital para essa nova e grande iniciativa. Decisões sobre terreno, espaço e equipamento para os laboratórios e financiamento de startup mexem com a parte humana da equação: onde as pessoas vão querer e precisar trabalhar? Como o laboratório será montado de modo a atender as demandas dos novos pesquisadores? Onde obter fontes adicionais de financiamento para atender as necessidades da startup?

Uma vez montada essa estrutura, os gerentes e o RH vão identificar onde encontrar e alocar os *talentos*. Isso exige um ir e vir constante entre o macro e o micro. Depois de fazer as contas, o "banco de cérebros" pode decidir acrescentar 75 a cem pesquisadores, para atingir a meta do diretor. Tendo recebido o financiamento, eles podem pesquisar e decidir que tipos de pesquisador serão escalados para quais laboratórios específicos. Dez ou quinze desses pesquisadores podem trabalhar sob o comando de um único gerente de laboratório, que, por sua vez, atuará em forte colaboração com o RH e o financeiro para garantir que as despesas e a aquisição de talentos andem lado a lado, conforme as necessidades do laboratório.

É uma grande vantagem quando o RH e os gerentes de laboratório estão em comunicação constante e têm uma boa relação, na hora de decidir quais pesquisadores já contratados podem ser deslocados para a nova iniciativa, quando terminarem suas pesquisas em andamento. Podem surgir ressentimentos quando um pesquisador renomado é retirado de outro laboratório altamente prioritário, o que pode fazer estancar a pesquisa em outra área.

TODO O PODER AOS GERENTES

Há, então, o importantíssimo esforço de recrutamento. Caso os gerentes e o RH trabalhem em conjunto desde o início para elaborar descrições realistas dos cargos e qualificações, podem avançar rapidamente na busca de pessoas que estejam na empolgante encruzilhada entre a computação quântica e a medicina. Essas pessoas podem ser pegas por empresas como a IBM (que investiu muito nessa área), caso o instituto permita que um excesso de burocracia ou uma falta de comunicação atrapalhem o trabalho. E, como acadêmicos se casam muito com outros acadêmicos, provavelmente a universidade terá que criar ofertas de pacotes de contratação para casais. Isso também exige cooperação entre o RH e os gerentes intermediários para gerar as melhores colocações.

Infelizmente, a contratação de corpo docente, inclusive a de pesquisadores, costuma andar a passo de tartaruga. Os processos criados para a contratação anual de professores titulares não são adequados para a velocidade do recrutamento do setor privado em algumas áreas de alta demanda. O potencial de prestígio do trabalho na universidade — assim como a oportunidade de contribuir para o bem da sociedade — pode ajudar a convencer pesquisadores a esperar mais tempo que o normal pela contratação. Dito isso, é mais provável que eles se disponham a esperar algumas semanas — e não meses ou anos.

Garantir que os candidatos possam avançar no processo de seleção o mais rapidamente possível em um ambiente acadêmico exige cooperação entre o RH e os gerentes. Como aprendeu Roxanne, qualquer descompasso pode forçar o reinício de todo o processo, o que provavelmente se traduz na perda de candidatos promissores.

Portanto, enquanto a estratégia do programa de computação quântica começa com presidente, diretor e responsáveis pela pesquisa, administração e RH, a execução final exige o envolvimento ativo dos gerentes intermediários com a pesquisa e o RH. Sem uma coordenação no nível geral, a estratégia pode levar a um impasse, devido à incapacidade de atrair e coordenar talentos.

O processo de recrutamento do instituto, com contribuições do gerente intermediário, precisa ser codificado e supervisionado no nível macro pelo RH. Da mesma forma, o RH precisa supervisionar *processos* relacionados à cadeia de comando, às avaliações de desempenho, ao

COMO COLOCAR A MÉDIA LIDERANÇA NO CENTRO

desenvolvimento de carreira, ao financiamento e aos orçamentos. Como pesquisadores e o restante do pessoal do instituto, da faculdade de medicina e do departamento de biologia vão se juntar e depois separar, o RH precisa atuar como uma espécie de "desenrolador" para evitar lacunas e sobreposições. Sejamos francos: é um trabalho que às vezes pode ser chato, mas também é indispensável.

Seja no setor sem fins lucrativos, seja no setor privado, os gerentes podem criar um diálogo de mão dupla com o RH em relação a estratégia, estrutura, talentos e processos. A função do RH é atuar como coach, estrategista, facilitador e solucionador de problemas — tudo isso evitando problemas para o pessoal, ao garantir o cumprimento das regras e políticas relevantes. A função do gerente é responsabilizar-se de verdade pelas pessoas e pela estratégia de pessoal — de quem necessitam, quem deve ser contratado e como desenvolver as pessoas.

Tudo desmorona quando o RH acaba cuidando de tudo, e quando o gerente abre mão de seu papel. Senão, o RH se envolve tarde demais — sem tempo para atuar como coach, estrategista, facilitador — e vira simplesmente um garantidor do cumprimento das regras.

A armadilha do desempenho

Assim como ocorre com a seleção e a contratação, os gerentes e o RH podem trabalhar em conjunto para tratar do desempenho ruim de um funcionário. É comum que essas duas partes trabalhem separadamente, fazendo suposições equivocadas em relação às motivações e ao comportamento da outra. Vamos ver o caso do baixo desempenho de um funcionário de uma agência de publicidade, para mostrar como até mesmo os gerentes com boas intenções podem piorar uma situação que já não é boa, por causa das interações — ou da falta delas — com o RH.

Monica tinha entrado para a agência nove meses antes, como compradora de mídia. Ela vinha de outra agência de publicidade, onde tinha ajudado a negociar contratos com rádios e TVs, assim como anúncios em publicações impressas. Ela conhecia, por exemplo, a equipe da *Vogue*, e sabia como garantir um bom posicionamento dos clientes do mundo da moda nas páginas da revista.

185

Ela tinha, porém, menos fluência no mundo da compra de mídia programada, em que algoritmos estabelecem os preços em tempo real, viabilizando a compra em diversas plataformas digitais. Com cada vez mais verbas passando para o digital, um bom domínio desse tipo de compra seria uma parte essencial da função de Monica.

John, o gestor de Monica, poderia ter optado pela saída mais fácil e não dar feedback a Monica pelo desempenho fraco. Ele poderia ter empurrado com a barriga até o período da avaliação anual. Mas não foi o que ele fez. Ele se lembrou de um momento da própria carreira, em que não se encaixou bem em uma vaga. O chefe evitava falar com ele a respeito, e John sofreu um baque ao receber um "plano de melhoria de desempenho" depois da avaliação anual. Frustrado tanto com a falta de feedback do gestor quanto pela forma como o plano de melhoria foi gerenciado, juntamente com o RH, John pediu demissão.

Além disso, Monica contou a John que estava passando por um divórcio litigioso, marcado por desacordo em relação à guarda dos filhos. A irmã de John também havia passado por uma situação do gênero alguns anos antes, e ele entendia aquilo por que Monica estava passando.

Por isso, John compadeceu-se de Monica. Ao perceber que ela estava sofrendo, fez questão de marcar sessões semanais de coaching com ela. Explicou em que áreas considerava que Monica precisava de auxílio, e tentou encontrar-lhe mentores. Também organizou aulas de publicidade programada para ela.

Porém, todo o esforço de John mostrou-se vão. Um ano depois, Monica ainda não conseguia atender as exigências do cargo. Àquela altura, seu baixo desempenho já estava tendo um efeito desmotivante na equipe inteira.

Como John não tinha o costume de interagir com o RH na agência, não chegou a pensar em mencionar o desempenho inferior de Monica. Só foi relatar a situação de Monica ao RH quando enfim se deu conta de que ela nunca daria certo no cargo.

Depois de redigir a avaliação anual de Monica, que constatava um desempenho bem abaixo da média, finalmente John foi até Kevin, do RH, para discutir com ele o que fazer.

Mostrando a avaliação de Monica, John disse: "Dá para ver que ela não está conseguindo. Acho que precisamos começar a tomar medidas para deixá-la sair".

Kevin ficou compreensivelmente aborrecido. Supôs que John não havia feito nada para ajudar Monica antes da avaliação anual. "Por que você não tentou o coaching, em vez de simplesmente comunicar a ela uma avaliação ruim?"

John passou imediatamente para a defensiva. "Eu *tentei* o coaching, e encontrei mentores para ela. Mas cheguei à conclusão de que ela simplesmente não se encaixa na vaga."

"Bem que eu queria ter ficado sabendo disso antes", respondeu Kevin. "A esta altura, não dá para simplesmente deixá-la sair. Precisamos colocá-la em um plano de melhoria de desempenho e oferecer capacitação. Precisamos garantir que todos tenham uma oportunidade justa, não dá para simplesmente surpreender alguém em uma avaliação."

Tanto John quanto Kevin saíram da conversa com uma impressão ruim um do outro. John pensou: "Fiz tudo que eu podia ter feito", e Kevin pensou: "Por que esses executivos de publicidade acham que podem sair demitindo as pessoas sem seguir os procedimentos corretos?".

Como parte de seu esforço para manter a empresa longe de problemas, Kevin era obrigado a enviar a Monica e a seu gestor uma série de formulários, juntamente com um plano de melhoria de desempenho, o que só fez Monica se sentir pior. John sabia o que ia acontecer, mas àquela altura Kevin não tinha alternativa. Como John já fizera uma vez, Monica pediu demissão, irritada e humilhada.

A situação de Monica poderia ter sido tratada de forma muito mais eficiente se John tivesse colocado Kevin no circuito assim que se deu conta das dificuldades dela. Poderia ter sido algo tão simples quanto entrar na sala de Kevin e dizer: "Oi, achei que seria melhor você saber, pode ser que tenha um problema com a Monica. Ainda é cedo para afirmar com certeza, mas, como ela veio do setor de revistas, está tendo certa dificuldade em dominar as novas ferramentas digitais para a compra de anúncios. Ela está passando por um monte de coisa na vida pessoal, então pode ser um pouco por isso, mas eu só queria te deixar a par".

Em seguida, Kevin poderia ter pedido mais detalhes a John e feito anotações da conversa. Também poderia ter proposto oportunidades de capacitação e mentoria para Monica que John desconhecia. Isso não teria tomado muito tempo de Kevin; o grosso da responsabilidade pelo coaching continuaria com John. Mas algum tipo de sistema de alerta precoce teria impedido problemas mais graves adiante.

Com esse tipo de cooperação inicial, a situação não precisaria ter chegado àquele ponto. Monica poderia ter efetivamente evoluído, ou compreendido antes o recado de que não estava se encaixando no perfil e ido embora em termos mais amigáveis.

Porém, caso a situação de fato se agravasse (com um plano de melhoria de desempenho, por exemplo), isso teria ocorrido de forma bem mais gradual e por etapas, sem que Monica tivesse que enfrentar uma enxurrada de formulários do RH logo antes de pedir demissão ou ser demitida. A documentação teria sido bem mais discreta.

Jogando a bomba para outra área

Nesse mesmo grupo do setor de publicidade, há outro funcionário com desempenho fraco. O nome dele é Bob. Ele trabalha em uma equipe de apoio que monitora as necessidades dos maiores clientes da empresa-mãe, para garantir que todas as modalidades de publicidade se integrem e sejam coerentes. O ideal é que os ocupantes desse cargo analisem de forma proativa a concorrência, em busca de novas oportunidades criativas. Também têm que ser habilidosos na solução de problemas, detectando-os antes que se transformem em crises.

Bob não se considera incompetente no trabalho. Na verdade, ele se acha ótimo. Está o tempo todo bolando novos modelos de anúncio que ninguém solicitou, em vez de trabalhar em um determinado aspecto de uma campanha que é prioridade máxima. Ele é o sujeito que copia cinco pessoas em um e-mail que só uma pessoa precisa receber, e depois pede retorno de todas as cinco. Nas reuniões, ele foge do assunto, irritando ao máximo os colegas, que preferem ficar olhando para o celular ou rabiscando sem parar no bloquinho de anotações.

Não que Bob não tenha qualidades que compensem. Ele conhece a fundo sua área, e volta e meia aparece com alguma ideia inteligente

COMO COLOCAR A MÉDIA LIDERANÇA NO CENTRO

e criativa. Quando lhe dão uma missão, ele cumpre — por mais que demore.

Porém, no frigir dos ovos, Bob é um "complicador" e um incômodo. Sempre que se propõe a realizar um grande projeto, ele consegue transformá-lo em uma geringonça complicada que só gera mais trabalho para todo mundo.

Quando Bob entrou para a equipe, um ano antes, seu gestor, Edwin, percebeu logo de cara que ele tinha problemas de desempenho, mas ficou adiando uma conversa. Além disso, ele tinha a impressão de ser impossível explicar as coisas a Bob de um jeito que gerasse uma mudança definitiva. Conversar com ele era como enxugar gelo: Bob ia criando novas dificuldades e perguntas o tempo todo. Todo mês Edwin pensava: não tenho tempo para tratar do Bob agora.

Passado um ano, porém, a equipe de assistência ao cliente estava à beira de uma rebelião, e Edwin sabia que precisava fazer alguma coisa em relação a Bob. Ele não queria reportar o caso ao RH, com medo de levar uma bronca por ter demorado tanto e ser soterrado por formulários a preencher. Por isso, Edwin fez uma coisa que já tinha dado certo com ele em empregos anteriores: "promoveu" Bob para outra área. Era uma atitude covarde, mas mais comum do que se imagina, e que talvez explique por que tantos trabalhadores (inclusive chefes) são tão absolutamente despreparados para seus cargos.

Quando Edwin viu que uma vaga de estrategista tinha sido aberta em outra agência do conglomerado, ele comentou com Bob a respeito e incentivou-o a se candidatar. Embora fosse, basicamente, uma movimentação lateral, o salário era ligeiramente maior, e Edwin fez o possível para pintar a mudança como uma evolução de carreira. Bob ficou lisonjeado com a proposta e comovido com a aparente generosidade de Edwin. Candidatou-se e, para o alívio de Edwin, foi selecionado para a vaga.

Felizmente, Kevin, do RH, já tinha visto esse tipo de manobra antes na empresa. Ele não tinha certeza de que era o caso da transferência de Bob, porque Edwin raramente entrava em contato com ele. Mas Kevin ficou de olho, só para o caso de ser mais um exemplo de bomba jogada no colo de outra área.

Kevin sempre fez questão de trabalhar com os gerentes intermediários para definir claramente as descrições e expectativas para as vagas, a cada novo processo seletivo. E fazia questão de que cada novo contratado, fosse externo ou interno, fizesse uma integração aprofundada. Quando alguém que já é da empresa é transferido para uma nova área, muitas vezes é abandonado à própria sorte.

Felizmente, a nova gestora de Bob, Aisha, levava a sério seu papel como coach e desenvolvedora de carreiras. Tendo trabalhado em conjunto com Kevin desde o começo para criar um processo padrão de integração interna em seu setor, e tendo avisado de cara a Bob quais eram as expectativas para a vaga, seus problemas foram menores desde o começo, na comparação com Edwin.

Isso não quer dizer que não tenha havido problemas. Bob continuou sendo Bob, o que significa que deu bastante trabalho. Já na primeira semana dele, Aisha notou sua tendência a complicar as tarefas e gerar trabalho para os demais.

Como Aisha considerava o coaching uma das partes mais importantes de seu trabalho, ela reservou tempo — e o gestor dela *concedeu-lhe* esse tempo — para refletir sobre a maneira de explicar que, especificamente, Bob estava tornando seu serviço mais complicado que o necessário. Disse a ele, por exemplo, em relação a um problema específico que surgira com um cliente, que melhor seria ter pegado o telefone para conversar diretamente com ele do que enviar um e-mail para cinco pessoas.

Como a esmagadora maioria das pessoas, Bob queria sinceramente ser um funcionário competente. Pelo menos a suscetibilidade não era um dos defeitos de Bob. Ele escutou Aisha e levou a sério o feedback dela. O.k., não se tornou exatamente um funcionário modelo. Sim, ele dava mais trabalho que a maioria dos subordinados de Aisha. Mas, graças ao coaching constante feito por ela, ele se tornou um colega apreciado por sua contribuição. Quando trabalhava para Kevin, pelo contrário, Bob puxava para baixo a produtividade de todo o setor. Edwin optou pela saída preguiçosa e acovardada, evitando uma conversa difícil com Bob, e acabou jogando-o no colo de Aisha sem sequer envolver o RH.

Os gerentes gostam de reclamar que o RH os sobrecarrega com for-

COMO COLOCAR A MÉDIA LIDERANÇA NO CENTRO

mulários e processos desnecessários. Mas a verdade é que, se os gerentes de fato cumprissem seu dever ao longo do ano inteiro, mantendo o RH a par de seus atos, esses processos nem de longe seriam tão cansativos. Eles acabam se tornando um acumulado de todo o histórico.

Muitos enxergam o RH, antes de tudo, como o ponto de partida da papelada com vistas a demitir alguém. Sim, essa é uma função que ele sempre terá que desempenhar. Mas seria bom que houvesse uma visão mais ampla do RH — uma visão que parta do princípio de que as pessoas querem ser competentes no que fazem. O ideal é que gerentes e RH, trabalhando em conjunto de forma criativa, tenham como meta ajudar as pessoas a realizar o próprio potencial e o trabalho que deveriam fazer. Nesse modelo, o RH assume o papel de consultoria de talentos para o gerente intermediário.

CONCLUSÕES

COMO REPENSAR O PAPEL DA MÉDIA LIDERANÇA

O desafio: Uma visão obsoleta dos recursos humanos faz com que quem trabalha nessa área seja visto como fiscal do cumprimento das regras e gerador de papelada — e que cada setor seja visto como o ponto de partida das avaliações de desempenho.

Por que os gerentes intermediários são cruciais para enfrentar o desafio: Os gerentes, em parceria com o RH, podem assumir mais responsabilidade pelo recrutamento e desenvolvimento de carreira dos funcionários de seus setores, em vez de supor que o RH vai assumir esse papel, algo para o qual não está equipado para fazer em nível individual.

Como os líderes seniores podem ajudar: Os executivos podem garantir que o diretor de RH participe da tomada das principais decisões estratégicas, e orientar essa pessoa a encontrar-se com os gerentes intermediários, que serão incumbidos da execução da estratégia em suas unidades.

9
Como conectar o trabalho
às pessoas

De gestor do trabalho a líder inspiracional

OLIVIA ERA GERENTE DE UMA AGÊNCIA BANCÁRIA, e todos os dias pensava em pedir demissão.

Ela adorava ser coach e desenvolver sua equipe de operadores dos caixas, consultores de empréstimos e funcionários administrativos, e adorava interagir com os clientes da agência. Era exatamente o que ela achava que seria sua função principal quando assumiu o cargo, três anos antes. Porém, nos últimos tempos ela só estava conseguindo passar uns 20% do tempo cuidando dessas interações.

Olivia passou a odiar o restante do trabalho — os outros 80%. Odiava ter que ser responsável por metas financeiras. Odiava cuidar dos horários da equipe. Desprezava com todas as forças o trabalho administrativo. Como não conseguia preencher uma vaga de consultor hipotecário, também estava acumulando essa tarefa um dia por semana. E não gostava nem um pouco.

Olivia tinha ciência de que os resultados da agência estavam piorando, mas não conseguia reunir forças para reverter a situação. À exceção dos dias em que passava mais tempo dando coaching — que eram muito esporádicos —, Olivia se sentia estressada. Quase toda noite, depois do serviço, tudo que conseguia fazer era preparar um jantar, tomar uma taça de vinho, assistir TV durante uma hora e capotar na cama.

Nas duas reuniões anteriores com sua nova chefe, Abby, Olivia sentiu-se obrigada a fazer cara boa e fingir que estava tudo o.k.. Isso porque o antecessor de Abby, Barry, minimizava qualquer referência que Olivia fizesse a seus problemas. Ao contar a Olivia o caso de um gerente de agência que se transferiu para outra área do banco, Barry parecia irritado, como se considerasse uma traição a saída do funcionário.

Na terceira reunião, Abby pediu a Olivia que fosse até a sede falar com ela pessoalmente, e não pelo Zoom. Olivia viu nisso um mau sinal. Será que ela ia ser demitida? No carro, tentou afastar esse pensamento. Até certo ponto, seria um alívio, disse a si mesma. Afinal de contas, ela receberia uma rescisão, o que não ocorreria se ela simplesmente pedisse demissão.

Quando Olivia entrou na sala, Abby a cumprimentou, e depois de jogarem um pouco de conversa fora sobre o banco disse: "Então: tem uma coisa que eu queria falar com você".

Lá vem, pensou Olivia.

"Tenho certeza de que você sabe que o faturamento da sua agência vem caindo há seis meses", disse Abby. "E fiquei pensando se tem alguma coisa que eu deveria estar sabendo. É que você sempre foi uma excelente funcionária, e sua equipe adora você. Então me diga: o que está acontecendo?"

A voz de Olivia vacilou na hora em que finalmente ela contou a verdade: "O problema é que... eu não estou gostando de verdade do meu emprego. Bem, isso não é totalmente verdade. Adoro trabalhar com a minha equipe, treiná-la e ajudá-la a evoluir. Mas todo o resto... me deixa exausta e estressada".

Então, ela fez uma confissão: "Francamente, eu venho pensando se não seria melhor se eu pedisse demissão".

Olivia sentiu medo, mas também alívio, por finalmente colocar para fora.

Nessa hora, Abby fez uma cara assustada. "A última coisa que queremos é perder uma funcionária preciosa como você, Olivia", respondeu. "Parece que esse cargo não combina direito com você. Esta empresa é grande. Talvez haja algum outro cargo que *combine* bem com você."

Em razão das interações anteriores com Barry, Olivia ficou surpresa ao ouvir sua gestora expressar aquele ponto de vista. Então, Abby pediu a Olivia que fizesse um relato minucioso de tudo que ela fazia ao longo de uma semana, descrevendo aquilo que a deixava animada e aquilo que a desgastava.

Depois que Olivia terminou de falar, Abby olhou para o nada e disse: "Hummmm". É como se ela estivesse fazendo algum tipo de cálculo mental.

Por fim, ela olhou de novo para Olivia. "Interessante", disse. "Pelo que você está me dizendo, o que é mais empolgante e gratificante para você são as relações interpessoais e ajudar as pessoas a crescerem. E seu cargo atual não lhe proporciona muito isso.

"Sabe", prosseguiu Abby, "acabei de ficar sabendo que o departamento de integração de novos funcionários está se ampliando, graças ao rápido crescimento do banco. Estão procurando um gerente para criar e viabilizar programas de treinamento para os recém-contratados. Você treinaria os novos funcionários em todos os aspectos da nossa estratégia de assistência ao cliente. É uma função superimportante, porque de fato ajuda o banco a cumprir sua missão geral de auxiliar mais pessoas a atingir suas metas financeiras.

"É algo que te interessaria?"

Ao saber dessa nova oportunidade, o rosto de Olivia se iluminou. Ela pediu mais detalhes. Depois de ouvi-los, disse a Abby: "Na verdade, parece o emprego dos meus sonhos".

Um mês e meio depois, graças a Abby, Olivia tinha um novo cargo no banco, como gerente de treinamento. Estava muito mais feliz e bem--disposta com o emprego — e com a vida em geral –, porque era um trabalho alinhado com seus pontos fortes e seu propósito. Em vez de chegar em casa e se jogar no sofá para assistir TV toda noite, ela retomou o contato com os amigos que abandonara, e até começou a entrar em aplicativos de namoro.

Como evitar o desperdício de talentos

Eis uma coisa que muitos gerentes têm tendência a esquecer: ninguém gosta de ser incompetente no trabalho.

Quando o desempenho de alguém está abaixo do esperado, raramente é por não se importar. Em geral, é porque está acontecendo alguma coisa na vida pessoal, ou porque o cargo que ocupa não combina bem com a pessoa. Esperar que ela peça demissão, ou demiti-la em algum momento, pode ser um enorme desperdício de talento.

Quando os gerentes conseguem unir o propósito do indivíduo ao da organização — como Abby fez com Olivia —, em geral evitam perder um funcionário precioso. Na guerra pelos talentos, trata-se de uma competência crucial. Mas ela exige uma mudança de mentalidade, da parte tanto dos líderes seniores quanto dos gerentes intermediários.

Em muitas empresas, um funcionário trocar uma área por outra é encarado como uma perda pelo departamento de origem. Isso leva a uma atitude de defesa do território, que faz os gestores tentarem manter os subordinados onde estão, mesmo quando não se encaixam bem. Muitos trabalhadores nos disseram que é mais fácil pedir demissão e mudar de empresa do que se transferir para outro setor, por causa exatamente dessa atitude.

Na verdade, a mentalidade territorial — estimulada pela alta liderança da empresa — foi um dos principais motivos para Abby pedir demissão do emprego anterior, em outro banco. Ela cansou de perder funcionários talentosos simplesmente porque eles não se encaixavam no setor dela.

As empresas podem incentivar e elogiar transferências entre áreas que levem a uma combinação mais assertiva entre as metas e valores do funcionário. Não apenas isso reduz o índice geral de demissões da empresa, mas também resulta em trabalhadores mais felizes. Além disso, as pesquisas mostram que, quando o funcionário se sente inspirado, aumenta a probabilidade de que seja mais produtivo.

Para sorte de Olivia, a CEO do banco tinha se comprometido recentemente com a missão de eliminar a mentalidade territorial, que estava fazendo muitos funcionários passarem para a concorrência. Ela se certificou de que os gerentes fossem recompensados por viabilizar a transferência de funcionários para unidades onde se encaixassem melhor. Em parte, Abby foi contratada porque se enxergava naturalmente como uma conectora de talentos — mesmo que isso significasse perder alguém do próprio setor. Sim, uma vaga aberta em uma agência criava uma dor de cabeça de curta duração para Abby. Porém, ao buscar soluções para o todo, e não para partes separadas, ela estava criando valor de longo prazo para o empregador.

Em meio a todo o trauma da covid, adquirimos uma compreensão mais profunda da inter-relação de vida pessoal e profissional. Cuidar de uma é cuidar de ambas. Segundo uma pesquisa da McKinsey, quase dois terços dos trabalhadores disseram que a pandemia os fez pensar nos objetivos de vida. E quase 50% disseram que ela os fez repensar no tipo de trabalho que realizam.[1] Tome nota: os millenials apresentaram uma probabilidade muito maior que qualquer outro grupo de reconsiderar o tipo de trabalho que fazem.

Questionamentos sobre o próprio trabalho

Antes mesmo da covid, já estava aumentando o número de trabalhadores que faziam a pergunta: "Este emprego é bom para mim? Eu dou importância ao que faço para ganhar a vida?". Cada vez mais pessoas vinham dizendo: "Meu trabalho tem que ser mais do que um emprego. Precisa ter algo a ver com meu propósito pessoal". E, quando a demanda por determinada competência é alta, esse trabalhador pode tomar a decisão de pedir demissão caso seu emprego não atenda a esses critérios vitais.

O gerente comprometido não se limita a interpretar as mensagens que vêm de cima. Luta o tempo todo para conectar e alinhar o propósito da empresa com o propósito pessoal de seus subordinados. Os gerentes também precisam ser bons comunicadores de narrativas, ao falar do propósito da empresa. São cruciais na criação de um ambiente em que os trabalhadores queiram retornar, prosperar e se inspirar.

Os melhores gerentes são aqueles que interagem com os subordinados vendo-os como pessoas com vidas plenas e profundas, levando em conta não apenas o desempenho no trabalho, mas também seus sonhos, esperanças e valores. Do contrário, os melhores talentos irão embora. Lembre-se, as pessoas pedem demissão dos chefes, e não das empresas. Cabe ao gerente fazer a conexão entre trabalho, mão de obra e ambiente de trabalho, para elevar a produtividade e conferir mais significado e conforto à vida dos funcionários sob todos os aspectos.

Segundo uma pesquisa da McKinsey, 70% dos trabalhadores disseram que seu senso de propósito é definido pelo trabalho.[2] Porém, para algumas pessoas, o propósito do trabalho é ganhar bastante dinheiro — tendo flexibilidade suficiente — para realizar seu propósito *fora* do trabalho (Tabela 9.1). Cada momento passado no trabalho é um momento que deixam de passar, por exemplo, com os filhos, com um pai ou mãe que necessita de cuidado, ou em um projeto criativo externo. Um de nós tem um colega cujo filho tem necessidades especiais — e não esconde que ganha dinheiro para cuidar do filho da melhor maneira possível.

Ou então o propósito da pessoa é sobretudo levar uma vida relaxada e divertida. Essas pessoas também são capazes de agregar valor à organização, desde que não estejam na função errada. É provável que trabalhem tristes se tiverem uma jornada semanal de mais de sessenta horas em uma posição de poder. Podem sentir a pressão para aceitar esse tipo de cargo caso seja oferecido, quando na verdade se encaixaria melhor em suas prioridades pessoais uma vaga que exigisse menos horas e responsabilidades — mesmo que isso lhes custe oportunidades de promoção e dinheiro.

O gerente intermediário é a pessoa mais bem posicionada para compreender aquilo que realmente motiva cada funcionário a ir trabalhar todos os dias, e para moldar cada vaga, o máximo possível, segundo esse propósito. Ele reconhece que essa atitude se paga de forma exponencial, tanto para o indivíduo quanto para a organização. Estamos bem longe da visão do funcionário cujo valor é medido em termos de produtividade, dando a entender que é descartável.

COMO COLOCAR A MÉDIA LIDERANÇA NO CENTRO

Tabela 9.1. A importância do propósito no dia a dia do funcionário[1]

Vida pessoal	Energia				
	Satisfação				
	Saúde				
	Resiliência				
Vida profissional	Orgulho				
	Satisfação				
	Comprometimento				
	Engajamento				
	Realização				
	Conexão				
	Motivação				
		3,0	3,5	4,0	4,5

o Entrevistados que realizam parte do propósito no trabalho, mas querem mais.

● Entrevistados que realizam todo o propósito almejado com o trabalho.

– Pontuação: 5 = alta; 1 = baixa. A área mostrada representa as pontuações de 3 a 4,5.

Nota: Todas as diferenças apresentadas entre os dois grupos de entrevistados são estatisticamente significantes, exceto "Orgulho" e "Comprometimento", embora a direção de ambos seja coerente com as demais conclusões.

[1] Pergunta: "Até que ponto seu senso individual de propósito é definido pelo trabalho", versus "Até que ponto seu trabalho precisa estar alinhado com seu propósito?"

FONTE: Pesquisa Propósito Individual, McKinsey, ago. de 2020, 1021 entrevistados.

Como enxergar a pessoa por completo

Uma empresa que reconhece há muito tempo a necessidade de tratar as pessoas de maneira única, e por inteiro, é a Ritz-Carlton.

A filosofia do Ritz-Carlton em relação a seus funcionários — captada pelo lema "Somos damas e cavalheiros a serviço de damas e cavalheiros" — é conhecer os indivíduos e compreender como suas características específicas podem contribuir para o todo. Isso exige um estímulo constante da parte dos gestores.

Como disse Herve Humler, um dos principais executivos da Ritz--Carlton, a respeito dos funcionários, em uma entrevista na *Forbes* em 2015: "Quero que vocês estejam engajados com o cliente — você tem cérebro, você tem coração, e quero que os utilize".

Humler, que fez parte da diretoria inicial da Ritz-Carlton, nos anos 1980, acrescentou: "O engajamento dos funcionários é crucial para o engajamento do hóspede. O empoderamento e o reconhecimento do funcionário são o cerne da nossa cultura, e de como obtemos um serviço de qualidade notável".[3]

É uma atitude que repercute claramente entre os gerentes da empresa. Em uma entrevista à *Forbes* em 2020, Yael Ron, gerente-geral do Ritz-Carlton em São Francisco, afirmou que o fator mais importante para oferecer um serviço excepcional ao cliente é "desenvolver o pessoal ao longo do tempo [...]. Garantir suporte para o crescimento dos integrantes da equipe. Compreender que sua crença e cada um deles, e sua participação na jornada de desenvolvimento, é o que importa. Para todos, é um enorme ganho, quando você, como gestor, coloca em primeiro lugar cada membro da sua equipe".[4]

No começo, pode parecer contraditório, mas na verdade não é: quanto mais você se preocupa em conhecer o propósito e os valores individuais dos trabalhadores, mais você os empodera para atingir o propósito geral da empresa.

Segundo uma pesquisa de 2021 da McKinsey, porém, a maioria das organizações não consegue encontrar "aquele ponto ideal em que o 'eu' e o 'nós' se sobrepõem".[5] Apenas 44% dos trabalhadores pesquisados disseram que o propósito da empresa estava "ativado e alinhado com eles de forma pessoal". Porém, quando a empresa consegue atingir esse ponto ideal, as vantagens são substanciais: os trabalhadores desse grupo são "mais leais, engajados, e propensos a fazer a apologia da empresa", segundo a pesquisa. Também é maior a probabilidade de que digam que o propósito da empresa tem um efeito positivo sobre todas as partes: clientes, funcionários, organização e sociedade. Não só isso, mas diversos estudos mostraram que as empresas que têm um compromisso com um propósito geram retornos sobre ativos superiores no longo prazo, na comparação com as que não têm.

Esse compromisso, porém, precisa ser autêntico, e não apenas um exercício de relações públicas. Os funcionários percebem quando as declarações de propósito não passam de palavras vagas e ocas, sem relação com as crenças e atos concretos. Isso pode gerar uma atitude cínica, e o cinismo é a morte anunciada da inspiração. Porém, quando sinceras

COMO COLOCAR A MÉDIA LIDERANÇA NO CENTRO

e comunicadas de maneira enfática, as declarações de propósito têm um efeito transformador.

Infelizmente, há um enorme "abismo de propósitos" entre a alta liderança e a linha de frente. Uma pesquisa da McKinsey constatou que nada menos que 85% dos executivos encontram propósito no trabalho diário, contra 85% de gerentes e trabalhadores operacionais que afirmam não ter certeza ou discordar da presença do propósito na vida profissional do dia a dia.[6]

É fundamental que os principais líderes identifiquem e comuniquem os valores e o propósito centrais da organização, como explicaram Jim Collins e Jerry Porras em um influente artigo publicado em 1996 na *Harvard Business Review*.[7] Eles têm vida longa, e engendram uma visão que gera um conjunto daquilo que os autores chamam de BHAGS (em inglês, *Big Hairy Audacious Goals*, "grandes metas ousadas e cabeludas"). Pode levar até trinta anos para realizar uma BHAG, e os líderes seniores podem elaborar "descrições vívidas" que inspirem os funcionários a atingi-la, segundo Collins e Porras.

A partir desse ponto, em nossa opinião, cabe aos gerentes intermediários inspirar os funcionários a manterem vivas essas metas. Eles são os tradutores que permitem manter essas metas bem claras e relevantes para suas unidades, dia após dia, mês após mês, ano após ano. Eles são os "contadores de histórias" que incutem as descrições vívidas dos líderes seniores em suas unidades. São eles que podem preencher o enorme "abismo de propósitos" que existe atualmente na maioria das organizações. O que poderia ser mais importante que isso?

Na McKinsey, sempre que Bryan se reúne com suas equipes, gosta de ter na ponta da língua algumas histórias pessoais, que sirvam como ilustração e inspiração. E não tem problema se, em alguma dessas histórias, ele não fique tão bem na foto. Na verdade, ele admite que as histórias negativas são as que mais despertam interesse.

Ele gosta de falar com os gerentes de engajamento que ele lidera sobre o tempo, bem no começo da carreira, em que ele mesmo foi gerente de engajamento e esqueceu-se de um elemento fundamental da missão da McKinsey: criar um ambiente sem paralelo para funcionários excepcionais. Ele deixou isso de lado na tentativa de cumprir outra parte da missão da McKinsey: ajudar os clientes a obterem melhorias duradouras de desempenho.

Na verdade, nem mesmo na segunda missão Bryan vinha tendo êxito porque, em vez de ter uma visão mais ampla e resolver o problema de longo prazo do cliente, ele estava cuidando de uma enxurrada de questões que jamais deveriam ser de sua responsabilidade. Durante muito tempo, porém, ele atendia cada pedido, deixando a própria equipe exausta, trabalhando até as três da manhã em uma montanha de detalhes. "Que eles me perdoem", diz ele hoje. Na época, "eu era um péssimo gerente de engajamento".

O lado bom dessa experiência é que hoje Bryan pode utilizá-la como anedota para ilustrar a necessidade de reservar algum tempo, toda semana, para se distanciar do próprio trabalho e enxergar padrões gerais, em vez de detalhes isolados — e agir de modo eficiente tanto para os subordinados quanto para o cliente.

O desafio da volta ao presencial

Alinhar o trabalho ao propósito individual tornou-se ainda mais complexo em um momento de afrouxamento do modelo presencial das empresas, em que se passou a levar o trabalho às pessoas, e não as pessoas ao trabalho. Onde quer que o trabalho seja realizado — no escritório, em casa ou em outro lugar —, a pessoa mais sênior do setor, que costuma ser o gerente intermediário, torna-se na prática o rosto da organização como um todo.

As transformações do mundo do trabalho aceleradas pela pandemia serviram como um momento de "descongelamento". Permitiram que as organizações se livrassem do status quo e reimaginassem, a partir da base, onde e como o trabalho é realizado, e, nesse processo, como fazer uma combinação melhor entre os funcionários e seus propósitos.

A pandemia proporcionou uma oportunidade única em gerações para reimaginar a cultura organizacional — na prática, mudar o jeito como as coisas funcionam — e repensar como preservar o propósito da empresa em um ambiente de alteração definitiva do modo de trabalhar.

COMO COLOCAR A MÉDIA LIDERANÇA NO CENTRO

O grande salto na tecnologia de trabalho remoto tornou as opções de trabalho remoto muito mais viáveis para o trabalhador. Durante muito tempo, o impacto do home office no mundo corporativo foi quase imperceptível. Veio, então, a pandemia. Em pouquíssimo tempo, ficou claro que era possível realizar muito mais trabalho estando em casa do que se acreditava possível.

Em meio ao trauma da covid, muita gente descobriu que, na verdade, preferia trabalhar de casa, ficando até mais produtiva. Outros, porém, concluíram que as demandas da vida doméstica atrapalhavam e sentiram falta da estrutura e da socialização do escritório. Cada um se sentiu de um jeito a cada instante.

Embora muitos trabalhadores tenham relatado felicidade em trabalhar de casa durante a pandemia, o repentino afastamento do escritório físico cobrou um preço da saúde mental e do bem-estar dos trabalhadores, resultando em níveis mais elevados de depressão, burnout e ansiedade. Ficou particularmente complicado definir fronteiras claras entre vida pessoal e profissional, em um esquema de home office.

Muitos métodos de colaboração virtual se mostraram bem-sucedidos. Outros tropeçaram em tecnologias que não estavam à altura do problema, ou na incapacidade de adotar protocolos novos, que promovessem uma participação igualitária. Alguns trabalhadores receberam coaching e feedback cruciais, enquanto outros foram basicamente ignorados e abandonados à própria sorte. O acerto ou o fracasso das empresas ficou, basicamente, nas mãos dos gerentes intermediários.

Vimos algumas empresas que estiveram à altura da oportunidade. Muitas outras a desperdiçaram, mas não é tarde demais para corrigir o rumo.

Deveria ser função do gerente intermediário fazer a integração entre a empresa física e a força de trabalho remota — envolvendo os funcionários em um diálogo permanente sobre a melhor forma de realizar isso. Porém, em muitos casos, os líderes seniores quiseram resolver o que era melhor para todos. Foi o que aconteceu, inicialmente, na empresa de jogos que mencionamos no capítulo 5. Pós-pandemia, depois que todo mundo já estava em home office havia algum tempo, os executivos acharam que seria mais justo exigir que todos voltassem ao presencial três dias por semana. Felizmente, uma gerente intermediária conseguiu convencer a empresa a deixar que ela, e outros gerentes do mesmo nível hierárquico, orientasse a política de home office da empresa no sentido de uma flexibilidade bem maior.

Essa gerente média se deu conta de que uma solução unilateral *não* era justa com os funcionários. Ela compreendeu que as decisões relacionadas ao trabalho remoto precisam ser ditadas, antes de tudo, pela natureza do trabalho e da força de trabalho. O *local* onde o trabalho seria realizado teria que ser em função desses fatores. No novo mundo do trabalho, achar que o presencial é o mais importante causa um desequilíbrio de prioridades.

E, pensando bem, o que motivou a proposta "de solução única para todos" da diretoria? Provavelmente era o incômodo com a ideia de perder o controle. Afinal, se as pessoas não precisam mais entrar no escritório, para que escritório?

A rápida ascensão do trabalho remoto trouxe à tona questões existenciais como essa. Tim Cook, CEO da Apple, também achou no começo que uma obrigação de três dias por semana era o ideal. Disparou uma mensagem nesse sentido assim que a pandemia começou a arrefecer. Um canal do Slack com mais de 2,8 mil "defensores do home office" surgiu em reação à mensagem. Em carta aberta aos executivos, o grupo afirmava que essa nova política tinha feito muitos colegas pedirem demissão, e forçou funcionários a optar entre a família *ou* o trabalho na Apple.[8]

"Nos últimos doze meses, sentimos não apenas que não fomos ouvidos, mas que às vezes fomos propositalmente ignorados", dizia a carta. "Mensagens como 'Sabemos que muitos de vocês estão ansiosos para retomar o contato ao vivo com os colegas de escritório', sem qualquer reconhecimento de que existem sentimentos conflitantes entre nós, soam desdenhosas e depreciativas." A empresa acabou afrouxando sua posição em relação à volta ao presencial.

Testemunhamos situações como essa várias vezes, em empresas que se debatem entre o desejo de retomar o controle centralizado ao mesmo tempo que se esforçam para atender as necessidades dos funcionários.

204

COMO COLOCAR A MÉDIA LIDERANÇA NO CENTRO

É importante observar que mais da metade de todos os empregos existentes só pode ser realizada remotamente por algumas horas da semana, e em alguns casos nunca.[9] Profissões como operação de máquinas, uso de equipamentos de laboratório e prestação de assistência pessoal, em geral, não podem ser exercidas de casa. E outras profissões — como ensino, consultoria e coaching — podem ser exercidas remotamente durante uma crise, mas são comprovadamente mais eficientes quando realizadas presencialmente. Uma grande parcela das profissões que não podem ser exercidas de casa concentra-se na ponta mais mal paga do espectro, enquanto os empregos bons para o home office tendem a exigir diplomas universitários e pagam salários mais altos. A maior parte das mulheres e das pessoas não brancas trabalha nessas profissões forçosamente presenciais.

Resumindo, poder trabalhar remotamente é um privilégio, um privilégio que está prestes a transformar o futuro do trabalho.

As empresas que cederam totalmente às exigências dos funcionários relativas ao trabalho remoto marcaram alguns pontos no começo, aceitando contentes novos contratados que saíram das empresas que tentavam impor uma abordagem mais restritiva. Porém, a realidade da gestão de uma força de trabalho predominantemente remota começou a prevalecer. E os líderes que tinham dado carta branca aos subordinados em relação ao local onde queriam trabalhar começaram a se dar conta de que estavam perdendo o contato com a força de trabalho.

Para nós, ficou claro que deixar os funcionários fazerem o que bem entenderem, quando e onde bem entenderem, é uma receita para o desastre. O empregador está no direito dele de estabelecer diretrizes para o trabalho híbrido. Porém, é preciso que elas sejam sutis e flexíveis, sob a liderança dos gerentes intermediários.

Os líderes seniores podem empoderar os gerentes intermediários para que tomem decisões sob medida em relação ao home office. Os gerentes são os mais bem posicionados para responder a perguntas decisivas: por que esse trabalho é importante? Qual é o trabalho que precisa ser feito? E quando e onde deve ser feito?

Alguns gerentes são como "torneiras" — ouvem um decreto vindo da presidência e simplesmente encaminham a mensagem, muitas ve-

205

zes sem dar o contexto. Esquecem de adaptar a mensagem a fim de que faça sentido para suas equipes. Os melhores gerentes são explicadores, e em vez de serem torneiras, são peneiras: filtram as decisões e vão direto ao essencial que se aplica ao pessoal de suas equipes.

Vejamos o caso de um gerente, um ex-engenheiro técnico que foi promovido a um cargo gerencial sem qualquer treinamento formal em gestão. Um ano e meio depois do início da pandemia, ele foi informado pelo CEO de que o pessoal precisaria voltar ao presencial a partir de novembro. Um subordinado perguntou a ele: "Esta semana, vou passar três dias na cidade de um fornecedor, em reuniões de negócios. Isso conta como meu 'presencial'?". O gerente fez uma cara perplexa e respondeu: "Não sei. Preciso perguntar ao administrativo".

Agora veja como outra gerente, da mesma empresa — porém treinada em gestão de pessoas em um emprego anterior —, reagiu à mesma notícia. Seus subordinados perguntaram como a nova diretriz do CEO se aplicava a eles, considerando que faziam constantes viagens às cidades de clientes e precisavam muitas vezes trabalhar no fim de semana. A gerente respondeu: "Vamos focar em realizar nosso trabalho. Sabemos que às vezes é melhor ficar no escritório, para colaborarmos, mas em outros momentos precisamos focar e nessas horas não tem problema estar em home office. Ah, e aliás, quando tiver que fazer uma viagem que dura semanas, no meu caderninho isso conta como tempo de presencial!".

No primeiro exemplo, o gerente está dizendo: "Só faço o que me mandam. Você também devia fazer". No segundo exemplo, a gerente está indicando: "Vamos fazer o que é certo, para nós e para a organização".

O simples fato de as pessoas poderem trabalhar remotamente não significa que devam fazê-lo sempre. Depois que a pandemia abrandou, a maioria das empresas corrigiu a mais ou a menos suas políticas de home office para a nova realidade.

Tom Peters, guru dos negócios, cunhou o conceito de *"management by wandering around"* (gerenciamento por perambulação), que envolve gerenciar a empresa simplesmente caminhando pela empresa de forma casual. É muito mais difícil fazer isso com uma força de trabalho remota.

No escritório físico, o gerente tem a opção de passear, observar a linguagem corporal, ouvir fofocas, entabular conversas casuais e obter um feeling geral do local. É mais fácil detectar sinais precoces de incômodo e dizer "Ei, vamos tomar um café e bater um papo".

Com o trabalho remoto, as "visitas" têm hora marcada e todo mundo pode se preparar para cada interação. O escritório remoto parece muito mais informal quando o gato do colega aparece de repente na tela, ou um bebezinho fofo faz uma participação especial. Na verdade, porém, as interações são muito mais formais e roteirizadas, se comparadas a um escritório onde os colegas coexistem fisicamente durante oito horas ou mais todos os dias. Às vezes é na hora em que você baixa a guarda que ocorrem as melhores ideias e interações.

É compreensível que os líderes seniores queiram decretar regras rígidas e simples em relação ao trabalho remoto. Nossa sugestão, porém, é que, em vez de fixar horas presenciais obrigatórias, eles confiem nos gerentes para que criem uma espécie de impulso natural, que faça as pessoas *quererem* e *precisarem* ir ao escritório. Isso pode ser conseguido através do ritmo de trabalho, e pela necessidade eventual de trabalho em colaboração ou individual.

O bom gerente reconhece que o espaço físico consegue preencher uma enorme necessidade social e emocional. Tira proveito dessa realidade, fazendo com que as pessoas naturalmente queiram ir ao escritório, em vez de serem forçadas nas horas de pico. Marcar almoços, happy hours e eventos especiais opera milagres no fortalecimento dos laços entre os colegas, ajudando-os a trabalhar de forma mais produtiva e com mais propósito, em equipe.

Uma pesquisa do Gallup mostrou que as pessoas que concordam com a frase "Meu melhor amigo é um colega de trabalho" têm uma probabilidade muito maior de serem produtivas e engajadas no trabalho.[10] Segundo outra pesquisa, do LinkedIn e da CensusWide, quase 50% dos entrevistados disseram que a amizade com os colegas de trabalho os torna mais felizes, e cerca de metade disse que continua em contato com ex-colegas.[11]

E sabemos que os romances de escritório representam um risco, mas isso não altera o fato de que, nas pesquisas em que se pergunta como as pessoas encontraram seus cônjuges, a resposta "no trabalho" quase sempre aparece entre as cinco primeiras.

Quando, por que, onde e como

Ao definir a resposta ao desafio do home office, os gerentes intermediários são aqueles que estão em melhores condições de decidir o quando, por que e como, em relação ao trabalho colaborativo. Esses gerentes também podem reunir os funcionários em torno de um mesmo propósito.

Ficamos impressionados com a forma como um de nossos clientes lidou com o problema do retorno ao presencial. A empresa informou claramente que o trabalho remoto *não* era considerado um benefício — era simplesmente o método de execução de parte do trabalho. Inicialmente foi decidido que todos trabalhariam presencialmente pelo menos dois dias da semana. Porém, como cada um escolheu um dia diferente, isso fazia com que muita gente passasse o dia inteiro só olhando para a tela do computador, mal interagindo com os demais — basicamente o mesmo que teriam feito em casa. E que valor há nisso? Sobretudo se considerarmos o tempo que cada um teve que passar no transporte.

A pergunta, então, passou a ser: como criar o valor máximo para os funcionários quando eles trabalham presencialmente? Para atingir essa meta, um dos líderes seniores organizou uma reunião com todos os gerentes intermediários, para que, em um esforço pensado em conjunto, saíssem dali com normas e horários funcionais, que fossem os mais estimulantes para a colaboração presencial.

O líder sênior e os gerentes decidiram que a realização de uma reunião geral, um dia por semana, era um bom mecanismo para forçar o grupo a se reunir integralmente na empresa. No começo, o líder sênior achou que a terça-feira seria o melhor dia para todos irem. Porém, ao saber que a maioria dos gerentes intermediários tinha compromissos familiares que dificultariam a ida e vinda na terça-feira, ele mudou o dia do presencial para a quarta-feira. Em seguida, os gerentes consultaram seus próprios subordinados diretos, para escolher outros dias da semana para os funcionários de cada unidade.

Os gerentes também chegaram a um acordo para um "dia sem reunião", em toda a empresa, para que todos pudessem se concentrar no trabalho individual. Também foi levado em conta o efeito que o trabalho em fusos horários diferentes teria sobre os funcionários.

COMO COLOCAR A MÉDIA LIDERANÇA NO CENTRO

Evidentemente, aqueles que viviam em apartamentos do tamanho de caixas de fósforos, ou que fossem incomodados por companheiros de quarto, eram bem-vindos para trabalhar presencialmente quando bem entendessem. Porém, todos os funcionários, quaisquer que fossem suas condições de vida e preferências no trabalho, tinham um dia fixo em que se reuniam para trabalhar juntos.

O gerente holístico tem consciência da situação pessoal dos trabalhadores e tenta oferecer flexibilidade sempre que possível. Quando é um problema de saúde mental, e o funcionário está sofrendo de depressão profunda, ansiedade ou burnout, o trabalho precisa ficar em segundo plano imediatamente, para que o funcionário faça uma pausa e/ou busque ajuda especializada externa. É por isso que os gerentes precisam fazer capacitação para detectar problemas psicológicos e lidar com eles.

Quando é preciso levar em conta a situação pessoal do funcionário, o gerente às vezes precisa fazer malabarismo. Sim, a flexibilidade pode ser oferecida, quando possível. Porém, ao mesmo tempo, o trabalho precisa ser feito — às vezes, presencialmente — e quase ninguém conseguirá obter exatamente o esquema que deseja. Sempre haverá algum tipo de ganha e perde e de negociação. Caso um funcionário não possa atender chamadas às 16h30 porque precisa buscar o filho na creche, o gestor talvez tenha que ligar para ele às 20h para repassar uma apresentação importante do dia seguinte.

Vamos supor que o funcionário toma conta de pai ou mãe idoso, ou tem dois filhos pequenos, ou está enfrentando uma doença crônica. A situação de trabalho ideal, para essa pessoa, provavelmente não será a mesma de um funcionário solteiro, que mora sozinho (e que talvez até, na verdade, prefira trabalhar presencialmente na maior parte do tempo).

O gestor que tem empatia tentará organizar arranjos individuais de home office que não entrem em conflito direto com as metas da empresa. Mais uma vez, isso é algo que o líder sênior não tem nem tempo nem conhecimento para realizar. Caso seja feito de forma sensível pelo gerente intermediário, os benefícios que isso trará para a satisfação dos funcionários serão enormes.

Aqui, porém, pode surgir um problema: a percepção de injustiça.

209

TODO O PODER AOS GERENTES

Imagine duas funcionárias que têm cargos semelhantes, ambas casadas, ambas com dois filhos. Uma delas é obrigada a fazer presencial três dias por semana, enquanto à outra mal se pede que compareça. A primeira funcionária começa a se ressentir pela percepção de favorecimento. Ela não se oporia a passar mais tempo com os filhos em casa, afinal de contas. A satisfação dela no trabalho começa a despencar. Por fim, ela cria coragem para conversar com o gestor sobre essa situação. É aí que fica sabendo que a colega mora com a mãe idosa, que sofre de demência, e ajuda a cuidar dela.

Um conceito chamado de "igualdade processual" ajuda muito os funcionários a aceitar as diferenças nos acordos de trabalho.[12] Uma vez mais, é o gerente intermediário a pessoa mais capacitada a atingi-la.

A igualdade processual tem três etapas principais: permitir que os funcionários tenham informações autênticas sobre as decisões relacionadas a grandes mudanças; garantir que as mudanças sejam comunicadas de forma clara e com grande antecedência; e garantir que os gerentes explicarão a lógica por trás das mudanças, estando à escuta das preocupações dos trabalhadores e demonstrando empatia.

Caso os gerentes sigam esses passos, os funcionários ficarão muito mais propensos a aceitar arranjos de home office desiguais. Mesmo que não consigam o que querem, desde que sintam que foram ouvidos, estarão muito mais dispostos a aceitar rupturas.

A ideia de que os gerentes precisam tratar todos os subordinados de maneira igual é um mito. Na verdade, eles precisam tratar os subordinados de maneira *igualitária*. Há uma grande diferença entre os dois, e os gerentes do futuro precisarão compreender essa diferença, caso queiram levar cada vez mais o trabalho às pessoas, e não as pessoas ao trabalho.

CONCLUSÕES

COMO REPENSAR O PAPEL DA MÉDIA LIDERANÇA

O desafio: Há empresas demais aprisionadas a um modelo presencial, tanto em sentido literal quanto figurado, em que o líder enxerga todos os funcionários do

COMO COLOCAR A MÉDIA LIDERANÇA NO CENTRO

mesmo jeito, como trabalhadores em tempo integral que precisam estar à disposição a todo momento e onde quer que a organização julgue necessário. É um pensamento que ignora a importância de alinhar o propósito individual de cada funcionário com o propósito da empresa, para aumentar a produtividade e o engajamento — e reduzir demissões.

Por que os gerentes intermediários são cruciais para enfrentar o desafio: Somente os gerentes intermediários podem adaptar o propósito geral da empresa sob medida para cada equipe e seus integrantes individualmente. E só eles são capazes de criar opções personalizadas de trabalho híbrido, boas tanto para a empresa quanto para cada trabalhador.

Como os líderes seniores podem ajudar: Os executivos podem garantir que os gerentes intermediários tenham tempo — e sejam premiados por isso — para fazer o casamento mais eficaz entre o funcionário e o trabalho, mesmo que isso signifique transferi-lo para outra área. Os líderes seniores também precisam afrouxar o controle do poder, confiando nos gerentes intermediários para a produção de arranjos de trabalho específicos por área, que atendam melhor suas equipes.

CONCLUSÃO
O sucesso do gerente passa pelos líderes seniores

Como aprender a compartilhar o poder

FRED, CEO DE UMA EMPRESA de processamento de alimentos em rápida expansão, estava reclinado na cadeira de sua sala, prestes a finalizar as próximas etapas da estratégia de expansão na Ásia, quando foi interrompido por uma notificação de e-mail. Era do diretor financeiro, e o assunto era: "Para sua aprovação".

Fred abriu o e-mail. Sua assinatura era necessária para trocar o cartão de crédito corporativo de um dos gerentes de linha da empresa. Depois de assinar o o.k., Fred desligou as notificações de e-mail, para garantir que não seria interrompido de novo. Levou alguns minutos até ele voltar ao modo de raciocínio profundo. Porém, poucos minutos depois, ouviu batidas apressadas na porta.

Era a assistente. "Desculpe, senhor, mas o RH precisa que o senhor assine esta contratação", disse, entregando-lhe o contrato de emprego de um novo trabalhador da linha de frente. Fred rabiscou a assinatura e, depois que a assistente saiu fechando a porta, ele tentou retornar à estratégia asiática. Àquela altura, porém, não conseguia mais se concentrar. Então resolveu passar o resto da hora que antecede o almoço respondendo e-mails e pesquisando no Google os nomes dos concorrentes.

Essa história não é inverossímil. Encontramos de fato CEOs que, mesmo estando em empresas que se transformaram em negócios bilionários, insistem em manter o controle sobre as menores decisões. Alguns fazem tentativas tímidas de estender o poder decisório aos gerentes, voltando atrás logo depois, porque, afinal de contas, são eles que sabem mais. Isso é incrivelmente desmotivante para os gerentes que ficam no meio desse jogo de cena.

Sim, Fred é um caso extremo de microgerenciamento. Mas a história dele é uma metáfora daquilo que a maioria dos líderes seniores faz — mesmo aqueles que se acham bons em delegar. Eles deixam de empoderar as pessoas abaixo deles para realizar o trabalho que só elas têm condições de executar. E os gerentes intermediários, em especial, sofrem as consequências.

A atitude do CEO acaba sendo replicada e repercutindo por toda a empresa, de modo que rouba dos gerentes intermediários a oportunidade, que também gostariam de ter, de refletir e planejar.

Não confio em você

O que explica esse jeito de operar? Basicamente, deve-se à falta de confiança. Isso é o que ouvimos de uma série de gerentes intermediários (que não trabalham para clientes da McKinsey) quando os entrevistamos individualmente.

Abaixo, algumas das mensagens que os gerentes intermediários têm recebido dos líderes seniores:

- Eu não confio em você para a tomada de decisões de negócios corretas, por isso preciso que você faça uma síntese do trabalho dos seus subordinados e a entregue ao seu superior.
- Eu não confio em você para encontrar um jeito de extrair mais da sua equipe, por isso quero que você coloque um pouco "a mão na massa" paralelamente.
- Eu não confio em você para tomar decisões de viagem corretas, por isso peço que você submeta todos os pedidos de viagem a aprovação.

CONCLUSÃO

São muitos os líderes seniores que sobrecarregam os gerentes com tarefas administrativas que podem ser eliminadas, automatizadas ou delegadas. Na prática, os executivos estão priorizando a burocracia em detrimento da confiança.

Os gerentes intermediários esperam ter autoridade, autonomia e poder decisório. Querem poder opinar sobre a estratégia. Não querem ficar preenchendo formulários. No entanto, preencher formulários, seguir regras e ticar casinhas ocupa boa parte do tempo deles. E não é só isso: quando alguma coisa dá errado — e costuma dar —, eles é que levam a culpa por terem seguido as regras, criadas por outra pessoa. Como se não bastasse, é comum que os executivos esperem dos gerentes que também realizem o trabalho da linha de frente.

Alguns líderes tentam apresentar essa prática sob um prisma positivo, pregando um modelo "treinador-jogador" de gestão. Na teoria, parece bonito: em uma espécie de progressão imperceptível, o gerente pode ao mesmo tempo realizar o trabalho em que sempre brilhou e treinar os subordinados para que atinjam o mesmo nível. O problema é que já existe sobrecarga dos dois lados da função. E, muitas vezes, o gerente não recebeu capacitação para ser um coach eficaz. Por isso, tende naturalmente a priorizar o papel de "jogador", ou de contribuidor individual, em detrimento do papel de coach. E quando o gerente se equilibra entre duas funções em vez de realizar uma, ainda por cima sem a devida capacitação, adivinhe o efeito que isso terá sobre sua competência como líder.

Não causa surpresa, portanto, que seja tão ruim a reputação dos gerentes intermediários. E não causa surpresa que esse patamar tenha sido visto — inclusive pelos consultores da McKinsey — como aquele onde é mais fácil, menos prejudicial e mais compensador financeiramente cortar custos.

O problema, porém, não está na função — e sim naquilo que ela se tornou. Muitas empresas equiparam a gerência média a uma burocracia inchada. Mas não é culpa dos gerentes intermediários. A culpa pela sobrecarga de tarefas burocráticas nos ombros dos gerentes é inteiramente dos líderes seniores. E é a eles que cabe fazer alguma coisa.

A solução não é cortar no escalão médio. A solução é transformar a percepção em relação à média liderança e (literalmente) o modo de funcionamento. Isso começa pelo topo, quando os executivos afrouxam o apego ao poder, transferindo uma parte à média liderança.

A primeira coisa que precisa acontecer é uma mudança de mentalidade. É hora de os líderes mais seniores reconhecerem que as pessoas são o ativo mais importante da organização. E por isso os funcionários que recrutam, contratam, treinam, desenvolvem e retêm pessoas — os gerentes intermediários — são o ativo mais importante de todos.

Muitos executivos sabotam o valor de seus gerentes e, com isso, estão perdendo dinheiro, porque muitos funcionários deixam de atingir o potencial pleno. Nós nos deparamos com grandes organizações — com dezenas de milhares de funcionários e receitas bilionárias — que parecem ter se esquecido de cuidar e desenvolver seus gerentes intermediários. Não admira que os gerentes não saibam gerir — basicamente, espera-se que aprendam por osmose. Isso foi particularmente intenso durante a pandemia, quando recaiu sobre eles o peso de controlar equipes de colaboradores individuais extremamente dispersas, sem que esses mesmos gerentes tenham tido alguma orientação sobre como fazê-lo.

Há um elo bastante satisfatório entre nosso apelo aos líderes seniores para que orientem seus gerentes e nosso desejo de que os próprios gerentes orientem seus subordinados. Novas boas práticas têm que vir de cima e fluir organização afora. Então, como os líderes seniores podem chegar a uma situação que coloque em primeiro plano os gerentes intermediários? Primeiro, eles precisam responder duas questões principais:

- O que queremos que nossos gerentes intermediários façam? A resposta pode ser algo mais ou menos assim: queremos que eles atuem como coaches, conectores e navegadores para os subordinados diretos, assim como as pessoas de toda a organização.
- O que eles estão fazendo neste exato instante? A resposta mais provável é: não muito do que foi dito no item anterior.

Nossa pesquisa com gerentes intermediários mostrou que muitos têm a impressão de estar perdendo tempo com tarefas de baixo valor agregado, como trabalho administrativo ou contribuições individuais, e menos do que deveriam em trabalhos de alto valor, como coaching e

CONCLUSÃO

desenvolvimento dos subordinados.[1] Os líderes seniores podem obter avanços se estiverem plenamente conscientes dos detalhes que explicam esse descompasso.

Depois, vem a parte complicada: fazer as mudanças que coloquem os gerentes intermediários na vanguarda, e — pelo menos por enquanto — priorizar esse esforço acima de todo o resto. Isso exige, em grande parte, uma decisão bastante refletida sobre quais tarefas devem ou não devem fazer parte da função de um gerente.

Mesmo quando sabem que precisam dar uma sacudida no escalão médio, muitos líderes seniores odeiam ouvir isso. Por quê? Principalmente devido à inércia e ao comodismo. Eis algumas desculpas: sempre foi feito assim. Mudar é complicado. Reagrupar e reatribuir tarefas demora. Pode acabar atrasando alguns projetos.

E quando um gerente também é competente em alguma função específica da linha de frente, parece tão prático pedir que a exerça um ou dois dias da semana. Se essas tarefas saírem da responsabilidade deles, quem é que vai fazer o serviço extra?

Hora de reavaliar papéis

Há outra questão complicada que os líderes seniores terão que encarar: alguns dos atuais gerentes intermediários terão que ser retirados de seus cargos. Isso é porque eles nunca deveriam ter sido nem sequer contratados ou promovidos a esses postos. Essa é outra prática imposta de cima para baixo que ajudou a dar má reputação ao título "gerente intermediário".

A compreensão do valor do gerente

A maioria das empresas realiza um bom trabalho de valorização dos papéis dos líderes de equipe e dos colaboradores individuais. Porém, desde que sejam capacitados, treinados e empoderados, os gerentes intermediários podem ter um alcance que representa muito mais valor

TODO O PODER AOS GERENTES

que qualquer pessoa abaixo deles. No entanto, a maioria dos líderes deixa de tomar uma atitude para medir esse valor.

Quando esses postos de alto valor são identificados e preenchidos, os líderes seniores podem identificar as pessoas mais influentes da organização. Como encontrar essas pessoas? Isso pode ser feito por meio de algum tipo de formulário com uma única pergunta: "A quem você se dirige quando precisa saber o que está acontecendo na sua área?". Inevitavelmente, os mesmos nomes serão citados em vários levantamentos.

Nem todo gerente de alto valor é influente. E nem todo influente detém um posto de alto valor. O fundamental é chegar nos chamados "poucos e cruciais", que são ao mesmo tempo influentes e de alto valor.[2] O ideal é que o líder sênior traga esses gerentes para perto de si na tomada das decisões estratégicas mais importantes. Além disso, existem outros três tipos de gerentes:

MICROFONES E MEGAFONES: Exercem influência, mas não detêm postos de alto valor. Podem não fazer parte dos poucos e cruciais, porém, quando falam, os outros funcionários ouvem. Desempenham um papel fundamental, que os líderes seniores podem fomentar alimentando-os propositalmente com informações que serão levadas para as conversas em grupos tanto pequenos (microfones) quanto maiores (megafones). Ao fazer um esforço para manter os influenciadores informados e inspirados, liberando-os então como comunicadores e tradutores, os executivos podem ajudar a injetar energia e motivação em toda a organização.

VALOR EM RISCO: Ocupam funções de alto valor, mas exercem pouca influência. Apesar de inteligentes e inovadores, podem não estar conectados o bastante para trazer de imediato boas ideias. Ou, quando de fato trazem boas ideias, falta-lhes a ascendência que lhes permitiria colocá-las em prática. Os líderes precisam estimular esses gerentes a integrarem as redes que lhes permitirão gerar ideias e executar projetos.

À ESPERA DE TREINAMENTO E MISSÕES: O grupo restante de gerentes, mesmo sem pertencer ao nível mais alto em termos de valor

CONCLUSÃO

ou de influência, ainda assim pode fazer a diferença, caso os líderes usem o bom senso em relação a suas competências e características. Escalá-los em projetos de alto valor, ou conectá-los de forma proativa com os de maior influência, pode ser a motivação de que precisam para brilhar.

Depois que esses gerentes são contratados, promovidos ou transferidos, o passo seguinte para o líder sênior é investir pesado tempo e dinheiro em treinamento, para que se tornem líderes o mais efetivos possível. Isso pode incluir um misto de treinamento em sala de aula e coaching individual na prática, talvez seguindo um modelo de desenvolvimento de liderança que explique claramente as metas da organização.

Os executivos também podem mudar o jeito de avaliar os gerentes intermediários. Recompense-os não apenas com base no faturamento e no lucro que suas áreas geram, mas com base no desempenho da equipe, juntamente com a "saúde" da equipe, medida por fatores como demissões e engajamento. Os melhores gerentes são ímãs de talentos (as pessoas querem trabalhar para eles) e multiplicadores de talento (eles ajudam as pessoas a brilhar mais forte e alcançar mais do que imaginavam possível). Os líderes seniores também precisam ser absolutamente claros em relação não apenas aos resultados, mas também ao comportamento que esperam de seus gerentes. Esse comportamento pode incluir propiciar um ambiente estimulante, inspirador e colaborativo. E, claro, não ser um babaca.

Cruzamos com gerentes que atingiram excelentes resultados, mas tratam seus subordinados diretos com assédio e paternalismo, enquanto outros são caras superlegais e divertidos, mas incapazes de obter os resultados desejados. Resultados *e* comportamento precisam ser deixados bem claros e avaliados para que um gerente seja verdadeiramente bem-sucedido.

Para transformar o escalão da gerência intermediária, os líderes seniores também podem:

- Certificar-se de que a organização possui uma declaração de propósito claramente definida, que esteja alinhada com o propósito dos gerentes.

TODO O PODER AOS GERENTES

- Fazer todo o possível para manter os gerentes intermediários onde estão, por meio da promoção dentro da função e recompensando-os da mesma forma que os executivos.
- Sinalizar para os funcionários que esses são os cargos mais cobiçados da organização. A mensagem precisa ser clara: a função é um destino final, e não uma escala.
- Romper os silos organizacionais, por meio do incentivo para que os gerentes intermediários se encontrem regularmente e compartilhem as melhores práticas.
- Sustentar ou criar um ambiente de segurança psicológica, em que os gerentes intermediários não tenham medo de falar o que pensam à alta liderança. Com a posição sem igual que ocupam perto do terreno, mas não perto demais, eles podem ser os primeiros a detectar problemas sistêmicos graves e sugerir formas de resolvê-los.
- Demonstrar empatia com os gerentes, assim como conclamamos os gerentes a demonstrar empatia com os próprios subordinados diretos.

Lembre-se, o gerente tem uma das funções mais ingratas que existem. As pesquisas mostram que eles são a categoria de trabalhador mais deprimida e estressada, por estar incumbida de resultados para os quais não necessariamente planejaram, ou com os quais sequer concordam. Antes de discutir o trabalho, pergunte como ele está, não como uma formalidade, mas querendo saber de verdade, tanto no nível pessoal quanto no profissional. Quem sabe essa mudança de mindset faça diminuírem algumas das causas desse estresse. Reconheça que os gerentes intermediários não têm como ser verdadeiramente eficientes se você não lhes der autonomia e flexibilidade. Retirando deles as tarefas que os sobrecarregam, e empoderando-os a tomar suas próprias decisões, você valoriza o trabalho deles e permite que eles valorizem o dos próprios subordinados.

Uma mentalidade de "impotência adquirida" entre os gerentes parece permear muitas organizações, na opinião de uma diretora de RH de um grande banco, entrevistada por nós. A empresa dela emprega mais de mil gerentes, e existem grandes diferenças entre os melhores

220

CONCLUSÃO

gerentes de banco e o resto, segundo ela. Os melhores gerentes possuem um senso de "dono" de suas agências. Também são empreendedores, e o banco os incentiva a pensar desse jeito. Eles, por sua vez, "criam um senso de dono entre os subordinados, para estabelecer metas maiores e ver o que é possível", diz ela. "O orgulho que sentem, como equipe, quando realizam alguma coisa, é inacreditável."

Muitos gerentes têm a impressão de serem apenas um grão de areia no deserto, e de não importarem de verdade. Em consequência, subestimam o quanto podem transformar suas equipes. O que os gerentes não percebem é que essa sensação de impotência e desdém se torna, na prática, uma forma de energia negativa com um grande impacto.

Para a diretora de RH, é evidente que, positiva ou negativa, a influência dos gerentes intermediários é enorme — e pode ser usada para acelerar a estratégia e a mudança de cultura ou para impedir que isso ocorra.

Compartilhe o poder

Cansamos de ver líderes que querem guardar para si o poder, em vez de liberá-lo para os demais. Assim como Fred, o CEO da empresa do setor industrial que precisava assinar uma a uma todas as decisões, esses líderes encaram o empoderamento dos outros como um sinal de fraqueza. Na verdade, porém, é o contrário.

Esses executivos se apegam a uma visão de liderança do século XX, que coloca o valor para o acionista acima de todos os outros valores. Enxergando a própria missão sob essa ótica, os líderes tendem a ver o próprio papel como planejadores (elaborar uma estratégia e transformá-la em um plano); diretores (repartindo a responsabilidade pelo plano); e controladores (mantendo em rédea curta todos os encarregados do plano, para que ele não se afaste da estratégia).

Tabela 10.1. As quatro regras modernas dos líderes seniores

VISIONÁRIO	COACH
• Comunica o propósito mais amplo da organização	• Certifica-se de que os gerentes recebam treinamento adequado
• É um ótimo contador de histórias	• Atua como coach pessoal para os demais
• Ouve e reage às ideias e preocupações de toda a empresa	• Incentiva pontos de vista diversos e experiências

ARQUITETO	CATALISADOR
• Estrutura um ambiente aberto, e não hierarquizado	• Retira obstáculos que minam o progresso
• Desafia ideias preconcebidas e realoca recursos conforme demandas que mudam	• Fortalece a conexão entre áreas
	• Ajuda a interligar os projetos com a visão geral
• Empodera os gerentes para que resolvam problemas	• Cria um ambiente íntegro e inclusivo

FONTE: Prática de Desempenho Individual e de Organização da McKinsey.

Mas uma visão de liderança do século XXI é muito mais ampla. Dá importância não apenas aos acionistas, mas também a funcionários, clientes, fornecedores, parceiros e sociedade como um todo. Demanda o compartilhamento do poder com os gerentes, que, por sua vez, compartilham o poder com os funcionários. Nessa nova visão de liderança, visualizamos os executivos substituindo os modos de operação obsoletos por quatro novos papéis (Tabela 10.1):[3]

VISIONÁRIO: Uma das coisas mais importantes que um líder sênior pode fazer é criar e comunicar a visão e o propósito da organização. Isso serve como uma estrela-guia capaz de oferecer um rumo quando o futuro é incerto e ocorre a tentação de valorizar o lucro imediato, em detrimento da saúde da empresa a longo prazo. O visionário é um notável criador de narrativas detalhadas e convincentes, capaz de motivar os funcionários — e sobretudo os gerentes. O líder visionário ouve e integra as perspectivas alheias.

CONCLUSÃO

Empodera os gerentes para que moldem a visão às suas equipes, de modo que se traduza em resultados positivos.

ARQUITETO: A partir desse ponto, o líder projeta uma organização que esteja em compasso com essa visão. Trata-se de uma tarefa extraordinariamente complexa. Ao contrário do século XX, em que o modelo era fechado, de cima para baixo e estático, o novo modelo é aberto, empoderador e em permanente transformação. Exige confrontar as ideias preconcebidas e alocar recursos de modo a atender demandas em constante mudança. Um CEO, mais alguns altos executivos, não bastam para projetar tantas mudanças. É por isso que, como arquitetos, eles precisam empoderar os gerentes e confiar que eles serão fiéis ao projeto como um todo.

COACH: Os líderes seniores podem se comprometer a capacitar seus gerentes em quaisquer competências que lhes faltem, e incutindo uma cultura de aprendizado contínuo. Programas de treinamento para gerentes são importantes, mas não bastam. Os próprios líderes seniores também precisam atuar como coaches, para que os gerentes, por sua vez, se tornem os melhores coaches possíveis. Os executivos podem servir de modelo, criando um ambiente de incentivo a diversos pontos de vista, boa acolhida a experiências e aceitação de um certo grau de fracasso. Como coaches, em vez de ditar regras de cima para baixo, devem buscar inspirar e motivar os gerentes a elaborar soluções por conta própria.

CATALISADORES: Como catalisadores, os líderes liberam energia que se propaga pela organização afora. Fazem isso de quatro maneiras principais:

- Retirando os obstáculos que impedem as equipes de atingir suas metas.
- Melhorando a conexão entre as diversas partes das organizações.
- Ajudando as áreas e as equipes a interligarem seus projetos à visão geral da organização.

- Criando um ambiente íntegro e inclusivo, para que as pessoas se sintam à vontade para expressar o verdadeiro *eu* no local de trabalho.

Quando os executivos deixarem de lado o estilo "comando e controle" de liderança, que já não os beneficia mais, e abraçarem novos papéis como visionários, arquitetos, coaches e catalisadores, vão constatar uma liberação exponencial, nas mãos competentes e capazes de seus gerentes, do poder que eles antes tentavam reter.

Um CEO muda de estilo

Foi o final de mais um longo dia — um dia em que Fred tinha tentado — e fracassado mais uma vez — trabalhar em sua estratégia de expansão na Ásia. Sem saber como o tempo tinha corrido tão rápido, ele repassou mentalmente o que tinha feito no dia inteiro.

Grande parte, ele se deu conta, tinha a ver com aprovações — aprovações de orçamento, aprovações de contratações, aprovações de viagens. Outra grande parte fora dedicada a receber relatos tranquilizadores de que seus diretores e gerentes estavam fazendo tudo do jeito que deveriam estar fazendo — ou seja, do jeito dele.

Fred recostou-se na cadeira e finalmente percebeu uma coisa: embora sua empresa tivesse atingido 1 bilhão de dólares de faturamento, ele ainda a tocava como se tivesse que cuidar de tudo. Nunca tinha abandonado a mentalidade de bloco do eu sozinho. E por trás dessa mentalidade estava uma premissa oculta: a crença de que ninguém que trabalhava para ele era capaz de ter o mesmo desempenho que ele.

Foi o momento "eureca" de Fred. Afinal, o que pensar do tino empresarial dele se não dava nem para confiar nos contratados escolhidos por ele mesmo?

Porém, eis a pegadinha: Fred tinha escolhido gente (na maioria) competente. Só não lhes concedia a autonomia de que necessitavam para *provar* que eram dignos de confiança.

E foi aí que as coisas começaram a mudar naquela empresa. Fred

CONCLUSÃO

fez uma lista detalhada de tudo que queria que os gerentes fizessem e, o que é importante, tudo que queria que parassem de fazer.

Em seguida, ele marcou uma reunião com todos os gerentes e diretores da empresa. Ao falar, foi franco e não escondeu sua vulnerabilidade. Falou das emoções e incertezas ao abrir a própria empresa, vinte anos antes, e de como conseguira, trabalhando arduamente e pensando como empreendedor, criar um novo tipo de máquina de processamento de alimentos muito mais segura e eficiente que as anteriores — a tal ponto que a empresa hoje tinha mil funcionários e 1 bilhão de dólares de faturamento.

"Eu nunca teria atingido esse grau de sucesso sem vocês", disse a seus gerentes. "Mas eu não tenho tratado vocês devidamente, né?"

Os gerentes sabiam exatamente do que ele estava falando. Não puderam evitar concordar com a cabeça (bem pouquinho, por educação).

Mas as coisas iam começar a mudar a partir dali, disse Fred. Ele falou sobre os planos de expansão da empresa na Ásia, e como as máquinas de processamento de alimentos trariam uma revolução na luta contra a fome no mundo.

"Mantê-los sob meu controle é um desperdício dos seus talentos, está minando o potencial da empresa, e nos impediu de levar nossas máquinas a pessoas que poderiam se beneficiar delas", disse. A partir dali, afirmou aos gerentes, ele ia adotar medidas para empoderá-los.

E Fred cumpriu a palavra — embora sua jornada de líder tenha sido repleta de armadilhas. Inicialmente, ele achou que bastaria dizer aos gerentes: "Crescei e empoderai-vos!". Porém, depois de alguns meses assim, alguns gerentes continuavam pedindo sua aprovação, embora ele tivesse dito (uma vez só) que tinha passado a confiar neles para cuidar dessas questões por conta própria. E alguns dos gerentes recém-empoderados tomaram decisões tão estúpidas que ele se sentiu terrivelmente tentado a reassumir o controle total.

Àquela altura, Fred se deu conta de que alguns de seus gerentes simplesmente não tinham nascido para ser gerentes. Por isso, ele transferiu a maioria para funções de colaboração individual, enquanto alguns outros pediram demissão ou, lamentavelmente, tiveram que ser demitidos. No geral, porém, Fred escolheu bem seus gerentes e instalou-os em postos onde tinham tudo para brilhar. O que estava faltando, então? Capacitação em gestão, é claro. Acostumados a cuidar de papelada por tantos anos, esses gerentes precisavam ganhar musculatura.

Por isso. Fred deixou de lado temporariamente os planos de expansão para dedicar a maior parte de seus recursos — tanto tempo quanto dinheiro — ao treinamento dos gerentes. Esse treinamento incluía ensino abrangente em sala de aula, mas o mais importante é que também incluía coaching presencial individual do próprio Fred e de sua equipe de líderes seniores. Esse coaching era simultâneo ao ritmo normal de trabalho. Os maiores projetos — e os pontos-chave mais urgentes desses projetos — recebiam o maior acompanhamento direto da alta liderança.

Durante seis meses, a capacitação e o coaching avançaram bem — ou pelo menos assim pareceu a Fred. Porém, um dia, ele perguntou a si mesmo: como eu vou saber se as coisas estão indo bem *mesmo*? Que o ponteiro está de fato se mexendo? Foi aí que ele e seus subordinados diretos elaboraram um modelo de desenvolvimento de lideranças projetado para avaliar o comportamento e o desempenho dos gerentes, responsabilizando-os pelos resultados.

Fred dedicou algum tempo à análise: que tipo de qualidades meus melhores gerentes apresentam? Entre elas, estava a capacidade de inovar, de colaborar com outras áreas e de inspirar os subordinados. Ele organizou uma pesquisa de feedback para a chefia, a ser preenchida de seis em seis meses, para que seus gerentes pudessem ser avaliados em relação a como demonstravam essas qualidades.

Ele também bolou um "placar de desempenho", com métricas tradicionais, como o faturamento, a margem de lucro, a verba e as despesas de cada grupo, além de fatores como:

- Desempenho da equipe.
- Diversidade da equipe.
- Taxa de demissões.
- Taxa de vagas abertas.
- Número de conversas individuais com os subordinados.
- Planejamento sucessório (quem, na sua equipe, pode substituí-lo).
- Engajamento dos funcionários.

CONCLUSÃO

Fred fez questão de explicar por que todos os elementos do placar eram importantes, a fim de que os gerentes os compreendessem dentro do contexto maior do propósito e das metas da empresa. Quando surgia um problema de desempenho, um executivo e um gerente podiam consultar o placar e discutir o que estava impedindo o êxito. Em grande parte das vezes, tratava-se de um conflito entre vontade e capacidade. E, em geral, esse tipo de problema é resolvido com uma conversa individual.

Um ano depois

Um ano depois, Fred estava sentado em sua sala. As notificações de e-mail estavam desligadas, e ele pediu à assistente que não o interrompesse pelo resto da manhã. Durante duas horas, ele refletiu carinhosamente sobre cada fase da estratégia de expansão na Ásia. Antes, ele nunca tinha tempo para reflexões profundas assim.

Em seguida, Fred preparou-se para comunicar aos gerentes os passos seguintes de sua estratégia. Tinha plena confiança na capacidade deles de lidar com o desafio sem que ele tivesse que saber de cada detalhe. E sentiu-se bem com isso.

Fred sabia que, graças à confiança depositada nos gerentes, sua empresa estava bem encaminhada para um sucesso ainda maior. Levou vinte anos para entender isso, mas finalmente tinha aprendido que o talento da gestão é a gestão de talentos.

Em síntese: ao passar de um modelo do século XX para um modelo do século XXI, os líderes seniores vão precisar reorientar seus pontos de vista, de modo a atingir o próprio sucesso pessoal garantindo também o sucesso das pessoas abaixo deles.

Como líder sênior, pense no impacto que você pode causar — e no legado que pode deixar — produzindo as próximas duas ou três gerações de líderes. Então, depois que alguns dos seus gerentes intermediários ascenderem ao patamar mais alto, você terá a certeza de que deixou sua organização nas melhores mãos.

CONCLUSÕES

COMO REPENSAR O PAPEL DA MÉDIA LIDERANÇA

O desafio: Os gerentes intermediários foram reduzidos a uma condição de "impotência adquirida" por executivos que se recusam a compartilhar poder e que desperdiçam seu talento gerencial em tarefas que não agregam o maior valor.

Como os líderes seniores podem ajudar: Os executivos podem atuar para medir concretamente o valor de seus gerentes e, então, treiná-los, dar-lhes coaching e inspirá-los para que atinjam o potencial pleno.

AGRADECIMENTOS

AGRADECEMOS A NOSSOS COLEGAS DA MCKINSEY, os verdadeiros heróis, que deram vida a este livro juntamente conosco. Perdemos a conta de quantos são, porém gostaríamos de expressar especificamente nossa gratidão a alguns membros fiéis da equipe, sem os quais este livro não existiria, entre eles Marino Mugayar-Baldocchi, por administrar o processo de pesquisa de ponta a ponta, garantindo que tudo continuasse nos trilhos; Heather Hanselman, por comandar a definição do campo e da análise da pesquisa com os gerentes; Anne Blackman, pelo apoio no comecinho, quando este livro não passava de uma ideia, e que ajudou a concretizar a proposta; Raju Narisetti, diretor da McKinsey Publishing; e Jacquie Hudson, pelo apoio à comunicação. Agradecemos ainda a Lucia Rahilly e Lauren Moglen, do podcast *McKinsey Talks Talent*, que inspirou várias das ideias deste livro.

O livro foi escrito em madrugadas e fins de semana, e escrevemos muita coisa durante voos de um lado a outro do país, simultaneamente ao atendimento aos clientes. Reconhecemos que domar três autores de personalidade forte não é pouca coisa. Temos imensa dívida de gratidão para com Phyllis Korkki, que nos ajudou a tornar realidade nossa visão, aprendeu conosco e aproveitou de forma tão inteligente nossos pontos fortes.

Obrigados a nosso editor, Jeff Kehoe, da Harvard Business Review Press, pelo feedback construtivo e pelo acompanhamento constante ao longo do caminho. Também somos gratos a toda a equipe editorial da HBR Press. Escolhemos especificamente a HBR Press por causa do compromisso com o feedback ao longo do processo. A colaboração deles redundou em um livro melhor.

Obrigados a Lynn Johnston, nossa agente literária, por ter nos ajudado a encontrar nossa voz e nos incentivar a garantir que atendemos as necessidades de nossos leitores.

Obrigados a Christine Collister, cujos atraentes projetos gráficos ajudaram a ilustrar ideias cruciais deste livro.

Somos gratos a nossos clientes, que nos deram acesso a suas empresas tanto para observar quanto para ampliar suas competências em gestão. Durante toda a confecção deste livro, as conversas com nossos clientes sobre a importância da média liderança nos deixaram convencidos de que este livro preenche uma enorme lacuna. O serviço ao cliente é a nossa missão, e para nós é um privilégio poder atender nossos clientes, muitos dos quais inspiraram as histórias deste livro.

E obrigados a nossos próprios gerentes ao longo dos anos, tantos que não dá para citar todos, que nos inspiraram e ajudaram a elaborar nossas próprias filosofias de gestão.

E por último, mas não menos importante, queremos agradecer a vocês, nossos leitores, por terem lido este livro. Se você está na média liderança, é um chefe de gerentes intermediários, ou um aspirante a gerente, esperamos que guarde consigo pelo menos algum pedacinho deste livro. Esperamos continuar a desenvolver competências de gerentes intermediários, porque acreditamos piamente que o futuro do trabalho está nas mãos deles. Com esse objetivo, seria uma honra darmos continuidade ao debate, e por isso apreciaríamos ideias e feedback. Você pode nos contactar em:

bill_schaninger@mckinsey.com
bryan_hancock@mckinsey.com
Emily_field@mckinsey.com

AGRADECIMENTOS

Bill agradece:

Em especial a minha companheira, Becky, pelas contribuições à compreensão do papel da média liderança em contextos lucrativos e não lucrativos. Também gostaria de agradecer a Anna e Vaughn pela disposição para escutar os episódios anteriores de *McKinsey Talks Talent* (o que exigiu ouvir inúmeras vezes o mesmo episódio e me ouvir fazer a mesma pergunta: "Falei bem?"). A paciência de ambos e as eventuais piadinhas sobre o quanto sou chato me deram um feedback útil (como só adolescentes conseguem).

Também gostaria de agradecer a meu filho Will, que está começando a carreira de prestador de serviços a empresas, mas ainda dá ouvidos a minhas filosofadas sobre como "só é preciso administrar melhor". No começo Will só me escutava, e depois passou a participar integralmente das discussões que moldam meu modo de pensar.

Bryan agradece:

A minha esposa, Maryanne, pelo apoio, inspiração, ideias e validação do papel crucial que os gerentes exercem tanto sobre os resultados da empresa quanto sobre a forma como as pessoas se sentem.

Também gostaria de agradecer a meus filhos, Will e Hugh, pelo interesse em nosso trabalho sobre os gerentes, por escutarem nossos podcasts e seguirem nossos tuítes, e por testemunharem a aplicação de nosso trabalho em suas próprias vidas.

Emily agradece:

A meu marido, Ben MacWilliams, pelo apoio constante, por ser meu inabalável chefe de torcida, e por compartilhar suas próprias histórias de gerentes durante todo o processo de produção do livro. Obrigada a toda a minha família por seu incentivo.

NOTAS

INTRODUÇÃO: OUTRO JEITO DE ENXERGAR OS GESTORES NO NOVO MUNDO DO TRABALHO [pp. 9-21]

1. Bryan Hancock e Bill Schaninger, "Grief, Loss, Burnout: Navigating a New Emotional Landscape at Work". McKinsey Organization Blog, 19 abr. 2021. Disponível em: <mckinsey.com/business-functions/people-and-organizational-performance/our-insights/the-organization-blog/grief-loss-burnout-navigating-a-new-emotional-landscape-at-work>. Acesso em: 22 jan. 2024.
2. "Middle Manager Research Insights", McSinsey, maio 2022. A pesquisa on-line se baseou, em campo, na pesquisa de painel de propriedade da McKinsey e aconteceu entre 29 de março e 8 de abril de 2022. Coletou respostas de 719 participantes de uma extensa gama de regiões, setores, tamanhos de empresas e funções. A investigação definiu gerente intermediário como "gerente de uma ou mais pessoas que gerem funcionários" e filtrou executivos de diretoria e entrevistados que estavam na função — ou em função gerencial semelhante na empresa — há menos de seis meses. Nos Estados Unidos, foram 258 entrevistados.

1. POR QUE OS GERENTES ANDAM TÃO FRUSTRADOS: O DESPREZO POR UMA FUNÇÃO PRIMORDIAL [pp. 25-44]

1. Renee, Gavin, Larry e Cora são gerentes intermediários, entrevistados por telefone.

Alguns poucos detalhes, como os nomes, que poderiam identificá-los, foram alterados para proteger o anonimato. Eles não são clientes da McKinsey.

2. "Middle Manager Research Insights". *McKinsey & Company*, 2022.

3. Ibid.

4. "Anxious? Depressed? Blame It on Your Middle-Management Position". *Public Health Now*, Columbia University Mailman School of Public Health, 19 ago. 2015. Disponível em: <publichealth.columbia.edu/public-health-now/news/anxious-de­pressed-blame-it-your-middle-management-position>. Acesso em: 22 jan. 2024.

5. Erich M. Anicich e Jacob B. Hirsh, "Why Being a Middle Manager is so Exhausting". *Harvard Business Review*, 22 mar. 2017. Disponível em: <hbr.org/2017/03/why-being-a-middle-manager-is-so-exhausting>. Acesso em: 22 jan. 2024.

6. Gallup Report, "State of the American Manager: Analytics and Advice for Leaders". Disponível em: <gallup.com/services/182138/state-american-manager.aspx>. Acesso em: 22 jan. 2024.

7. Bonnie Dowling, Marino Mugayar-Baldocchi, Bill Schaninger e Joachim Talloen, "The Brave New (Business) World". McKinsey Organization Blog, 7 fev. 2022. Disponível em: <mckinsey.com/capabilities/people-and-organizational-performance/our-insights/the-organization-blog/the-brave-new-business-world>. Acesso em: 22 jan. 2024.

8. Análise de Desempenho Pessoal e Organizacional da McKinsey.

9. Comunicado à imprensa do Bureau of Labor Statistics, 4 nov. 2022. Disponível em: <bls.gov/news.release/pdf/empsit.pdf>. Acesso em: 22 jan. 2024.

10. Aaron De Smet, Bonnie Dowling, Bryan Hancock e Bill Schaninger, "The Great Attrition is Making Hiring Harder. Are You Searching the Right Talent Pools?" *McKinsey Quarterly*, 13 jul. 2022. Disponível em: <mckinsey.com/capabilities/people-and-organizational-performance/our-insights/the-great-attrition-is-ma­king-hiring-harder-are-you-searching-the-right-talent-pools>. Acesso em: 22 jan. 2024.

11. Aaron De Smet, Bonnie Dowling, Marino Mugayar-Baldocchi e Bill Schaninger, "'Great Attrition' or 'Great Attraction'? The Choice is Yours". *McKinsey Quarterly*, 8 set. 2021. Disponível em: <mckinsey.com/business-functions/people-and-orga­nizational-performance/our-insights/great-attrition-or-great-attraction-the-choi­ce-is-yours>. Acesso em: 22 jan. 2024.

12. Análise de Desempenho Pessoal e Organizacional da McKinsey.

13. Análise do setor varejista da McKinsey.

2. COMO CHEGAMOS ATÉ AQUI: UMA ANÁLISE. O BOOM TECNOLÓGICO, O CRASH FINANCEIRO E A COVID [pp. 45-66]

1. William H. Whyte, *The Organization Man*. Nova York: Simon & Schuster, 1956.

2. Jonas Hjort, Hannes Malmberg e Todd Schoellman, "The Missing Middle Man-

NOTAS

agers: Labor Costs, Firm Structure, and Development". *National Bureau of Economic Research*, out. 2022. Disponível em: <nber.org/papers/w30592>. Acesso em: 22 jan. 2024.

3. Steven F. Dichter, "The Organization of the 90's". *McKinsey Quarterly*, 1 mar. 1992. Disponível em: <mckinsey.com/capabilities/people-and-organizational-performance/our-insights/the-organization-of-the-90s>. Acesso em: 22 jan. 2024.

4. James A. Champy e Michael Martin Hammer, *Reengineering the Corporation: A Manifesto for Business Revolution*. Nova York: Harper Business Essentials, 1993.

5. Ver respectivamente: E. G. Chambers, Mark Foulon, Helen Handfield-Jones e Steven M. Hankin, "The War for Talent". *McKinsey Quarterly*, jan. 1998, pp. 44-57; Ed Michaels, Helen Handfield-Jones e Beth Axelrod, *The War for Talent*. Boston: Harvard Business School Press, 2001.

6. Susann Gjerde e Mats Alvesson, "Sandwiched: Exploring Role and Identity of Middle Managers in the Genuine Middle". *Human Relations*, v. 73, n. 1, 2020, pp. 124-51. Disponível em: <journals.sagepub.com/doi/10.1177/0018726718823243>. Acesso em: 22 jan. 2024.

7. Christopher J. Goodman e Steven M. Mance, "Employment Loss and the 2007-09 Recession: An Overview". *Monthly Labor Review*, Bureau of Labor Statistics, abr. 2011.

8. Christian Camerota, "The Unintended Effects of Open Office Space". *Harvard Business School News*, 9 jul. 2018. Disponível em: <hbs.edu/news/articles/Pages/bernstein-open-ffices.aspx>. Acesso em: 22 jan. 2024.

9. *Office Space*. Direção: Mike Judge. 20th Century Fox, 1999. (89 minutos).

10. Aaron De Smet, Bonnie Dowling, Marino Mugayar-Baldocchi e Bill Schaninger, op. cit.

11. "Executives Feel the Strain of Leading in the 'New Normal", *Future Forum Pulse*, 2022. Disponível em: <futureforum.com/research/pulse-report-fall-2022-executives-feel-strain-leading-in-new-normal/>. Acesso em: 22 jan. 2024.

12. Jo Constantz, "The Middle Managers Are Not Alright". *Bloomberg*, 20 out. 2022. Disponível em: <bloomberg.com/news/articles/2022-10-20/middle-managers-most-at-risk-of-burnout-in-return-to-office-era>. Acesso em: 22 jan. 2024.

3. EM DEFESA DA MÉDIA LIDERANÇA. COMO FAZER DO MEIO DO CAMINHO O DESTINO FINAL [pp. 69-84]

1. Kelsey não é cliente da McKinsey e foi entrevistada por telefone. Alteramos seu nome e alguns detalhes para proteger sua identidade.

2. Theodore Ross, "Meet the Short Order Cooks So Good Waffle House Officially Calls Them Rockstars". Medium, 9 jan. 2019. Disponível em: <medium.com/s/story/meet-the-short-order-cooks-so-fucking-good-waffle-house-officially-calls-them-rockstars-caf47c31912>. Acesso em: 22 jan. 2024.

3. Vijay Govindarajan, Nikhil Sikka e Anup Srivastava, "The Uncertainty of Middle Management Jobs — and How to Stay Relevant". *California Management Review*, outono de 2022.
4. "Middle Manager Research Insights". McKinsey & Company, maio 2022.
5. Aaron de Smet, Bonnie Dowling, Bryan Hancock e Bill Schaninger, op. cit.

4. O GRANDE REAGRUPAMENTO. DE ELIMINADORES A REINVENTORES DE EMPREGOS [pp. 85-106]

1. Russell Redman, "Amazon Unveils First Amazon Fresh Grocery Store in Wood-landHills". *Supermarket News*, 27 ago. 2020. Disponível em: <supermarketnews. com/retail-financial/amazon-unveils-first-amazon-fresh-grocery-store-woodland-hills>. Acesso em: 22 jan. 2024.
2. Nicole Dusanek, "How Culture and Creativity Saved Thousands of Delta Jobs". *Delta News Hub*, 15 set. 2020. Disponível em: <air101.co.uk/2020/09/how-culture-and-creativity-saved.html>. Acesso em: 24 jan. 2024.
3. Sara Brown, "The Lure of 'So-So Technology' and How to Avoid It". *Ideas Made to Matter, MIT Management Sloan School*, 31 out. 2019. Disponível em: <mits-loan.mit.edu/ideas-made-to-matter/lure-so-so-technology-and-how-to-avoid-it>. Acesso em: 22 jan. 2024.
4. "What Is a Walmart Academy? How They're Building Confidence and Careers". Site do Walmart, 17 abr. 2017.
5. "Live Better U Fact Sheet". Site do Walmart, 26 jul. 2021.
6. "Wholesale Upskilling: Walmart's Workforce Value Proposition". Podcast Managing the Future of Work. 26 mai. 2022. Disponível em: <hbs.edu/managing-the-future-of-work/podcast/Pages/podcast-details.aspx?episode=23233211>. Acesso em: 22 jan. 2024.
7. Amy Goldfinger e Lorraine Stomski, "At Walmart, There Is a Path for Everyone". Disponível em: <corporate.walmart.com/newsroom/2022/05/15/at-walmart-the-re-is-a-path-for-everyone>. Acesso em: 22 jan. 2024.
8. Jacques Bughin, Eric Hazan, Susan Lund, Peter Dahlstrom, Anna Wiesinger e Amrash Subramaniam, "Skill Shift: Automation and the Future of the Workforce". *McKinsey Discussion Paper*, 23 maio 2018. Disponível em: <mckinsey.com/fea-tured-insights/future-of-work/skill-shift-automation-and-the-future-of-the-wor-kforce>. Acesso em: 22 jan. 2024.
9. Steve Lohr, "Economists Pin More Blame on Tech for Rising Inequality". *New York Times*, 11 jan. 2022. Disponível em: <nytimes.com/2022/01/11/technology/inco-me-inequality-technology.html>. Acesso em: 22 jan. 2024.
10. "Gartner Predicts 69 percent of Routine Work Currently Done by Managers Will Be Fully Automated by 2024". Site da Gartner site, 23 jan. 2020.
11. Naina Dhingra, Andrew Samo, Bill Schaninger e Matt Schrimper, "Help Your Em-

NOTAS

ployees Find Purpose — or Watch Them Leave". Disponível em: <mckinsey.com/business-functions/people-and-organizational-performance/our-insights/help-your-employees-find-purpose-or-watch-them-leave>. Acesso em: 22 jan. 2024.

5. COMO GANHAR A GUERRA PELOS TALENTOS NO SÉCULO XXI. DAS TRANSAÇÕES ÀS INTERAÇÕES [pp. 107-29]

1. Greg Iacurci, "The Great Resignation Continues, as 44% of Workers Look for a New Job". *CNBC*, 22 mar. 2022. Disponível em: <cnbc.com/2022/03/22/great-resignation-continues-as-44percent-of-workers-seek-a-new-job.html>. Acesso em: 22 jan. 2024.
2. Aaron De Smet, Bonnie Dowling, Marino Mugayar-Baldocchi e Bill Schaninger, op. cit.
3. "Why the Onboarding Experience Is Key for Retention", *Gallup Blog*, 11 abr. 2018. Disponível em: <gallup.com/workplace/235121/why-onboarding-experience-key-retention.aspx>. Acesso em: 22 jan. 2024.
4. Talya N. Bauer, "Onboarding New Employees: Maximizing Success". Diretrizes Práticas Eficientes da SHRM Foundation, 2010. Disponível em: <shrm.org/foundation/ourwork/initiatives/resources-from-past-initiatives/documents/onboarding%20new%20employees.pdf>. Acesso em: 22 jan. 2024.
5. Emily Wetherell e Bailey Nelson, "8 Practical Tips for a Better Onboarding Process". *Gallup Workplace Blog*, 12 ago. 2021. Disponível em: <gallup.com/workplace/353096/practical-tips-leaders-better-onboarding-process.aspx>. Acesso em: 22 jan. 2024.
6. "The Essentials: Retaining Talent". Podcast Women at Work. *Harvard Business Review*, 4 abr. 2022. Disponível em: <hbr.org/podcast/2022/04/the-essentials-retaining-talent>. Acesso em: 22 jan. 2024.
7. "The 5 Languages of Appreciation in the Workplace". Disponível em: <appreciationatwork.com/5-languages-appreciation-workplace-improve-employee-engagement/>. Acesso em: 22 jan. 2024.
8. Naina Dhingra, Andrew Samo, Bill Schaninger e Matt Schrimper, op. cit.
9. Aaron De Smet, Bonnie Dowling, Marino Mugayar-Baldocchi e Bill Schaninger, op. cit.

6. A FUSÃO DO DESEMPENHO COM O PROPÓSITO. DE AVALIADOR PONTUAL A COACH PERMANENTE [pp. 131-52]

1. Jude King, "How Great Leaders Communicate Big Vision So That Others Want to Join In". Medium, 29 nov. 2019. Disponível em: <medium.com/@Jude.M/how-great-

leaders-communicate-big-vision-so-that-others-want-to-join-in-d3296e7ca37e>. Acesso em: 22 jan. 2024.

2. "Becoming a Cast Member at Disney Parks". Disney Careers. Site.

3. "Quiet Quitting and Performance Management". Podcast McKinsey Talks Talent, 26 out. 2022. Locução: Bryan Hancock; Bill Schaninger.

4. "Psychological Safety and the Critical Role of Leadership Development". Disponível em: <mckinsey.com/business-functions/people-and-organizational-performance/our-insights/psychological-safety-and-the-critical-role-of-leadership-development>. Acesso em: 22 jan. 2024.

5. Amy Edmondson, *The Fearless Organization: Cultivating Psychological Safety in the Workplace for Learning, Innovation, and Growth*. Hoboken: Wiley, 2018.

6. Bill Schaninger e Taylor Lauricella, "The Questions You Ask Drive the Action You See". McKinsey Organization Blog, 14 abr. 2020. Disponível em: <mckinsey.com/capabilities/people-and-organizational-performance/our-insights/the-organization-blog/the-questions-you-ask-drive-the-action-you-see>. Acesso em: 22 jan. 2024.

7. Taiichi Ohno, "Ask 'Why' Five Times About Every Matter". Toyota website, mar. 2006.

8. Daniel Goleman e Richard E. Boyatzis, "Emotional Intelligence has 12 Elements. Which do You Need to Work On?". *Harvard Business Review*, 6 fev. 2017. Disponível em: <hbr.org/2017/02/emotional-intelligence-has-12-elements-which-do-you-need-to-work-on>. Acesso em: 22 jan. 2024.

9. Bryan Hancock e Bill Schaninger, "Grief, Loss, Burnout: Navigating a New Emotional Landscape at Work". McKinsey Organization Blog, 19 abr. 202. Disponível em: <mckinsey.com/business-functions/people-and-organizational-performance/our-insights/the-organization-blog/grief-loss-burnout-navigating-a-new-emotional-landscape-at-work>. Acesso em: 22 jan. 2024.

10. Heidi K. Gardner e Mark Mortensen, "Managers are Trapped in a Performance-Compassion Dilemma". *Harvard Business Review*, 7 abr. 2022. Disponível em: <hbr.org/2022/04/managers-are-trapped-in-a-performance-compassion-dilemma>. Acesso em: 22 jan. 2024.

11. David Rock, "Stop Telling Managers to Be Empathetic. Try This Instead". *Fast Company*, 11 nov. 2021. Disponível em: <fastcompany.com/90695010/stop-telling-managers-to-be-empathetic-try-this-instead>. Acesso em: 22 jan. 2024.

7. NO CORAÇÃO DA SOLUÇÃO DE PROBLEMAS. DE BUROCRATA A DETETIVE DE DADOS [pp. 153-71]

1. Aaron De Smet, Bonnie Dowling, Marino Mugayar-Baldocchi e Bill Schaninger, op. cit.

2. Scott Judd, Eric O'Rourke e Adam Grant, "Employee Surveys Are Still One of the

NOTAS

Best Ways to Measure Engagement". *Harvard Business Review*, 14 mar. 2018. Disponível em: <hbr.org/2018/03/employee-surveys-are-still-one-of-the-best-ways-to-measure-engagement>. Acesso em: 22 jan. 2024.

3. "The Essentials: Retaining Talent". Podcast Women at Work. Harvard Business Review, 4 abr. 2022. Disponível em: <hbr.org/podcast/2022/04/the-essentials-retaining-talent>. Acesso em: 22 jan. 2024.

4. Alexander DiLeonardo, Taylor Lauricella e Bill Schaninger, "Survey Fatigue? Blame the Leader, Not the Question". McKinsey Organization Blog, 10 maio 2021. Disponível em: <mckinsey.com/business-functions/people-and-organizational-performance/our-insights/the-organization-blog/survey-fatigue-blame-the-leader-not-the-question>. Acesso em: 22 jan. 2024.

5. Joseph B. Fuller, Manjari Raman, Eva Sage-Gavin e Kristin Hines, "Hidden Workers: Untapped Talent". Harvard Business School Project on Managing the Future of Work and Accenture, set. 2021.

6. Zahira Jaser, Dimitra Patrakaki, Rachel Starr e Ernesto Oyabide-Magana, "Where Automated Job Interviews Fall Short". *Harvard Business Review*, 27 jan. 2022. Disponível em: <hbr.org/2022/01/where-automated-job-interviews-fall-short>. Acesso em: 22 jan. 2024.

7. Bureau of Labor Statistics. *Occupational Outlook Handbook*, 2022.

8. Jit Kee Chin, Mikael Hagstroem, Ari Labrikian e Khaled Rifai, "Advanced Analytics: Nine Insights From the C-Suite". Disponível em: <mckinsey.com/business-functions/quantumblack/our-insights/advanced-analytics-nine-insights-from-the-c-suite>. Acesso em: 22 jan. 2024.

9. Scott Berinato, "Data Science and the Art of Persuasion". *Harvard Business Review Magazine*, jan/fev. 2019. Disponível em: <hbr.org/2019/01/data-science-and-the-art-of-persuasion>. Acesso em: 22 jan. 2024.

10. Solly Brown, Darshit Gandhi, Louise Herring e Ankur Puri, "The Analytics Academy: Bridging the Gap Between Human and Artificial Intelligence". *McKinsey Quarterly*, 25 set. 2019. Disponível em: <mckinsey.com/business-functions/quantumblack/our-insights/the-analytics-academy-bridging-the-gap-between-human-and-artificial-intelligence>. Acesso em: 22 jan. 2024.

11. Tobias Baer e Vishnu Kamalnath, "Addressing Bias in Machine Learning Problem Solving". Disponível em: <mckinsey.com/business-functions/risk-and-resilience/our-insights/controlling-machine-learning-algorithms-and-their-biases>. Acesso em: 22 jan. 2024.

8. COMO ASSUMIR A LIDERANÇA NA GESTÃO DE TALENTOS. DE GUARDIÕES A DESAFIADORES DO STATUS QUO [pp. 173-91]

1. Steve Lohr, "Millions Have Lost a Step Into the Middle Class, Researchers Say".

New York Times, 14 jan. 2022. Disponível em: <nytimes.com/2022/01/14/business/middle-class-jobs-study.html>. Acesso em: 22 jan. 2024.

2. Ram Charan, Dominic Barton e Dennis Cary, *Talent Wins*. Boston: Harvard Business Review Press, 2018.

9. COMO CONECTAR O TRABALHO ÀS PESSOAS. DE GESTOR DO TRABALHO A LÍDER INSPIRACIONAL [pp. 193-211]

1. Aaron De Smet, Bonnie Dowling, Marino Mugayar-Baldocchi e Bill Schaninger, op. cit, 2021.
2. Naina Dhingra, Andrew Samo, Bill Schaninger e Matt Schrimper, op cit.
3. Micah Solomon, "Ritz-Carlton President Herve Humler's Leadership, Culture, and Customer Service Secrets". *Forbes*, 21 abr. 2015. Disponível em: <forbes.com/sites/micahsolomon/2015/04/21/ritz-carlton-president-herve-humlers-leadership-culture-and-customer-service-secrets/?sh=405606483b55>. Acesso em: 22 jan. 2024.
4. Micah Solomon, "How to Bring Ritz-Carlton Caliber Customer Service to Any Type of Business". *Forbes*, 23 fev. 2020. Disponível em: <forbes.com/sites/micahsolomon/2020/02/23/how-to-bring-ritz-carlton-caliber-customer-service-to-any-type-of-business/?sh=5a89175657dd>. Acesso em: 22 jan. 2024.
5. "What's Your (Corporate Purpose) Sweet Spot?". McKinsey Featured Insights, 6 jan. 2021. Disponível em: <mckinsey.com/featured-insights/coronavirus-leading-through-the-crisis/charting-the-path-to-the-next-normal/whats-your-corporate-purpose-sweet-spot>. Acesso em: 22 jan. 2024.
6. Dhingra et al., op. cit.
7. James C. Collins; Jerry I. Porras, "Building Your Company's Vision". *Harvard Business Review*, 1 set. 1996.
8. Zoe Schier, "Apple Employees Push Back Against Returning to the Office in Internal Letter". *The Verge*, 4 jun. 2021. Disponível em: <theverge.com/2021/6/4/22491629/apple-employees-push-back-return-office-internal-letter-tim-cook>. Acesso em: 22 jan. 2024.
9. Susan Lund, Anu Madgavkar, James Manyika e Sven Smit, "What's Next for Remote Work: An Analysis of 2.000 Tasks, 800 Jobs, and Nine Counties". McKinsey Featured Insights, 23 nov. 2020. Disponível em: <mckinsey.com/featured-insights/future-of-work/whats-next-for-remote-work-an-analysis-of-2000-tasks-800-jobs-and-nine-countries>. Acesso em: 22 jan. 2024.
10. Annamarie Mann, "Why We Need Best Friends at Work". Gallup Workplace Blog, 15 jan. 2018. Disponível em: <gallup.com/workplace/236213/why-need-best--friends-work.aspx>. Acesso em: 22 jan. 2024.
11. Catherine Fisher, "LinkedIn Study Reveals Work BFF's Make Us Happier at the Office". LinkedIn Official Blog, 8 jul. 2014.

NOTAS

12. Joel Brockner, "Why It's So Hard to Be Fair". *Harvard Business Review Magazine*, mar. 2006. Disponível em: <hbr.org/2006/03/why-its-so-hard-to-be-fair>. Acesso em: 22 jan. 2024.

CONCLUSÃO: O SUCESSO DO GERENTE PASSA PELOS LÍDERES SENIORES. COMO APRENDER A COMPARTILHAR O PODER [pp. 213-28]

1. "Middle Manager Research Insights". McKinsey, maio 2022.
2. Bill Schaninger e Taylor Lauricella, "A Data-Backed Approach to Stakeholder Engagement". McKinsey Insights, 28 maio 2020. Disponível em: <mckinsey.com/business-functions/people-and-organizational-performance/our-insights/the-organization-blog/a-data-backed-approach-to-stakeholder-engagement>. Acesso em: 22 jan. 2024.
3. Michael Lurie e Laura Tegelberg, "The New Roles of Leaders in 21st Century Organizations". McKinsey Organization Blog, 23 set. 2019. Disponível em: <mckinsey.com/business-functions/people-and-organizational-performance/our-insights/the-organization-blog/the-new-roles-of-leaders-in-21st-century-organizations>. Acesso em: 22 jan. 2024.

ÍNDICE REMISSIVO

Acemoglu, Daron, 95, 99

ações e stock options, 79

Alibaba, 117

alocação de talentos, 183-4

Amazon Fresh, 85-6

ambiente de trabalho interesseiro, 128

amizades, 207

apoio ao cliente, 25-8

Apple, 204

arquitetos, líderes como, 223

autoconsciência, 145

automação, 16, 98-100; contratação e, 162-4; custos, 47, 80; disparidade salarial, 99; entrada de dados, 165; perda de empregos, 30; reformulação dos empregos, 86, 96, 98, 101; trabalho administrativo e, 81; *ver também* tecnologia

autonomia, 38-40, 43, 53, 215, 224

avaliação de desempenho, 34-5, 131-52; baixo desempenho, 185-91; coaching, 137-42, 149-51; compreensão das causas da performance fraca, 142-4; conexão com o propósito, 133-6; empatia, 146-9; gerentes intermediários e, 219-20; liberdade para discutir, 141; perda da gerência média, 62; saúde mental, 146-9; saúde organizacional, 144-6

"banco de cérebros", 178-9, 183

Barton, Dominic, 178

bem-estar, 13, 147

benefícios, 128

Best Buy, 117

bode expiatório, 34-6

bolha da internet, 48

bônus, 78

burocracia, 14-5, 30, 47, 52-3, 184, 215; sobrecarga de trabalho e, 52-3

caixas, 85-91, 93, 105; no Walmart, 97

"camada de gelo" organizacional, 57-62, 74

Carey, Dennis, 178

Cava, Jeff, 46-7, 65

CensusWide, 207

Chambers, E. G., 48

Champy, James, 48

Chapman, Gary, 119

Charan, Ram, 178

checagens, 127-8, 136; do bem-estar, 13, 147; do trabalho remoto, 207

ClassPass, 117

coaching, 19, 133-8, 193-5; impacto, 138-42; líderes, 223; parceria, 141

colaboração, 50, 203, 208-11; no trabalho remoto, 51

College2Career, 98

Collins, Jim, 201

Como enlouquecer seu chefe (filme), 52

compartilhamento de poder, 213-28; controle versus, 221-4

comportamentos esperados, 219-20

compromissos familiares, 208-10

comunicação, 26-8, 45-6, 139-41; competências, 40-2; de dados, 169-70; efeitos da tecnologia, 47-9, 63-4; "gestão andando por aí", 46-7; recursos humanos e, 190-1; resultados das pesquisas internas e, 159; sobre saúde mental, 146-9; sobrecarga de informações, 65; valores fundamentais e, 200-1; *ver também* coaching

conexão, 64, 82-3, 193-211; colaboração, 208-10; enxergar a pessoa por completo, 199-202; pandemia de covid, 202-7; retenção de funcionários e, 111; trabalho remoto, 124

confiança, 17, 224; dos chefes, 31; empoderamento, 214-7

consciência social, 146, 209-10

contexto ágil, 182

Cook, Tim, 204

corte de custos, 13-7, 35, 45; crise financeira de 2008, 49-50; guerra pelos talentos, 53-6; pagamento de incentivos, 36-8; tecnologia, 47-9, 105

crise financeira de 2008, 45, 49-50; redução de custos, 54

cultura da empresa, 60-2, 127-8, 202; lealdade, 127-8; segurança psicológica e, 220; trabalho remoto, 51, 64

Culture Amp, 158

dados, 19-20, 153-71; algoritmos de contratação, 162-4; análise e atuação baseada, 166-9; como encontrar o que é importante para os funcionários com, 155-60; funcionários experientes, 153-4; mitos, 169-70; pesquisas, 157-9; prevenção de erros, 164-6; versus a solução "óbvia", 154-9

Debroy, Papia, 177

Delta, 92

demissão silenciosa, 136-7

depressão, 32-3

descrição de cargos, 181-4

desempenho, 20; coaching, 137-8; dados, 164-5; lealdade, 146-9; metas, 134-5; propósito, 131-52; ruim, como lidar, 185-91

desenvolvimento de carreira, 15-6, 32, 80-3, 193-5; aceitar uma promoção e se arrepender, 74-6; organizações hierárquicas, 46; para gerentes intermediários, 40-2, 219-20; permanecer na média liderança, 69-84; recusar uma promoção, 70-4; superestrelas versus "brilhos fracos", 53-6; Waffle House e, 76-7

desenvolvimento de funcionários, 19, 216

design das vagas: análise de trabalho, 181-2; levantamento das funções gerenciais, 80-1

desligamento, 136

diferenças entre gerações, 38-40, 125-6, 147-8

Disney, 134

disparidade salarial, 99

diversidade, 112, 115-7, 162-3; exigências acadêmicas, 174-8

eBay, 117

econômica, situação, 10, 12, 45; *ver também* crise financeira de 2008

Edmondson, Amy C., 138

empatia, 146-9, 220

empoderamento, 17-8, 213-28; confiança, 214-7; dados, 167-9

engajamento, 124, 199-200

entrevistas em vídeo automatizadas (AVIS), 164

ÍNDICE REMISSIVO

equilíbrio entre vida profissional e pessoal, 111

equipes de análise de dados, 169-70

equipes, como avaliar a saúde das, 144-6

escritórios sem divisórias, 50

estabelecimento de metas, 133-5, 151; coaching, 137-8; trabalho inspirador, 201-2

estereótipos, 14, 34, 52

estratégia, 178-9, 215

estratégias dos espaços físicos, 48-9, 116-7

estresse psicológico, 31-4

estrutura organizacional, 14; recrutamento, 179-80

estruturas hierárquicas, 20, 46; importância da gerência média, 46-7; produtividade e, 69-70; reestruturação e perda da gerência média, 60-2

expectativas do cliente, 91

feedback, 35, 83; compreender as causas de falhas de desempenho, 142-4; efetivo, como dar, 143-4; sem gerência média, 62; treinamento, 145-6

flexibilidade, 209-10; condições trabalhistas e, 79-80; desejo dos funcionários, 38-40; igualdade, 121; propósito, 198; trabalho híbrido, 120-5, 201-10; trabalho remoto, 50-1

Foulon, Mark, 48

Fuller, Joseph B., 162-3

funções: comunicação, 47-9; conflitantes, alternância entre, 32-4; falha em reimaginar, 45; novas necessidades, 91-2; o que deveriam ser, 82-3; promoção sem sair da gerência, 69-84; reimaginar, 82-3

Future Forum, 64

Gallup, 36, 117-9, 207

Gardner, Heidi, 147

Gartner Inc., 100

gerentes intermediários: avaliação e alocação, 217; compartilhamento do poder, 213-28; corte de custos e perda, 13-7; definição, 28; durante a pandemia, 9-12; estereótipos, 14; falsos conceitos sobre, 69-70; mau uso, 14-5, 25-44; poder de investir, 10-2; priorização, 217; reinvenção dos papéis, 15-6; uso do tempo, 29-31

gestão: "andando por aí", 46-7, 65; aumento de escopo, 79; competências, 141; gerentes intermediários impedidos de gerir, 14-5, 25-44; hierarquia acima e abaixo, 40; inteligência artificial, 80; modelo "treinador-jogador" de, 215; promoção das pessoas erradas, 55-6; proteção dos líderes, 48; rotatividade de funcionários, 36-8

gestão de relacionamentos, 146

gestão de talentos, 25-44, 82-3, 173-91; análise do cargo, 180-1, 183; desperdício de talentos, 196-7; estratégia, 178-9; estrutura, 179-80; lidando com o baixo desempenho, 185-8; obstáculos, 28-9; para superestrelas e "brilhos fracos", 53-6; preservação de empregos, 98-101; processos, 181-5; trabalho conjunto, 177-85; trabalho híbrido, 201-10

Glassdoor, 12, 36, 144, 159

Goleman, Daniel, 145-6

Grande Reagrupamento, 85-106; definido, 90-1

Grande Recessão, 49-50

"Grande Renúncia", 10-2, 40, 64, 104, 112; compreensão das causas, 111-3

"guerra pelo talento, A" (Chambers, Foulon, Handfield-Jones e Hankin), 48

guerra pelos talentos, 30, 107-29; diferenças entre gerações, 125-6, 147-8; diversidade, 112, 115-7, 162-3, 174-8; falta de desenvolvimento, 57-60; gerência média tóxica, 60-2; integração, 117-20; lealdade, 126-8; o que os funcionários querem, 107-10; pandemia, 64; processo de contratação, 113-4; propósito, 125-6; recrutamento, 114-5; superestrelas versus "brilhos fracos", 53-6

Hammer, Michael, 48

Handfield-Jones, Helen, 48

Hankin, Steven M., 48

Harvard Business Review, 33, 119, 147, 157-8, 170, 201
"Homem Organizacional" (Whyte), 46
Humler, Herve, 199-200

ideias preconcebidas, algoritmos de contratação e, 162-3
igualdade, 121, 210
igualdade processual, 210
"impotência adquirida", 220-1
Índice de Saúde Organizacional, 112, 167
influenciadores, 218-21; microfones e megafones, 218
informação: democratização de, 65; disseminação de, 46-7
integração, 117-20
inteligência artificial, 82-3
inteligência emocional, 40-1, 65, 145-6; automação, 98
Internet das Coisas (IoT), 166-9
"inventar serviço", 52-3

Just Walk Out [Basta sair], tecnologia, 85-6, 94, 105

Kennedy, John F., 134

lealdade, 12; aos gerentes versus às empresas, 36-8; empatia, 146-9; retenção, 124-8
líderes e liderança: "abismo de propósitos", 201; acobertamento de práticas empresariais inadequadas, 53; compartilhamento do poder, 213-28; confiança, 31, 214-7; estratégia, 178-9; estrutura, 179-80; falta de atenção, 41; gestão acima e abaixo, 40; ideias preconcebidas sobre as prioridades dos trabalhadores, 155-7; lealdade, 127; mau uso dos gerentes intermediários, 14-5, 28-32; melhores práticas, 216; mentalidade de "comando e controle", 20, 224; modelo de desenvolvimento, 226; necessidade de reimaginar o papel dos gerentes, 45; novos papéis, 222-4; proteção dos funcioná-

rios, 48; recursos humanos, 178-85; retenção do poder, 221-4; tóxicos, como os gerentes protegem os subordinados, 30
"linguagens de valorização pessoal" no trabalho, 119-20
LinkedIn, 207
Live Better U [Viva o Seu Melhor Eu], 97
Lululemon, 117

McKinsey, 29-30, 36, 39-42, 82, 98, 104, 110, 125-6, 157, 159, 200-2; "academias de análise de dados", 169-70; análise demográfica, 168; Índice de Saúde Organizacional, 112; propósito, 197-8; requisitos de grau de instrução, 178
McKinsey Quarterly, 47-8
McKinsey Talks Talent, podcast, 136
mentalidade de comando e controle, 20
mercado de trabalho: diferenças entre gerações, 38-40, 125-6, 147-8; recrutamento e retenção, 19; trabalho com o RH, 20; *ver também* guerra pelos talentos
métricas, 42, 163, 226-7
missões desafiadoras, 79
Mortensen, Mark, 147-8
motivação, 119, 133, 196-9, 218
mudanças de título, 79

Nasa, 134
necessidades sociais, 207
Neuroleadership Institute, 148
níveis de educação, 97-100; contratação, 174-8

Ohno, Taiichi, 142
OIES (modelos de feedback), 143-4
Opportunity@Work, 177

pandemia de covid, 45; checagem do bem-estar dos funcionários, 13, 147; gerenciando para cima e para baixo, 40-1; "Grande Renúncia", 10-2, 39-40; guerra pelos talentos, 113-4; integração, 118; mudanças na demanda, 92;

ÍNDICE REMISSIVO

propósito, 125-6, 197; reformulação, 92-3; saúde emocional e mental, 63-4, 147; trabalho remoto, 9-12, 50-1; volta ao presencial, 50-1, 202-7

perda de funcionários: demissões silenciosas, 136; diagnosticando o problema, 111-3; falta de desenvolvimento de carreira, 41; lealdade aos gerentes, 12, 36-8; o que os trabalhadores querem, 155-60

pesquisas de pulso, 127, 158

pesquisas, 144-6, 156-9; fadiga de, 159

Peter, Laurence J.: "Princípio de Peter", 55

Peters, Tom, 206

Poitevin, Helen, 100

"Por que ser gerente intermediário é tão exaustivo", 33

Porras, Jerry, 201

preço, fatores levados em conta nas mudanças de, 91

preferências do cliente, 94, 96

produtividade, 52-3; gestão hierárquica, 69-70; propósito e, 126; tecnologia e, 95-6

promoções, 15, 31; internas na gerência, 33, 69-84, 220; permanecer na média liderança versus, 69-84; "Princípio de Peter", 55; reavaliação, 217; recusas, 70-4; Waffle House e, 76-7

propósito, 193-211; "abismo de", entre a alta liderança e a linha de frente, 200-1; alinhamento entre o pessoal e o profissional, 20, 197-9; coaching, 137-8; como descobrir o, individual, 133-8; conectar o, da empresa ao individual, 145; declarações, 219; demanda dos funcionários, 39-40, 107-10; desempenho e, 131-52; gestão e, 45-66; importância, 103-4, 199; pandemia, 64; recrutamento e, 114-5; retenção, 112; tipos de, 125-6; valor dos gerentes, 217-21; volta ao presencial, 202-7

proposta de valor ao funcionário, 103-5, 181

Qualtrics, 158

reconhecimento, 40-2, 64, 119, 143, 151, 200

recrutamento, 19-20, 113-5, 160-2; dados, 160-2; descrição do cargo, 181-4; diversidade, 115-7; guerra pelos talentos, 30; jogos, uso de, 162; mentalidade, 174-6; problemas de algoritmo, 162-4; repensar o, 114-5; requisitos de instrução, 174-6; tarefas do RH versus tarefas do gerente, 173-4

recursos humanos, 20, 173-91; estratégia, 178-9; evolução do papel do, 179; lidar com o mau desempenho, 185-8; mentalidade de contratação, 174-6; processos, 181-5; tarefas do gerente versus, 173-4

redesenho/reagrupamento do trabalho, 18-21, 85-106; fatores a levar em conta, 91-4; operadores de caixa, 85-91; preservação de empregos, 98-101; seguros e, 101-3; tecnologia, 94-6; varejo e, 94-8; vários setores e, 98-100; Walmart e, 97-8

Reengenharia: Revolucionando a empresa (Hammer & Champy), 48

reguladores de sinistros, 101-3

relacionamento, questões de, 157-9

resiliência, 40

resolução de problemas, 153-71; solução real versus solução óbvia, 154-9

responsabilidade, 226

restaurantes, 92

Restrepo, Pascual, 95

retenção de funcionários, 90; coaching, 137-8; desejos e necessidades individuais, 112; fatores que contribuem para, 111-4; integração, 117-20; lealdade, 126-8; trabalho remoto, 120-2

reuniões, 52-3, 208-9

Revolução Industrial, 45

RH *ver* recursos humanos

Ritz-Carlton, 199-200

Rock, David, 148-9

rotatividade, 36-8; integração e, 117-8; não se sentir valorizado, 104-5 salários, 78-9

saúde mental, 63-4, 146-9, 209; de gerentes, 220-1; tecnologia, 164

segurança no emprego, 101-3

segurança psicológica, 138, 220

setor bancário, 98

setor de seguros, 101-3

setor de varejo, 42-3; operadores de caixa, 85-91; pandemia da covid, 93; reagrupamento do, 95-8

setor de viagens, 92

Shell, 119

silos organizacionais, 180, 220

sistemas de recompensa, 15, 31; benefícios, 128; como método, 78-80; diferenças entre gerações, 38-40; pedidos de demissão, 111-3; permanecer na média liderança, 69-84; "Princípio de Peter", 55

Slack Technology, 64

Society for Human Resources Management, 117

solução de conflitos, 83

Spivey, Rachel, 158

Staples, 117

Stomski, Lorraine, 97-8

subutilização, 17

superestrelas, 53-6

Talent Wins (Barton, Carey e Charan), 178-9

tarefas de contribuição pessoal, 29-30; como base para promoção, 54-6, 70, 74, 78; exigidas dos gestores, 15, 30, 40, 216-7; trabalho remoto, 63, 123, 207, 216

taxa de desemprego, 39-40

Team List to Call ["lista de equipes a contatar"] (TLC), 168-9

tecnologia: automação, 98; boom tecnológico, 45, 47-9, 52-3; como substituta dos gerentes intermediários, 63-4, 82; competências, 40-2; decisões de contratação, 162-4; desumanização, 163-4; Just Walk Out, 85-6; necessidade de seres humanos, 169-70; preservação de

empregos, 98-101; reagrupamento de empregos, 94-6; sobrecarga de trabalho, 52-3; uso de dados, 153-71; *ver também* trabalho remoto

tendências de gestão, 33, 45-9; avanços de produtividade, 52-3; bolha de tecnologia, 47-9; crise financeira de 2008, 49-50; gerência média tóxica, 60-2; organizações "ágeis e achatadas", 60-2; tirando o ânimo dos gerentes, 57-60; trabalho remoto, 50-1, 63-4; uso da gerência média como bode expiatório, 34-6

trabalho: como conectar as pessoas, 193-211; de baixo valor versus de alto valor, 216-7; impacto dos gerentes, 82; natureza mutável do, 33

trabalho administrativo, 14-5, 30, 70, 193-5, 215-6

trabalho híbrido, 120-5, 158; colaboração, 208-11; diretrizes, 205-6

trabalho remoto, 9-12, 50-1; controle, 120-2, 203-5; hubs, 116-7; quando reunir pessoalmente, 122-4; retenção de funcionários, 113-4; retorno ao presencial, 202-8

transferências entre áreas, 196-7

tratamento igualitário, 121, 210

treinamento, 17, 46; obtenção de recursos, 31; para dar feedback, 142-4; recrutamento, 115; redução de custos, 38; saúde organizacional, 144-6

Tyler, Kate, 119

Universidade Columbia, 32

valor: "abordagem regenerativa", 97; do funcionário, 103-5; dos gerentes intermediários, 13, 217-21; para gestão de desempenho, 34-6; tendências de gestão, 33

valor para o acionista, 35, 221-2

valores, 198, 200-2; comunicação dos, 201

visão de liderança, 221-3

Waffle House, 76-7

Walmart, 97-8

Whyte, William, 46

TIPOLOGIA Miller e Akzidenz
DIAGRAMAÇÃO acomte
PAPEL Polén Natural, Suzano S.A.
IMPRESSÃO Gráfica Santa Marta, maio de 2024

A marca FSC® é a garantia de que a madeira utilizada na fabricação do papel deste livro provém de florestas que foram gerenciadas de maneira ambientalmente correta, socialmente justa e economicamente viável, além de outras fontes de origem controlada.